niveau 3

Régine Mérieux
Yves Loiseau
Béatrice Bouvier

connexions

Méthode de français

didier

Crédits photographiques et illustrations

Couverture : © Max Dia/Getty Images - **p. 9 :** (hg) © N. Dolding/Taxi/Getty Images - (hd) © Rue des Archives - **p. 10 :** © N. Dolding/Taxi/Getty Images - (fond) © M. Siepmann/Age Fotostock/Hoa-Qui - **p. 11 :** (fond) © M. Siepmann/Age Fotostock/Hoa-Qui - (d) © F. Polking/Jacana/Hoa-Qui - (g) © Photos12.com – Société Française de Photographie - **p. 12 :** © D. Scott/ Age Fotostock/Hoa-Qui - **p. 13 :** © F. Reglain/Gamma - **p. 16 :** © J.C. & D. Pratt/Photononstop - **p. 17 :** (g) © Rick Gomez/Masterfile - (d) Frank Witt/Mauritius images/Photononstop - **p. 20 :** © Private Collection/Bridgeman Art Library - **p. 21 :** (h) Harlingue/Roger Viollet - (m) Autoportrait, 1907 © Succession Picasso 2005 - © E. Lessing/Akg-Images - (b) © Collection Roger Viollet - **p. 23 :** (h) © Rue des Archives - (b) © A.Weber/Sipa - **p. 25 :** © Gamma - **p. 26 :** © B. Annebicque/Corbis - **p. 28 :** *Tricycle* © Alexandre Mehring - **p. 32 et 33 :** © Adia - **p. 39 :** © Rue des Archives - **p. 40 :** © Christophe L - **p. 41 :** © Rue des Archives - **p. 46 :** © Editions Casterman S.A. - **p. 48 :** © Editions Casterman S.A. - **p. 49 :** *Les gens sont méchants* de Quino © Editions Glénat - **p. 50 :** *Les nouveaux beaufs* de Cabu © Le Canard enchaîné - **p. 54 :** © Sammy/Mauritius/Photononstop - **p. 58 :** © F. Vallon/Corbis - **p. 60 :** © P.Verdy - STF/AFP - **p. 61 :** © 2005 Les Editions Albert René/Goscinny-Uderzo (www.asterix.com) - **p. 62 :** © Lizzie Sadin - **p. 63 :** Extrait de *Les Bidochon - Tome 6* / Binet/Fluide Glacial - **p. 69 :** (h) © Westsotck - Image State/Sunset (h fond) © T. Bognár/Corbis - (m) *Les Gnangnan* de Claire Bretécher © Editions Glénat - (b) © Owaki - Kulla/Corbis - **p. 70 :** (fond) © T. Bognár/Corbis - (b) © Westsotck - Image State/Sunset - **p. 71 :** (g) © T. Feiler/Masterfile - (d) © J. Buzzerio/Corbis - **p. 74 :** © Diagentur/Sunset - **p. 76 :** *Don Quijote y Sancho Panza* 1955, dessin à l'encre de chine/© Succession Picasso, 2005 - **p. 79 :** © Théâtre Essaïon - **p. 80 :** (h) © La Poste - DR - (bg) © Caisse d'Epargne Ecureuil - (bd) © Hanning/Réa - **p. 82-83 :** *Les Gnangnan* de Claire Bretécher © Editions Glénat - **p. 85 :** © J. Fuste Raga/Age Fotostock/Hoa-Qui - **p. 86 :** *Ça aurait dû être moi* d'Alain Gagnol et Jean-Loup Félicioli – Collection "Les tragédies minuscules". © Folimage/Arte 1999 - **p.92 et 93 :** © Contribuables Associés (www.contribuables.org) - **p. 99 :** (h) © Jean Odoutan - (mg) © Marco Polo - (md) © S. Schuller/Maxppp - **p. 100 :** (h) © A. Kaiser/Sipa - (b) © A. Scattolon/Contrasto-Réa - (fond) © Marco Polo - **p. 101 :** (h) © A. Kaiser/Sipa - (fond) © S. Schuller/Maxppp - **p. 103 :** © S. McClymont/Stone/Getty Images - **p. 104 :** © AJ. Van de Vel/Reporters-Réa - **p. 108 :** © M. Gaillard/Réa - **p. 110 :** © Hammond World Atlas Corporation - **p. 111 :** (b) © Philippe Rekacewicz, Le Monde diplomatique, Paris, octobre 2004 (http://monde-diplomatique.fr/cartes) - **p. 112 :** © Jean Odoutan - **p. 113 :** (g) Christophe L - (d) © Quintessence - **p. 115 :** © Ludovic/Réa - **p. 116 :** © E. Bernager/Taxi/Getty Images - **p. 118 :** © Ezio Peterson/upi/Gamma - **p. 122 :** (g) © Christophe L - **p. 123 :** © F. Perri/Réa - **p. 129 :** (h) © P. Sittler/Réa - (m) © B. Napthine/Lonely Planet Images/Getty Images - (b) © Photos12.com – Collection Cinéma - **p. 130 :** © P. Sittler/Réa - **p. 131 :** (fond) © P. Sittler/Réa - (g) © J. Powell/Sunset - (d) © R. Damoret/Réa - **p. 133 :** © T. Deschamps/Photononstop - **p. 134 :** © M. Deville/Gamma - **p. 136 :** © M. Polak/Corbis Sygma - (hd) © J.M. Charles/Corbis Sygma - (md) © C. Paris/Réa - (bd) © B. Hanna/Réa - **p. 140 :** Fernand Léger (1881-1955), *Les loisirs* © Photos12.com - ARJ/© Adagp, Paris 2005 - **p. 141 :** (h) © Collection Roger Viollet - (m) © Keystone France - (b) © Photos12.com – Hachedé - **p. 142 :** (hg) © J. Blair/Corbis - (bg) © Masterfile - (d) © Duomo/Corbis - **p. 143 :** (h) © B. Napthine /Lonely Planet Images/Getty Images - (bg) © R. Goodrich/Stone/Getty Images - (bd) © R. Van Der Hilst/Corbis - **p. 146 :** (h) © R. Delalande/JDD/Gamma - (b) © Corbis Kipa - **p. 147 :** © J. Fuste Raga/Age Fotostock/Hoa-Qui - **p. 150 :** © G. Plisson/Hoa-Qui - **p. 152 :** *On est né comme on est né* de Quino © Editions Glénat

Montages photographiques : Jean-Louis Marti : pp. 9-11, 22, 23, 39-41, 69-71, 82, 83, 99-101, 112, 113, 129-131
Photographies : Christine Marti : 39
Illustrations : Yannick Lefrançois : pp. 30, 42, 59, 73, 78, 87, 90, 105, 144
    Mongi Ngeke : pp. 45, 57, 91, 109, 119, 148

Références des textes

p. 16 : *Manuella* de Philippe Labro © Editions Gallimard - **p. 22 :** *L'amant* de Marguerite Duras © 1984 by Les Editions de Minuit - **p. 25 :** *Le Café d'en face, Vous êtes toute seule ?*, de Claude Pujade-Renaud © Actes Sud, 1991 - **p. 30 :** *Tricycle* © Alexandre Mehring - **p. 33 :** *Des casseurs font dégénérer la manif pacifiste* de Julien Constant © Le Parisien, 21/03/2003 - **p. 38 :** *Les achats vacances des Français : Des comportements de consommation d'abord influencés par des désirs de sorties et de découvertes,* © TNS Sofres, pour le Groupe Casino/l'Hémicycle, enquête du 8-9/07/2004 - **p. 40 :** © Agnès Jaoui et Jean-Pierre Bacri, *Un air de famille*, Avant-Scène théâtre n° 956, 1994 - **p. 46 et 48 :** *L'étoile de Noël* de Michel Piquemal : © Editions Casterman S.A. - **p. 51 :** © Le Robert - **p. 52 :** (g) *N'ayons pas peur d'avoir peur* d'après Jacqueline Rémy © l'Express, 13/09/2004 - (d) *Papa a perdu son travail* © Psychologies n° 234, octobre 2004 - **p. 58 :** Rita Mitsuoko Melodica © Six - **p. 60 :** Article d'Anna Gavalda © Le Soleil, 07/11/2004 - **p. 97-98 :** *Culture : retiens la nuit !* de Morgane Bertrand © http://obsdeparis.nouvelobs.com - **p. 104 :** *Appel à participer aux Etats généraux des collectivités publiques contre l'AGCS* © France Attac - **p. 116 :** *J'habite encore chez mes parents, et alors !* de Laurent Thevenin © Télérama n°2872, 29/01/2005 - **p. 118 :** *Kofi Annan aux francophones : il y a du pain sur la planche* © Kofi Annan, Secrétaire Général de l'ONU - **p. 123 :** © Jean Odoutan - **p.127-128 :** *Le duo malien produit par Manu Chao entame une tournée dans l'Ouest. Amadou et mariam, couple message* de Pierre Fontanier © Ouest France 8/2/2005 - **p. 130 :** *Les françaises sur le marché du travail* de Janine Mossuz-Lavau © Sciences Humaines hors-série n°46 sept-oct-nov. 2004 - **p. 146 :** *Ne me quitte pas* Paroles et Musique de Jacques Brel © 1959 & 1992 & 2004 Warner Chapell Music France & Les Editions Musicale. et Production Cinématographiques Pouchenel - **p. 152-153 :** *On est né comme on est né* de Boris Henry © www.bdselection.com, 15/08/2002 - **p. 157-158 :** © La Nouvelle République du Centre-Ouest, 22/3/2005

Nous avons recherché en vain les auteurs ou les ayants droits de certains documents reproduits dans ce livre. Leurs droits sont réservés aux Éditions Didier

Conception maquette : Ici Design
Mise en pages : Nelly Benoit
Photogravure : Labogravure

Les auteurs remercient très vivement les enseignants de France et de l'étranger qui ont gentiment accepté de se prêter à diverses consultations et les nombreux collègues et amis qui les ont chaleureusement soutenus.

© Les Éditions Didier, Paris 2005   ISBN 978-2-278-05622-4   Imprimé en Italie

AVANT-PROPOS

Public et durée d'apprentissage

Connexions est un ensemble pédagogique sur **trois niveaux** qui s'adresse à un public de **grands adolescents** et d'**adultes**. Il couvre **100 à 120 heures** d'enseignement-apprentissage par niveau.

Objectifs

Connexions cherche à rendre les apprenants capables d'**accomplir des tâches** dans les domaines variés de la vie sociale, grâce à l'acquisition de savoirs et savoir-faire communicatifs, linguistiques et culturels et par la mise en place de réelles **stratégies d'apprentissage**.

Cadre européen commun de référence pour les langues

Les objectifs et les contenus de *Connexions* ont été définis dans **le plus grand respect** des préconisations du *Cadre européen commun de référence pour les langues* (Éditions Didier, 2001). L'approche retenue est également en totale adéquation avec ses préconisations : travail sur tâches, évaluation formative, autoévaluation, ouverture à la pluralité des langues et des cultures. À l'issue du niveau 3, les apprenants devraient avoir acquis l'essentiel des compétences du niveau B1 du *Cadre européen commun de référence pour les langues*.

Démarche

Connexions est une méthode facile à utiliser et très **réaliste**, à la fois par ses contenus, sa progression et la mise en œuvre du travail proposé.

L'organisation est **claire et régulière** et les **contenus parfaitement balisés**.

Les processus d'apprentissage sont soigneusement respectés et chaque point de langue est appréhendé dans sa totalité. Ainsi l'utilisateur prend en charge son apprentissage : il découvre, déduit, réemploie et systématise chaque fonctionnement.

Structure de *Connexions 3*

Cinq modules de deux unités. Chaque module présente un objectif général : *(Inter)agir à propos d'informations et d'opinions* – *(Inter)agir à propos d'émotions, de sentiments* – *(Inter)agir à propos d'activités ou d'actions* – *(Inter)agir dans des situations sociales* – *Structurer son discours*. De chacun de ces objectifs découlent d'autres objectifs et **savoir-faire** répondant aux besoins de la **communication** ; par exemple, dans *(Inter)agir à propos d'activités ou d'actions*, les apprenants vont découvrir, entre autres, comment *Suggérer ou conseiller* et *Reprocher*

quelque chose à quelqu'un. À partir des objectifs généraux, puis des objectifs spécifiques, ont été définis les outils linguistiques à l'aide desquels les apprenants vont pouvoir mettre en œuvre leurs compétences de communication : *écouter, lire, parler, écrire, interagir*.

Évaluation

Quatre types d'évaluation sont proposés dans *Connexions 3* :
- des **tests sommatifs** pour chacune des 10 unités. Ils proposent des activités de compréhension, d'expression, de vocabulaire et de grammaire, permettant de vérifier les acquis. Le barème de notation est indiqué aux apprenants et un corrigé est proposé dans le guide pédagogique ;
- des **bilans d'autoévaluation** après chaque module. Les apprenants peuvent tester immédiatement leurs connaissances par des activités courtes et très ciblées. Un résultat leur permet de se situer aussitôt et des renvois à certaines activités du livre et du cahier leur donnent la possibilité de **remédier à leurs lacunes** ;
- un **portfolio** placé en fin d'ouvrage permet aux apprenants de faire un bilan régulier de l'évolution de leur apprentissage ;
- des pages de **préparation au DELF B1** après chaque module avec des activités orales et écrites.

Mémento pour l'apprenant

Un mémento de 32 pages offre à l'apprenant un portfolio, un précis de grammaire, un lexique plurilingue, les corrigés des autoévaluations, et les transcriptions de tous les enregistrements. Ce mémento est **l'outil indispensable** de l'apprenant.

Ensemble du matériel

- **un livre pour l'élève** accompagné **d'un CD** ou **de cassettes pour la classe** renfermant toutes les activités enregistrées du livre de l'élève, ainsi que les activités complémentaires sonores du guide pédagogique ;
- **un guide pédagogique** proposant des explications très détaillées sur la mise en place des activités, leur déroulement, leur corrigé, diverses informations culturelles utiles, **des activités complémentaires facultatives** (audio pour certaines) permettant de moduler la durée de l'enseignement-apprentissage selon les besoins ;
- **un cahier d'exercices avec CD audio inclus** qui suit pas à pas la progression du livre de l'élève et qui propose des activités sonores et écrites. Ce cahier peut être utilisé en autonomie ou en classe.

	UNITÉ 1 - page 10 **Souvenirs**	**UNITÉ 2 - page 22** **L'Amant** (Marguerite Duras)
	Documents authentiques : extrait littéraire (*Manuella* de Ph. Labro), tableau de P.-A. Renoir, *Le Bal du Moulin de la Galette*	Documents authentiques : extrait littéraire (*L'Amant* de Marguerite Duras), extrait d'un court métrage (*Tricycle* d'Alexandre Mehring), publicités du groupe Adia
communication et savoir-faire	➤ Raconter au passé ➤ Décrire une personne/un lieu ➤ Dire qu'on se souvient/qu'on a oublié	➤ Dire qu'on sait/qu'on ne sait pas ➤ Exprimer la confiance/la méfiance ➤ Rapporter les paroles de quelqu'un
oral	➤ Comprendre une interview ➤ Repérer si les personnes se souviennent/ont oublié ➤ Comprendre des portraits ➤ Comprendre des descriptions de lieux ➤ Jouer une situation de retrouvailles ➤ Décrire un tableau ➤ Théâtraliser des scènes évoquées dans un tableau	➤ Comprendre un dialogue familier ➤ Repérer si les personnes expriment la confiance/la méfiance ➤ Jouer des scènes courantes de la vie quotidienne ➤ Décrire une photographie ➤ Débattre sur un thème de société
écrit	➤ Écrire un carnet de voyage ➤ Comprendre un texte littéraire et apprécier sa poésie ➤ Écrire son autoportrait ➤ Décrire des lieux et des personnes ➤ Comprendre de courts textes informatifs ➤ Raconter un souvenir de voyage ➤ Écrire à un ami pour lui parler d'une exposition	➤ Comprendre un texte littéraire ➤ Créer un dialogue à partir d'un extrait de roman ➤ Rapporter les propos de quelqu'un ➤ Comprendre un article de presse ➤ Créer un texte publicitaire
analyse de l'image	➤ Tableau : *Le bal du Moulin de la Galette* (P.-A. Renoir)	➤ Publicités du groupe Adia
grammaire et vocabulaire	➤ L'imparfait, le passé composé, le plus-que-parfait ➤ Les nuances de sens des adjectifs ➤ La description d'une personne/d'un lieu	➤ Le discours direct/rapporté ➤ La concordance des temps ➤ Les mots de la langue courante
phonétique	➤ Affirmation, interrogation, exclamation	➤ Les marques de l'oralité et du discours familier ➤ Le *e* caduc
civilisation	➤ Les vacances des Français ➤ La découverte d'un écrivain français (Philippe Labro) ➤ Le regard sur l'Autre ➤ Regards sur Paris au XIXᵉ siècle	➤ Une rencontre amoureuse ➤ La découverte d'écrivains français ➤ Les colonies françaises ➤ Scène de rue ➤ Les stéréotypes culturels
	Test Unité 1, page 34	**Test Unité 2, page 35**

En gras : les révisions du niveau 2.

Autoévaluation du module 1, page 36
Préparation au DELF B1, page 37

(Inter)agir à propos d'émotions, de sentiments

	UNITÉ **3** - page 40 **Famille**	UNITÉ **4** - page 52 **Peurs**
	Documents authentiques: extrait de la pièce de théâtre *Un air de famille* d'A. Jaoui et J.-P. Bacri, extrait d'un conte (*L'étoile de Noël* de M. Piquemal et M. Matje), BD satirique de Cabu	Documents authentiques : articles de magazines (*L'Express*, *Psychologies*), *Melodica*, chanson des Rita Mitsouko, photo de presse (Lizzie Sadin)
communication et savoir-faire	➤ Exprimer sa colère ➤ Réagir à la colère de quelqu'un ➤ Interroger sur la joie et la tristesse ➤ Exprimer la joie et la tristesse	➤ Exprimer la peur et l'inquiétude ➤ **Exprimer la cause et la conséquence** ➤ Exprimer l'espoir ➤ Exprimer l'indifférence et la déception
oral	➤ Comprendre un extrait de dialogue de film et imaginer sa suite ➤ Repérer les registres de langue dans un dialogue ➤ Repérer si les personnes sont tristes, en colère, indifférentes, heureuses ➤ Raconter une histoire à partir d'images ➤ Donner son opinion sur quelques affirmations ➤ Jouer des situations de colère ➤ Interroger sur la joie ou la tristesse dans un dialogue spontané	➤ Comprendre un entretien extrait d'une chronique à la radio ➤ Comprendre le sens général d'une chanson ➤ Jouer des situations dans lesquelles on exprime la peur ou l'inquiétude ➤ Comprendre le récit d'une anecdote ➤ Créer des minidialogues ➤ Exprimer spontanément l'indifférence ou la déception ➤ Raconter une anecdote sur soi-même.
écrit	➤ Repérer les expressions de la colère ➤ Analyser un conte de Noël ➤ Comprendre un conte et repérer ses différentes étapes ➤ Imaginer et écrire la suite d'un conte ➤ Comprendre une BD satirique ➤ Retrouver le sens de mots inconnus grâce à des définitions ➤ Comprendre des définitions de dictionnaire ➤ Comprendre les traits d'humour d'une BD	➤ Écrire sur un forum d'Internet au sujet de ses peurs ➤ Écrire une lettre pour faire suite au texte d'une chanson ➤ Repérer comment on exprime l'espoir ➤ Écrire à un journal pour exprimer sa déception
analyse de l'image	➤ BD satirique de Cabu extraite de *Le Canard enchaîné*	➤ Photo de presse : Lizzie Sadin
grammaire et vocabulaire	➤ Le subjonctif : ses divers emplois ➤ Indicatif ou subjonctif ➤ Le passé simple	➤ La cause et la conséquence ➤ Le participe présent (formation et emploi) ➤ Le vocabulaire de la peur
phonétique	➤ L'intonation dans l'expression des sentiments.	➤ L'insistance dans l'expression des sentiments
civilisation	➤ Découverte de *Un air de famille*, pièce de théâtre et film français. ➤ Regards sur la France actuelle à travers une BD satirique : réalités françaises, traits d'humour, etc.	➤ Les peurs et les inquiétudes en France et à l'étranger ➤ Découverte d'une chanson française
	Test Unité 3, page 64	**Test Unité 4, page 65**

En gras : les révisions du niveau 2.

Autoévaluation du module 2, page 66
Préparation au DELF B1, page 67

(Inter)agir à propos d'activités ou d'actions

3 module

	UNITÉ **5** - page 70 **Conversations**	UNITÉ **6** - page 82 **Et si…**
	Documents authentiques : extrait de court métrage (*Une visite* de Philippe Harel), document promotionnel de *La Poste*	Documents authentiques : planche de BD (*Les Gnans gnans* de Claire Bretécher), extrait de court métrage (*Ça aurait dû être moi* d'Alain Gagnol et Jean-Loup Félicioli), tract « Contribuables associés »
communication et savoir-faire	➤ Proposer à quelqu'un de faire quelque chose ensemble ➤ Répondre en hésitant/en refusant ➤ **Exprimer la condition et l'hypothèse** ➤ Suggérer/conseiller	➤ Regretter une action ➤ Reprocher quelque chose à quelqu'un
oral	➤ Comprendre un extrait de court métrage ➤ Comprendre un dialogue en situation professionnelle ➤ Repérer les intentions de communication (proposer, refuser…) ➤ Jouer des situations de proposition/refus	➤ Identifier les expressions du regret/du reproche ➤ Jouer des situations dans lesquelles on exprime le regret ➤ Comprendre un récit dans un court métrage ➤ Réagir à des situations données
écrit	➤ Écrire un minidialogue avec des expressions usuelles ➤ Écrire une lettre pour refuser une proposition professionnelle ➤ Comprendre les avis exprimés sur un forum de discussion ➤ Écrire sur un forum de discussion pour donner son opinion sur une pièce et donner des conseils ➤ Comprendre une publicité, son dessin, son slogan, son intention…	➤ Comprendre une bande dessinée ➤ Compléter un message électronique en intégrant des notions de doute, de probabilité ou de certitude ➤ Comprendre le tract d'une association ➤ Créer un tract
analyse de l'image	➤ Document promotionnel de *La Poste*	➤ Tract de l'association « Contribuables associés »
grammaire et vocabulaire	➤ Le conditionnel dans l'expression d'une probabilité ➤ La condition et l'hypothèse ➤ Les phrases avec *si* ➤ Vocabulaire utile à la critique de spectacles ➤ *Vous n'avez qu'à, y a qu'à*, etc. ➤ Quelques expressions imagées ➤ Vocabulaire du conseil	➤ Vocabulaire de la description psychologique d'une personne ➤ Le conditionnel passé ➤ Conditionnel présent ou passé ➤ La concordance des temps avec *si* ➤ Le doute, la probabilité, la certitude ➤ **Le gérondif (temps,** manière et condition**)** ➤ Vocabulaire du regret, du reproche
phonétique	➤ L'insistance sur un élément particulier de la phrase	➤ Intonation et expressivité
civilisation	➤ Un peu de français du Québec ➤ La communication sur les spectacles ➤ Les Français et leurs économies	➤ Découverte de quelques réalités sociales françaises : revenus, impôts, taxes, etc.
	Test Unité 5, page 94	**Test Unité 6, page 95**

En gras : les révisions du niveau 2.

Autoévaluation du module 3, page 96
Préparation au DELF B1, page 97

(Inter)agir dans des situations sociales

4 module

	UNITÉ **7** - page 100 **Débat**	UNITÉ **8** - page 112 **Francophones**
	Documents authentiques : tract (association Attac), cartes du monde	Documents authentiques : interview d'un réalisateur de films (Jean Odoutan), compte rendu du discours du Secrétaire général de l'ONU, affiche du film *Barbecue-Pejo* de Jean Odoutan
communication et savoir-faire	❯ Participer à un échange : prendre la parole, organiser son discours, empêcher quelqu'un de parler ❯ Articuler son discours	❯ Exprimer l'opposition et la concession ❯ Comprendre et manipuler des expressions imagées
oral	❯ Comprendre l'essentiel d'un débat politico-économique ❯ Repérer les façons d'organiser un discours (demander/prendre la parole, annoncer son développement...) ❯ Comprendre les intentions de communication et les différents degrés ❯ Débattre sur l'organisation d'un voyage professionnel ❯ Débattre sur l'évolution démographique	❯ Comprendre une interview ❯ Repérer les expressions de l'opposition et de la concession ❯ S'opposer à des affirmations ❯ S'exprimer sur une affiche de film ❯ Imaginer un scénario à partir d'une affiche de film
écrit	❯ Comprendre un tract d'appel à participation ❯ Comprendre le contenu des différentes parties d'un texte ❯ Construire un texte articulé à partir d'informations désordonnées	❯ Comprendre une critique de télévision ❯ Repérer les marques de l'opposition dans une critique ❯ Écrire une critique de film ou d'émission ❯ Comprendre le compte rendu d'un discours ❯ Écrire de courtes histoires avec des verbes pronominaux donnés ❯ Rédiger le synopsis d'un film à partir de son affiche
analyse de l'image	❯ Cartes géographiques et schémas	❯ Affiche du film *Barbecue-Pejo*
grammaire et vocabulaire	❯ Vocabulaire de l'économie et de l'organisation politique ❯ Les dérivés de *porter* ❯ Les articulateurs de conséquence, d'opposition-concession, d'énumération ❯ Les indéfinis (adjectifs et pronoms)	❯ Quelques expressions imagées ❯ Vocabulaire de la description psychologique d'une personne ❯ Les articulateurs de l'opposition/de la concession et leur construction ❯ Les verbes pronominaux aux temps composés et l'accord du participe passé
phonétique	❯ Divers accents français régionaux	❯ Divers accents francophones
civilisation	❯ Les représentations culturelles du monde ❯ Les données géographiques et économiques ❯ L'Union européenne	❯ Découverte d'un réalisateur béninois et de sa carrière ❯ Découverte du film *Barbecue-Pejo*
	Test Unité 7, page 124	**Test Unité 8, page 125**

Autoévaluation du module 4, page 126
Préparation au DELF B1, page 127

Structurer son discours

UNITÉ **9** - page 130

UNITÉ **10** - page 142

	Le travail	Humour
	Documents authentiques : article de revue, tableau *Les Loisirs* de Fernand Léger	Documents authentiques : extrait d'un ouvrage sur le rire (*Et ça vous fait rire !*, d'Alain Woodrow), sketch comique (*La lettre* de Muriel Robin), dessin humoristique (Quino)
communication et savoir-faire	> Annoncer un plan, un développement > Résumer des propos > Interagir en situation professionnelle > La lettre de motivation et le CV	> S'assurer qu'on a bien compris/qu'on a bien été compris > Préciser/illustrer des propos > Chercher ses mots/remplacer un mot oublié
oral	> Repérer comment les propos d'une émission de radio sont résumés > Reformuler des propos en les résumant > Comprendre l'essentiel d'un entretien d'embauche > Comprendre un extrait d'émission radiophonique	> Comprendre l'essentiel d'un sketch comique > Saisir le comique d'une situation > Comprendre le sens global d'une chanson > Jouer des situations dans lesquelles on s'assure qu'on a bien compris/qu'on a bien été compris > S'exprimer sur *Guernica* de Pablo Picasso > Échanger à partir d'une citation
écrit	> Comprendre un article de revue > Repérer les différentes parties d'un texte > Repérer les articulateurs et les mots-clés > Imaginer le contenu des paragraphes d'un texte à partir de son chapeau > Imaginer le chapeau d'un texte à partir du contenu de ses paragraphes > Relier des phrases indépendantes à l'aide d'un relatif composé > Comprendre et rédiger un CV > Comprendre et rédiger une lettre de motivation	> Comprendre un extrait de livre > Repérer les stratégies de compensation pour chercher ses mots ou remplacer un mot inconnu ou oublié > Comprendre l'intention d'un dessin humoristique > Comprendre une critique de bande dessinée > Rédiger sa propre interprétation d'un tableau
analyse de l'image	> Tableau : *Les Loisirs* de Fernand Léger	> Dessin humoristique de Quino
grammaire et vocabulaire	> *Qui que, quoi que, où que, quel que...* > Les mots pour reprendre, résumer un propos > Les pronoms relatifs composés > Le vocabulaire du monde du travail	> Le futur antérieur (formation et emplois) > La construction infinitive et la place de l'infinitif > Le vocabulaire du rire et de la tristesse
phonétique	> Les ruptures de phrases	> Les interjections et leur fonction
civilisation	> Le monde du travail et les conventions (entretien, lettre, CV) > Découverte d'un artiste français > Une époque historique : le Front populaire.	> Les différentes formes d'humour > L'humour vu à travers diverses nationalités > Muriel Robin, comique française > *La lettre*, sketch de M. Robin > *Ne me quitte pas*, chanson de J. Brel > Quelques réalités quotidiennes vues à travers un dessin humoristique
	Test Unité 9, page 154	**Test Unité 10, page 155**

Autoévaluation du module 5, page 156
Préparation au DELF B1, page 157

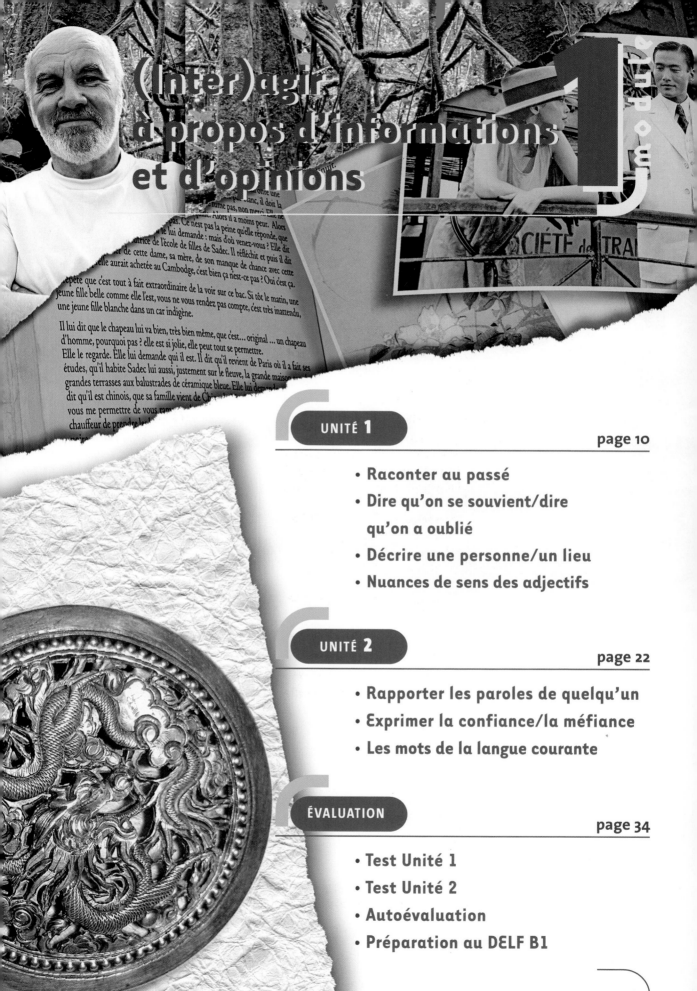

(Inter)agir à propos d'informations et d'opinions

module 1

UNITÉ 1
page 10

- • Raconter au passé
- • Dire qu'on se souvient/dire qu'on a oublié
- • Décrire une personne/un lieu
- • Nuances de sens des adjectifs

UNITÉ 2
page 22

- • Rapporter les paroles de quelqu'un
- • Exprimer la confiance/la méfiance
- • Les mots de la langue courante

ÉVALUATION
page 34

- • Test Unité 1
- • Test Unité 2
- • Autoévaluation
- • Préparation au DELF B1

Souvenirs

 1 Écoutez encore une fois l'enregistrement et cochez les cases qui conviennent.

1. Il habitait :
- ☐ à Strasbourg.
- ☐ au Havre.
- ☐ à Cayenne.
- ☐ à Kourou.

2. Il est allé :
- ☐ à Strasbourg.
- ☐ au Havre.
- ☐ à Cayenne.
- ☐ à Kourou.

3. Sa cousine était :
- ☐ assez sexy.
- ☐ plutôt jolie.
- ☐ très fière.
- ☐ moins contente que lui.

4. Avant d'aller dans la forêt, il était plutôt :
- ☐ heureux.
- ☐ angoissé.
- ☐ malheureux.
- ☐ impatient.

5. Quand il a réalisé son voyage en Guyane, le climat était :
- ☐ moins bon qu'en France.
- ☐ aussi bon qu'en France.
- ☐ meilleur qu'en France.

6. Son voyage dans la forêt vierge a duré :
- ☐ une après-midi.
- ☐ toute une journée.
- ☐ plus d'une journée.

7. Quand il raconte cette histoire à l'école, ses copains
- ☐ ne le croient pas.
- ☐ l'écoutent avec attention.
- ☐ ne l'écoutent pas.

Henri Le Cam raconte un souvenir d'enfance. Écoutez et répondez aux questions.

1. Où allait-il et pourquoi ?
2. Avec qui voyageait-il ?
3. Quel moyen de transport utilisait-il ?
4. Dans quel endroit son père l'a-t-il emmené ?
5. Que fait-il lorsqu'il revient à l'école ?
6. Comment est-il considéré par ses camarades de classe ? Pourquoi ?

2 Par deux, associez les expressions équivalentes.

faire saliver •	• être une personne importante
gueuler •	• manger
explorer •	• donner très envie
bouffer •	• crier
être la vedette •	• visiter un endroit que personne ne connaît

3 Complétez les phrases en utilisant une des expressions de l'activité 2 (colonne de gauche).

1. Son gâteau était vraiment extraordinaire, il nous a tous ....
2. J'ai adoré cette soirée d'anniversaire, tout le monde me photographiait, me faisait des compliments, j'étais vraiment ....
3. Attention, il y a plein de crocodiles dans la rivière. Si tu traverses, il vont te ....
4. Non, c'est la première fois qu'on vient ici. On va commencer à .... la ville demain.
5. Je n'ai pas pu dormir cette nuit : le chien des voisins n'a pas arrêté de ....

Raconter au passé

4 Observez ce que dit Henri Le Cam et cochez les cases qui conviennent.

J'étais une espèce de héros, je racontais les voyages sur les rivières, la nuit dans la forêt, les bruits, les animaux, et puis tous mes copains faisaient cercle autour de moi. Je devenais la vedette, c'est peut-être comme ça que j'ai pris goût à raconter des histoires et que, ensuite, j'ai eu envie de devenir comédien.

On choisit l'imparfait pour présenter :
- ☐ le décor. ☐ le contexte.
- ☐ une action ou un état non limités dans le temps.
- ☐ une action ou un état limités dans le temps.

On choisit le passé composé pour présenter :
- ☐ une action finie.
- ☐ une action ou un état finis à un moment précis.
- ☐ un événement qui continue encore.

6a Lisez les phrases et, selon le sens, mettez les verbes au passé composé ou à l'imparfait.

Exemple :
Pourquoi est-ce que Lucas n'est pas venu ?
a. Il était en voyage professionnel.
b. Il a eu un problème de dernière minute.

1. – Finalement, tu as vu Régine ?
a) – Ben, non, elle (être) .... encore à la piscine.
b) – Oui, ça y est, on (pouvoir) .... aller acheter mon sac à main.

2. – Comment ça s'est passé chez le médecin ?
a) – Je (attendre) .... deux heures avant de le voir.
b) – Il y (avoir) .... beaucoup de monde dans la salle d'attente et il (être) .... très pressé.

3. – Alors, ces vacances ?
a) – Nous (ne pas avoir) .... de chance, il (pleuvoir) .... tous les jours.
b) – C'(être) .... génial du début à la fin.

4. – Pourquoi es-tu partie si tôt hier soir ?
a) – Il y (avoir) .... trop de bruit et de fumée, je ne (se sentir) .... pas bien.
b) – Paul me (téléphoner) .... et me (demander) .... de rentrer le plus vite possible.

5 Imparfait ou passé composé ? Réécrivez au passé le carnet de voyage de Valérie.

Nous marchons depuis cinq jours dans le désert pour rejoindre la frontière égyptienne, le paysage est magique mais nous n'avons pas assez d'eau et de nourriture pour finir le voyage.
Heureusement, le sixième jour nous rencontrons un guide qui nous vend trois chameaux. Cela nous permet d'avancer plus vite et finalement nous trouvons une oasis. La dernière nuit nous mangeons et buvons sous une énorme lune qui nous éclaire et puis nous dormons au milieu des dunes immenses.

6b Donnez deux réponses différentes à chaque question, une à l'imparfait, une au passé composé.

1. Pourquoi n'as-tu rien dit à tes parents ?

2. Il n'a pas prononcé un seul mot de la soirée, qu'est-ce qu'il avait ?

3. Tu as encore oublié d'acheter du pain ?

4. Qu'est-ce que j'ai encore fait de mon parapluie ?

5. Tiens, te voilà ! On t'a cherchée toute l'après-midi. Qu'est-ce que tu faisais ?

7 Lisez l'extrait de roman et répondez.

Quand elle s'est mariée, avec un jeune et brillant médecin, le fils d'un ami de la famille, mes parents ont donné une grande fête. C'était l'apothéose¹ de Diane, radieuse. J'ai eu peur de devenir vieille fille. J'avais un an de plus qu'elle. J'ai pris le premier mari qui se présentait. Mais la guerre avait éclaté. Il n'y a pas eu de fête.

Françoise Giroud,
Histoires (presque) vraies, Fayard.

_____
1 *Synonyme de triomphe, succès total.*

1. Que veut dire l'expression « vieille fille » ?
▢ Femme âgée. ▢ Femme qui a perdu son mari.
▢ Femme qui ne s'est jamais mariée.

2. Quand la guerre a-t-elle éclaté ?
▢ Avant le mariage de Diane.
▢ Avant le mariage de la narratrice.
▢ Après le mariage de la narratrice.

3. Le plus-que-parfait exprime :
▢ un état/une action antérieurs à un(e) autre dans le passé.
▢ un état/une action postérieurs à une autre dans le passé.
▢ un état/une action limités dans le temps.

8 Mettez les verbes au temps qui convient (passé composé, imparfait, plus-que-parfait).

Il y a quelques années, j'ai réservé des vacances dans un club en Guadeloupe. J'avais eu une année profession-nelle très chargée et je (être) .... vraiment épuisée lorsque je (monter) .... dans l'avion. Pour être sûre de me reposer un peu, je (prendre) .... une place en première classe.
À peine installée dans mon siège, je (appeler) .... l'hôtesse de l'air, je lui (dire) .... que je (vouloir) .... dormir un peu et je lui (demander) .... de ne pas me déranger. Je (s'endormir) .... en rêvant de mer et de soleil. Environ trois heures plus tard, je (ouvrir) .... un œil. Je (se sentir) .... fraîche et reposée et je (demander) .... à mon voisin s'il (savoir) .... combien d'heures de vol il (rester) .... avant d'arriver. Il me (regarder) .... bizarrement, et me (répondre) .... : vous (ne pas remarquer) .... que nous (ne pas encore décoller) .... ? En effet l'avion (rester) .... au sol pour raisons techniques.

Grammaire

Imparfait, passé composé, plus-que-parfait

Ces trois temps permettent de raconter au passé.

Le passé composé :
Présente des actions ou des états finis/terminés à un moment précis.
Il présente les événements de la situation.
• *J'ai eu peur de devenir vieille fille.*

L'imparfait :
Présente des actions ou des états sans limites de temps précises.
Il présente le contexte, le décor d'une situation.
• *C'était le pays où allaient les vacanciers hollandais.*

Le plus-que-parfait :
Permet de parler d'une action qui a eu lieu avant une autre dans le passé.
• *Mais la guerre avait éclaté.*

Dire qu'on se souvient/dire qu'on a oublié

9 Écoutez l'enregistrement et dites si ces personnes se souviennent ou ont oublié. Cochez la case qui convient pour chaque réplique.

Réplique n°	1	2	3	4	5	6	7
La personne se souvient							
La personne a oublié							

10a Écoutez les deux dialogues et associez les éléments pour reconstituer les phrases.

1. Tu te souviens
2. Je me rappelle
3. Je n'ai pas le moindre souvenir
4. Je n'ai pas oublié
5. Je pense
6. Tu te rappelles
7. J'ai oublié
8. Tu te rappelles
9. N'oublie pas

• de •

• que •

• à •

• Ø •

lui.
nous nous cachions ?
ça.
la vieille institutrice.
nos copains.
on va dîner ?
annuler mon cours.
son nom ?
tu dois passer chez Sophie.

10b Observez les phrases de l'activité 10a, puis répondez.

	que	de	à	Ø
Après *se souvenir*, on utilise	▪	▪	▪	▪
Après *se rappeler*, on utilise	▪	▪	▪	▪
Après *penser*, on utilise	▪	▪	▪	▪
Après *oublier*, on utilise	▪	▪	▪	▪
Après *ne pas avoir le moindre souvenir*, on utilise	▪	▪	▪	▪

11 Entourez la forme qui convient.

1. Je me souviens (de – que – Ø) nous avions passé des vacances géniales, cette année-là.
2. Je me rappelle très bien (de – que – à) son amie qui habitait dans le Sud.
3. Il faudra lui dire de penser (à – de – que) prendre toutes ses affaires en partant.
4. Tout le monde est d'accord pour dire qu'on n'oublie jamais (Ø – de – à) son premier amour.
5. Je n'ai pas oublié (que – de – à) nous avions rendez-vous mais je ne sais plus pour quoi faire.
6. Je n'ai plus le moindre souvenir (que – de – Ø) ce qu'il m'a dit ce jour-là.
7. Personne ne se rappelle (Ø – que – à) les avoir vus à cette soirée.

12 Lisez le tableau et, par groupes de deux, jouez la situation.

Vous retrouvez un(e) ami(e) d'enfance avec qui vous étiez à l'école. Vous échangez vos souvenirs, vous en avez oublié certains et vous vous rappelez bien des autres.

Communication

Dire qu'on a oublié

- ❯ J'ai oublié de te prévenir.
- ❯ Je ne sais plus si j'ai pris mes clés !
- ❯ Ça m'était (complètement) sorti de la tête.
- ❯ Mince alors ! J'ai un trou de mémoire.
- ❯ Il ne se souvient plus de son numéro de téléphone.
- ❯ Je ne me rappelle pas* lui avoir parlé.
- ❯ Je réfléchis mais ça ne me revient pas.
- ❯ Il n'a plus le moindre souvenir de son enfance.

_____

* Sur le modèle de *se souvenir*, à l'oral, on peut utiliser *se rappeler de*.

Dire qu'on se souvient

- ❯ Je me souviens de son regard magnifique.
- ❯ Oui, je me souviens que tu étais très belle ce jour-là.
- ❯ Je me rappelle de toi.
- ❯ Je me rappelle que tu aimais mes tartes aux pommes.
- ❯ Je me rappelle* sa gentillesse.
- ❯ J'ai pensé à acheter du pain.
- ❯ Il n'a pas oublié de réviser son examen.
- ❯ Elles n'ont pas oublié que la vie était courte.
- ❯ Je n'ai pas oublié qu'il avait emprunté mon parapluie.

La musique de la langue
Affirmation, interrogation ou exclamation

A Réécoutez les extraits suivants dans l'interview d'Henri Le Cam. Dites pour chacun s'il s'agit d'une affirmation, d'une interrogation ou d'une exclamation. Cochez la case qui convient.

	affirmation	interrogation	exclamation
1. Alors, cette année-là, mon père travaillait pour une compagnie qui avait des mines en Guyane			
2. Vous imaginez, déjà, à l'époque			
3. C'était merveilleux pour moi, hein			
4. Et puis un jour mon père nous dit, on va aller explorer la forêt vierge			
5. Il y avait des serpents, des insectes, des caïmans... des fourmis qui pouvaient vous bouffer tout cru			
6. Quand vous êtes revenu en métropole, à l'école, vos petits copains n'ont jamais dû vous croire			
7. Ben, j'étais quand même une espèce de héros			

B Écoutez et cochez la case qui convient.

	affirmation	interrogation	exclamation
1.			
2.			
3.			
4.			
5.			
6.			
7.			
8.			

C Écoutez et, au fur et à mesure, transformez oralement ces affirmations en interrogations.

1. Ah ! bon. Tu le connais...
2. Vous pensez toujours à la même chose.
3. Ils habitent toujours près de Versailles.
4. Elle n'est jamais partie à l'étranger, hein.
5. C'est un animal dangereux, le crocodile.
6. Personne ne voulait le croire.
7. Tu ne sais pas à quelle heure tu arriveras.

Décrire une personne

13 Lisez le texte puis cochez la réponse qui convient.

1. Ce texte est :
- [ ] un extrait littéraire.
- [ ] un article de magazine.
- [ ] une lettre.

2. Il est question :
- [ ] de la description d'une femme.
- [ ] de la description d'un homme.
- [ ] d'une histoire d'amour.

3. Les cheveux sont :
- [ ] châtains et bien coiffés.
- [ ] bruns et en désordre.
- [ ] châtains et en désordre.

4. Les lèvres sont comparées à :
- [ ] un baiser.
- [ ] un sourire.
- [ ] une vie.

5. Le corps est :
- [ ] assez beau.
- [ ] beau.
- [ ] très beau.

6. La personne est :
- [ ] un peu trop grosse.
- [ ] musclée comme un grand sportif.
- [ ] parfaitement musclée.

7. Le narrateur est :
- [ ] une femme.
- [ ] un homme.
- [ ] on ne sait pas.

« Moi, la beauté, chez un garçon, je n'arrive pas à la définir. « Il est canon, ce mec », d'accord, c'est ainsi qu'on nous fait parler – mais c'est un peu court, je trouve. [...] Je n'arrivais pas à lui donner un âge, vingt-cinq ans, vingt-huit ? Il n'avait pas de rides. C'était un mélange d'homme et d'adolescent. Il avait les cheveux châtains, partagés en deux, raie au milieu, les mèches distribuées de chaque côté, touffues et courbées comme l'herbe après la pluie, les sourcils longs et arqués, un petit nez d'enfant, des lèvres ourlées*, animées par un frémissement permanent. Ses lèvres, on aurait dit qu'elles faisaient la moue, puis qu'elles s'élargissaient comme si elles voulaient embrasser, puis qu'elles se plissaient pour sourire ou juger : j'aime, j'aime pas, c'est drôle, c'est beau, je vais parler, je veux écouter et je vous comprends, je suis une bouche qui parle mille langages, je suis une vie, sensuelle, imprévisible, passionnée. Le corps était plutôt pas mal, plutôt même totalement parfait, dans le genre costaud mais sans gonflette, muscles et os très allongés, minces, pas de graisse, les avant-bras assez noués, on pouvait deviner qu'il avait fait beaucoup de voile ou de ski nautique, le dos était plus large qu'il n'y paraissait au premier coup d'œil et les épaules plus carrées. Malgré tout, il dégageait une impression de délicatesse, de vulnérabilité, force et finesse, masculin et féminin, athlète et ballerine. Ses yeux étaient aussi mobiles que ses lèvres, tachetés de paillettes vert et or, un regard qui, lorsqu'il se posait sur vous, semblait dire : Vous êtes la personne la plus importante du monde. » »

— Vous êtes la personne la plus importante du monde. »

Philippe Labro, *Manuella*, Gallimar

* Se dit des lèvres bien dessinées, qui ont un contour marqu

---

14 Appréciez la poésie du texte... Répondez.

1. Quelle est la partie du corps qui vous semble la mieux décrite ? Pourquoi ?

2. Relevez une ou deux expressions qui montrent la poésie du texte (exemple : *comme de l'herbe après la pluie*).

3. Relevez trois oppositions qui décrivent l'allure générale.

4. Ce portrait est-il vivant ? Vous permet-il d'imaginer la personne ? Pourquoi ?

15 Retrouvez dans le texte à quelles parties du corps ou du visage s'appliquent ces adjectifs. Associez.

les sourcils •	• carrées
le corps •	• arqués
le visage •	• mobiles
les épaules •	• costaud
les muscles •	• ridé
le dos •	• allongés
les yeux •	• large

16 Écoutez ces portraits et soulignez ensuite les éléments que vous avez entendus.

Alice

aucune allure • frêles épaules • pas de rides • peau mate • lèvres fines • lèvres ourlées • longs cils • regard profond • cheveux frisés • tâches de rousseur

peau claire • lèvres sensuelles • sourcils bien arqués • mince • visage fermé • yeux pétillants • sourire rieur • cheveux raides • la raie au milieu • nez en trompette • petites mèches peu coiffées • muscles développés • ronde

Mathilde

17 Proposez au moins deux adjectifs pouvant décrire chacun de ces éléments.

les muscles : ....
la peau : ....
les lèvres : ....
les yeux : ....
le nez : ....

les cheveux : ....
l'allure : ....
le corps : ....
le regard : ....

18 Lisez le tableau *La description d'une personne*. En quelques lignes, écrivez votre auto-portrait. Essayez ensuite de deviner à qui correspond le portrait que le professeur aura tiré au sort.

Vocabulaire

La description d'une personne

❯ avoir de l'allure, beaucoup d'allure, une belle allure, aucune allure – ne pas avoir d'allure
❯ avoir un corps magnifique, parfait, musclé. – avoir du ventre, de la brioche (fam.).
❯ être costaud (fam.), fort(e), boulotte, rond(e), rondelet(te), mince, maigre, chétif(ive)

❯ avoir le nez fin, retroussé, long, court, en trompette – avoir un petit, grand, long nez
❯ avoir les yeux clairs, foncés, rieurs, pétillants, expressifs – avoir de beaux yeux, des yeux magnifiques
❯ avoir des lèvres fines, épaisses – avoir de belles lèvres
❯ avoir un regard rieur, profond, sombre, amusé, moqueur, méchant – avoir un mauvais regard

Décrire un lieu

19 Écoutez puis cochez les cases qui conviennent.

	Cuenca	Guayaquil	Quito
1. C'est la capitale économique du pays.			
2. Cette ville est en altitude.			
3. Il y fait froid.			
4. Il y a un fleuve dans la ville.			
5. Cette ville est située dans la cordillère des Andes.			
6. Il y fait très chaud.			
7. Il y a beaucoup de musées.			
8. Une rivière traverse la ville.			
9. C'est une ville très animée.			

20 Faites une phrase concernant votre ville, sur :

• sa situation dans le pays : ....
• le climat : ....
• l'altitude : ....
• l'animation : ....
• les quartiers : ....
• les activités possibles : ....

Vocabulaire

La description d'un lieu

❯ C'est magnifique, bien situé, unique, animé, calme, coloré, bruyant...
❯ L'atmosphère est chaleureuse, dynamique, gaie...
❯ C'est une ville charmante, dynamique, historique, au passé colonial...
❯ C'est à 1 500 mètres d'altitude.
❯ C'est au nord-est du pays.

❯ Le climat est doux, tropical, océanique...
❯ Le relief du pays est très contrasté.
❯ Les paysages sont montagneux, vallonnés, verdoyants...
❯ Il y a des musées, des couvents, des quartiers très divers/variés, un fleuve...
❯ On trouve beaucoup de cafés, de restaurants, d'endroits agréables pour prendre un verre...

Nuances de sens des adjectifs

21 Observez les exemples et distinguez à votre tour les adjectifs proposés. Classez les éléments dans le tableau.

Exemples :

Une photo magnifique :
La photo est magnifique selon l'opinion de la personne qui parle (la photo n'est peut-être pas très belle). C'est une caractéristique **non objective**.

Une école privée :
La personne qui parle ne donne pas son opinion (il y a deux types d'écoles : publiques et privées). C'est une caractéristique **objective**.

un vin chilien • une musique baroque • une charmante demoiselle • un joli tableau • une raison économique • une image horrible • une organisation gouvernementale • un vin excellent • des paysages impressionnants • un homme politique • un horrible personnage • une excellente nouvelle

caractéristique non objective	caractéristique objective

22a Observez ces paires d'adjectifs et trouvez les nuances de sens que leur place entraîne (devant ou derrière le nom).

Exemple :

*C'est un très bon ami, un peu **vieux** mais très dynamique, tu verras ! (= âgé)*
*Je suis contente d'avoir vu mon **vieil** ami Pascal. (= c'est mon ami depuis longtemps)*

1. Qu'est-ce que tu fais la **dernière** semaine d'août ?
   J'étais en vacances la semaine **dernière**.
2. Il y a déjà deux ans que j'ai quitté mon **cher** pays pour vivre ici.
   Pour nos vacances d'été, on préfère éviter de voyager dans les pays **chers**.
3. Ça nous fait toujours plaisir de retourner dans notre **ancienne** maison.
   Ils ont acheté une très jolie maison **ancienne** au bord de la Loire.

22b Transformez les phrases en mettant l'adjectif souligné à la place qui convient.

Exemple :

– Le médecin n'a pas su répondre aux questions du malade. Il est très <u>jeune</u> dans le métier, non ?
→ – Oui, c'est un jeune médecin.

1. – Cette fille est très élégante, très <u>chic</u>.
   – C'est vrai, c'est une ....
2. – Ce type est vraiment gentil, très <u>chic</u> !
   – Tu as raison, c'est un ....
3. – Le pauvre homme, il n'a pas d'ami, il est toujours <u>seul</u> et un peu triste...
   – C'est vrai, c'est un ....
4. – Tu as une fille et aussi un garçon ? il est <u>petit</u> ?
   – Oui, il a deux ans, c'est encore un ....

Grammaire

La place des adjectifs

1. Certains adjectifs apportent au nom une **caractéristique objective**, qui ne dépend pas de l'opinion de la personne qui parle. Ils sont toujours placés **derrière le nom** et y sont fortement liés (on ne peut généralement pas ajouter *très* devant ce type d'adjectif : *une enquête policière, l'art contemporain, une route nationale...*).

D'autres adjectifs (forme, couleur, nationalité) sont toujours placés derrière le nom et, en cas de présence de deux adjectifs, ils ont une place secondaire : *l'art contemporain français, une route nationale droite...*

Les participes passés utilisés comme adjectifs sont toujours en dernière position : *un vieux pantalon noir usé, de belles scènes quotidiennes photographiées...*

2. D'autres adjectifs apportent **une appréciation non objective**, qui dépend de l'opinion de la personne qui parle. Ils sont placés **devant ou derrière le nom**. Leur sens ne varie pas selon leur place, mais placés avant le nom, ils apportent une appréciation plus forte : *un excellent repas* ou *un repas excellent*. Du même type : *superbe, magnifique, impressionnant, horrible, délicieux...*

3. D'autres adjectifs **changent de sens selon leur place** :
une ancienne maison – une maison ancienne
un vieux copain – un copain vieux
un petit garçon – un garçon petit
une chic fille – une fille chic
un certain plaisir – un plaisir certain...

---

23   Lisez le tableau puis ajoutez aux noms soulignés tous les adjectifs proposés entre parenthèses.

1. Elle a des <u>yeux</u> (grands, verts).
2. Nous avons fait un <u>voyage</u> (beau, organisé).
3. C'est une <u>table</u> (ronde, petite).
4. On a mangé des <u>chocolats</u> (suisses, bons).
5. Mon appareil photo numérique a des <u>caractéristiques</u> (appréciables, techniques).
6. Tu as des <u>amis</u> ? (japonais, autres).
7. Ce sont des <u>vins</u> (petits, importés, rouges).
8. C'est une <u>œuvre</u> (française, littéraire, bonne).

24   À la manière d'Henri Le Cam, racontez, par écrit, un souvenir de vacances ou de voyage. Décrivez précisément les lieux où vous vous trouviez et les personnes qui étaient avec vous.

Souvenirs de vacances

P.-A. Renoir, *Le Bal du Moulin de la Galette*, 1876.

25 **Présentez l'organisation du tableau.**

> Quels sont les différents plans du tableau : que voit-on au loin, que voit-on au premier plan, que trouve-t-on au centre du tableau ?

> Quelles sont les principales couleurs du tableau ? Comment sont-elles attribuées aux différents éléments du tableau ?

> Observez l'homme sur la chaise, au premier plan. Pourquoi y a-t-il des taches de couleurs sur sa veste noire et sur sa tête ? Retrouve-t-on d'autres taches du même type ailleurs dans le tableau ?

26 Décrivez les différents groupes de personnages, comme par exemple les trois hommes à droite du tableau au 1er plan, les deux femmes, etc. À votre avis, quels éléments de la scène sont caractéristiques de la fin du XIXe siècle ?

27 Lisez les deux textes et relevez les éléments qui sont en relation avec le tableau et l'époque.

Texte 1

Au XIXᵉ siècle, la butte Montmartre est une colline couverte de vergers, de vignes, de chaumières et d'une quarantaine de moulins à vent. Ses habitants y sont pour la plupart meuniers et ouvriers. Après 1850, à l'époque des grands travaux d'Haussmann, chassés du centre-ville de Paris, les ouvriers et familles populaires viennent s'installer sur la butte.

À la Belle époque (1890-1914), le progrès industriel donne à tous l'espoir de vivre mieux, dans un foisonnement culturel particulièrement riche. Le village de la butte Montmartre devient le lieu emblématique de cette période. Peintres, sculpteurs, poètes en font leur terre d'élection.

On peut alors y rencontrer Renoir, Utrillo, Max Jacob, Matisse, Braque, Apollinaire et Picasso.

Le Moulin de la galette.

Pablo Picasso, *Autoportrait*, 1907.

28a Trois hommes sont présents à la table à droite du tableau. Imaginez qui ils sont, la raison de leur présence ici et les sujets de leurs discussions. Jouez la scène.

28b Deux femmes parlent avec l'un des hommes. Imaginez qui sont ces femmes et quel est le sujet de leur discussion. Jouez la scène.

29 À Paris, au musée d'Orsay vous avez vu le tableau de Renoir et découvert diverses informations sur le Moulin de la galette. Vous avez beaucoup aimé l'exposition et vous écrivez à un ami pour lui raconter votre visite. Présentez le lieu que P.-A. Renoir a peint (présentez l'histoire de Montmartre) et décrivez le tableau.

Texte 2

Le canotier était à l'origine le chapeau des conducteurs de canot*. Marque de l'insouciance et de la joie de vivre, il a été adopté par beaucoup d'artistes (tel que Maurice Chevalier) et il est l'un des symboles de la Belle époque.

* Petit bateau pour la promenade sur les lacs.

L'Amant
Marguerite Duras

L'homme élégant est descendu de la limousine, il fume une cigarette anglaise. Il regar[de] la jeune fille au feutre d'homme et aux chaussures d'or. Il vient vers elle lenteme[nt.] C'est visible, il est intimidé. Il ne sourit pas tout d'abord. Tout d'abord il lui offre u[ne] cigarette. Sa main tremble. Il y a cette différence de race, il n'est pas blanc, il doi[t le] surmonter, c'est pourquoi il tremble. Elle lui dit qu'elle ne fume pas, non merci. Elle [ne] dit rien d'autre, elle ne lui dit pas laissez-moi tranquille. Alors il a moins peur. Al[ors] il lui dit qu'il croit rêver. Elle ne répond pas. Ce n'est pas la peine qu'elle réponde, [que] répondrait-elle. Elle attend. Alors il le lui demande : mais d'où venez-vous ? Elle [dit] qu'elle est la fille de l'institutrice de l'école de filles de Sadec. Il réfléchit et puis il [dit] qu'il a entendu parler de cette dame, sa mère, de son manque de chance avec ce[tte] concession qu'elle aurait achetée au Cambodge, c'est bien ça n'est-ce pas ? Oui c'est [ça.]

Il répète que c'est tout à fait extraordinaire de la voir sur ce bac. Si tôt le matin, [une] jeune fille belle comme elle l'est, vous ne vous rendez pas compte, c'est très inatten[du,] une jeune fille blanche dans un car indigène.

Il lui dit que le chapeau lui va bien, très bien même, que c'est... original ... un chap[eau] d'homme, pourquoi pas ? elle est si jolie, elle peut tout se permettre.
Elle le regarde. Elle lui demande qui il est. Il dit qu'il revient de Paris où il a fait [ses] études, qu'il habite Sadec lui aussi, justement sur le fleuve, la grande maison avec [les] grandes terrasses aux balustrades de céramique bleue. Elle lui demande ce qu'il es[t. Il] dit qu'il est chinois, que sa famille vient de Chine du Nord, de Fou-Chouen. Vou[lez-] vous me permettre de vous ramener chez vous à Saigon ? Elle est d'accord. Il di[t au] chauffeur de prendre les bagages de la jeune fille dans le car et de les mettre dans l'a[uto] noire.

Chinois. Il est de cette minorité financière d'origine chinoise qui tient tout l'immob[ilier] populaire de la colonie. Il est celui qui passait le Mékong ce jour-là en directio[n de] Saigon.

Elle entre dans l'auto noire. La portière se referme.

---

1 Lisez le texte une nouvelle fois et, par deux, répondez.

1. Quelles informations avons-nous sur l'homme ? sur la femme ?

2. Pourquoi l'homme tremble-t-il ?

3. Pourquoi la jeune fille habite-t-elle dans ce pays ? et lui ?

4. Quels sentiments peut-on deviner dans les paroles de l'homme ? et dans celles de la femme ?

2 Donnez un titre à ce passage de roman.

Marguerite Duras, *L'Amant*, Minuit.

Lisez cet extrait de roman et répondez.
1. Quelle est la nationalité de chaque personnage ?
2. Dans quel endroit et à quel moment de la journée cette rencontre a-t-elle lieu ?
3. D'après vous, à quelle époque et dans quel pays la scène se passe-t-elle ?

L'Amant, film de Jean-Jacques Annaud.

3 Imaginez la suite de la conversation entre les deux personnes et rédigez un dialogue.

....
....
....
....
....
....
....
....
....

Rapporter les paroles de quelqu'un

 4 Observez les phrases et cochez les cases qui conviennent.

1. Elle lui demande qui il est.

2. Il dit : « Voulez-vous me permettre de vous ramener chez vous à Saigon ? »

3. Il lui dit que le chapeau lui va bien, très bien.

4. Il lui demande : « Mais d'où venez-vous ? »

5. Il répète que c'est tout à fait extraordinaire de la voir sur ce bateau.

	1	2	3	4	5
Les paroles exactes de l'homme et de la femme sont reproduites (discours direct).					
Une autre personne (le narrateur) raconte ce que dit l'homme ou la femme (discours rapporté).					

 5a Lisez la conversation rapportée par le narrateur et retrouvez le dialogue entre l'homme et la femme.

Exemple :

Il lui dit que le chapeau lui va très bien. → *Il lui dit : « Le chapeau vous va très bien. »*

Elle dit qu'elle est la fille de l'institutrice de l'école de filles de Sadec. Il dit qu'il a entendu parler de cette dame, sa mère. Elle lui demande qui il est. Il dit qu'il revient de Paris où il a fait ses études, qu'il habite Sadec lui aussi. Elle lui demande s'il est étranger. Il dit qu'il est chinois, que sa famille vient de Chine du Nord, de Fou-Chouen. Il dit au chauffeur de prendre les bagages de la jeune fille dans le car et de les mettre dans l'auto noire.

– Elle dit : ....

– Il répond : « J'ai entendu parler de cette dame, votre mère. »

– Elle demande : ....

– Il explique : ....

– Elle demande : ....

– Il confirme : ....

– Il ordonne : « Prenez les bagages de la jeune fille et mettez-les dans l'auto. »

5b Observez les phrases au discours rapporté et au discours direct et cochez les cases qui conviennent.

	discours direct	discours rapporté
1. On met des guillemets (« »).		
2. On met des marques de ponctuation (?, !, :).		
3. On modifie les pronoms personnels (*je, tu, il,* etc.).		
4. On utilise un verbe + *que* pour introduire la phrase.		
5. *De* + infinitif est remplacé par l'impératif.		
6. Pour poser une question, on ajoute un mot interrogatif ou *si*.		
7. On modifie les possessifs (*ma, votre,* etc.).		
8. On répète *que* devant chaque groupe sujet + verbe.		

6 Lisez le dialogue et rapportez ce que disent les deux personnes. Variez les verbes introducteurs.

La femme du patron repasse, le patron est derrière le comptoir :

– Tiens, la petite maigre est revenue !

La femme du patron jette un coup d'œil par-dessus son fer :

– Non, c'est pas elle. Elle s'est mise à la même place mais celle-là, elle est un peu plus forte. Ce qui trompe c'est qu'elle a les mêmes yeux.

– Tu as raison, c'est pas elle mais c'est cette façon de regarder sans regarder.

Le patron rince un verre, l'essuie :

– C'est bizarre, c'est comme si quelque chose se répétait.

La femme du patron appuie pensivement sur son fer :

– Oui, ça se répète.

Francine vide sa tasse, paie, traverse.

Claude Pujade-Renaud,
« Le café d'en face », *Vous êtes toute seule ?* Actes Sud.

Vocabulaire

Les verbes introducteurs

> affirmer	> avouer	> constater	> expliquer	> ordonner	> raconter
> ajouter	> confirmer	> crier	> indiquer	> préciser	> répliquer
> annoncer	> conseiller	> déclarer	> murmurer	> proposer	> répondre...
> assurer					

*Il **confirme** qu'il est disponible et il **ajoute** qu'il viendra au rendez-vous.*

7 Observez les questions a et b, comparez-les et, par deux, cochez les réponses qui conviennent.

	discours direct	discours rapporté
1	a. Quel est votre plat cuisiné préféré ?	b. Le journaliste lui demande quel est son plat cuisiné préféré.
2	a. Il lui demande : « Pourquoi voyagez-vous ? »	b. Il lui demande pourquoi il voyage.
3	a. Que ferez-vous dans une heure ? Qu'est-ce que vous ferez dans une heure ? Vous ferez quoi dans une heure ?	b. Le journaliste lui demande ce qu'elle fera dans une heure.

Au discours rapporté :

1. Le sujet est : ▢ devant le verbe. ▢ derrière le verbe.

2. *Que* ou *qu'est-ce que* ou *quoi* sont remplacés par : ▢ *si.* ▢ *que.* ▢ *ce que.*

3. Les mots interrogatifs sont : ▢ conservés. ▢ supprimés.

Rapporter les paroles de quelqu'un (*suite*)

8 Lisez cet extrait du questionnaire de Proust, puis rédigez-le au discours rapporté.
Amusez-vous ensuite à répondre vous-même à ce questionnaire.

Exemple : *Marcel Proust dit qu'il a besoin d'être aimé, caressé et gâté mais qu'il a moins besoin d'être admiré.*

Le principal trait de mon caractère :
– Le besoin d'être aimé et, pour préciser, le besoin d'être caressé et gâté bien plus que le besoin d'être admiré.
La qualité que je désire chez un homme : – Des charmes féminins.
La qualité que je désire chez une femme : – Des vertus d'homme et la franchise dans la camaraderie.
Mon principal défaut : – Ne pas savoir, ne pas pouvoir « vouloir ».
Mon occupation préférée : – Aimer.
Mon rêve de bonheur : – J'ai peur qu'il ne soit pas assez élevé, je n'ose pas le dire, j'ai peur de le détruire en le disant.
Quel serait mon plus grand malheur : – Ne pas

avoir connu ma mère ni ma grand-mère.
Ce que je voudrais être : – Moi, comme les gens que j'admire me voudraient.
Le pays où je désirerais vivre : – Celui où certaines choses que je voudrais se réaliseraient comme par un enchantement et où les tendresses seraient toujours partagées.
La couleur que je préfère : – La beauté n'est pas dans les couleurs, mais dans leur harmonie.
Ce que je déteste par-dessus tout : – Ce qu'il y a de mal en moi.
Le don de la nature que je voudrais avoir : – La volonté, et des séductions.

Communication

Rapporter les paroles de quelqu'un

Pour rapporter les paroles de quelqu'un, il faut :

	Discours direct	Discours rapporté
> Supprimer la ponctuation et les interjections.	• Il crie : « Aïe ! J'ai mal. »	• Il crie qu'il a mal.
> Modifier les pronoms personnels et les possessifs.	• Il dit : « Je suis heureux de te voir. » • Il dit : « C'est votre tour. »	• Il dit qu'il est heureux de me voir. • Il dit que c'est mon tour.
> Ajouter *que* devant chaque phrase subordonnée.	• Il dit : « J'ai faim et je suis fatigué. »	• Il dit qu'il a faim et qu'il est fatigué.

Si la phrase est interrogative, il faut aussi :

	Discours direct	Discours rapporté
> Supprimer *est-ce que* ou commencer la phrase par *si*.	• Il demande : « Est-ce que vous travaillez encore ? »	• Il demande si je travaille encore.
> Conserver les autres mots interrogatifs et rétablir l'ordre sujet-verbe.	• Il me demande : « Où vas-tu déjeuner ? »	• Il me demande où je vais déjeuner.
> Remplacer *que/quoi/qu'est-ce que/qu'est-ce qui* par *ce que* et *ce qui*.	• Il me demande : « Que fait cet homme ? » • Il me demande : « Qu'est-ce qui t'a impressionné ? »	• Il me demande ce que fait cet homme.* • Il me demande ce qui m'a impressionné.

* On peut aussi dire : *Il me demande ce que cet homme fait dans la vie.*

9 Observez les phrases, comparez les formes en gras, puis cochez les cases qui conviennent.

	verbe introducteur au présent	verbe introducteur au passé
1	Les enfants répondent qu'ils **jouent** dehors.	Les enfants ont répondu qu'ils **jouaient** dehors.
2	Ils disent que tu **as réussi**.	Ils ont dit que tu **avais réussi**.
3	Paul répète qu'il **passera** demain soir.	Paul a répété qu'il **passerait** demain soir.
4	Sophie pense qu'ils **avaient** froid.	Sophie a pensé qu'ils **avaient** froid.
5	Amélie dit qu'elle **aimerait** être musicienne.	Amélie a dit qu'elle **aimerait** être musicienne.

1. Il m'a affirmé qu'il .... Béatrice hier à l'université.
  ☐ a vu   ☐ avait vu   ☐ voit

2. Moi, je pensais que tu .... très bien du piano.
  ☐ joues   ☐ joueras   ☐ jouais

3. Il lui a répondu qu'il .... la semaine dernière.
  ☐ était venu   ☐ viendrait   ☐ vient

4. Nous lui avons répété qu'elle .... continuer ses activités sportives durant les prochains mois.
  ☐ pourra   ☐ pourrait   ☐ avait pu

5. Il nous a avoué qu'il .... la mémoire.
  ☐ perdrait   ☐ perdait   ☐ a perdu

6. J'ai pensé qu'elles .... contentes de venir samedi prochain.
  ☐ seraient   ☐ étaient   ☐ sont

10 Lisez le tableau ci-dessous et mettez les phrases au discours rapporté.

Exemple : Pauline a dit : « Je ne trouve pas de travail. »
→ *Pauline a dit qu'elle ne trouvait pas de travail.*

1. Elle me disait toujours : « Tu étais très mignon. »

2. Il m'a dit : « Je t'ai aimée. »

3. Hugo m'a demandé : « Est-ce que c'est votre voiture ? »

4. Il a dit : « On pourrait peut-être discuter. »

5. J'ai pensé : « Oh ! là, là ! il ne viendra plus ! »

11 Écoutez le dialogue, répondez aux questions puis rapportez par écrit ce qui a été dit. Pour rendre votre texte plus vivant, variez les verbes introducteurs.

- Stéphanie se sent-elle plus américaine ou plus française ?
- Pour quelles raisons (donnez trois raisons) ?
- Quelle langue parlait-elle avec ses filles ?

Grammaire

La concordance des temps dans le discours rapporté

Pour rapporter les paroles de quelqu'un, il faut appliquer la concordance des temps.
Si le verbe introducteur est au passé (imparfait ou passé composé) :

Présent	→	Imparfait
• *Je suis heureuse.*		• *Elle a dit qu'elle était heureuse.*
Futur	→	**Conditionnel**
• *Je partirai demain.*		• *Il a dit qu'il partirait demain.*
Passé composé	→	**Plus-que-parfait**
• *Je suis revenue !*		• *Elle disait qu'elle était revenue.*

Si la phrase est à l'imparfait, au conditionnel ou au plus-que-parfait, les temps ne changent pas.
  • *Elle était malade.* → *Elle m'a expliqué qu'elle était malade.*

Exprimer la confiance/la méfiance

 12 Un homme a des problèmes avec sa moto. Écoutez l'enregistrement et cochez les cases qui conviennent.

1. L'homme à la moto n'est pas content parce que sa moto a des problèmes :
▢ de démarrage.
▢ de refroidissement.
▢ de plaque.

2. Le deuxième homme se présente comme :
▢ un policier.
▢ un voleur.
▢ le propriétaire de la moto.

3. Il demande :
▢ les papiers du véhicule.
▢ la bécane.
▢ les papiers de l'homme à la moto.

4. L'homme à la moto donne :
▢ les papiers.
▢ le numéro de la plaque.
▢ la moto.

5. Qui part avec la moto ?
▢ L'homme à la moto.
▢ Le deuxième homme.
▢ Les deux hommes ensemble.

Court métrage d'Alexandre Mehring.

 13 Écoutez l'enregistrement une nouvelle fois et, d'après les informations qu'il donne, répondez.

1. Pourquoi le deuxième homme demande-t-il les papiers de la moto ?

2. L'homme à la moto est-il calme ou énervé ? Pourquoi ?

3. Finalement, l'homme à la moto est-il le propriétaire de la moto ?

4. Finalement, l'autre homme est-il un agent de police ?

5. Pourquoi part-il avec la moto ?

 14 Quel titre pourrait convenir pour cet extrait de film ?

▢ Il ne faut pas se fier aux apparences

▢ La première impression est toujours la bonne

15 Lisez les phrases et cochez les cases qui conviennent.

	exprime la confiance	exprime la méfiance
1. Pourquoi, t'es keuf ?		
2. Qu'est-ce qui me prouve que c'est ta moto ?		
3. Moi, je suis pas convaincu que tu sois motard.		
4. Je doute, sans les papiers, je doute.		
5. Et vous, vous avez pas la tête d'un flic et pourtant je vous crois.		

16a Écoutez les dialogues et indiquez si les phrases expriment la confiance ou la méfiance.

dialogue	exprime la confiance	exprime la méfiance
1.		
2.		
3.		
4.		
5.		

16b Écoutez une nouvelle fois et notez dans quel dialogue vous entendez les expressions proposées.

dialogue n°

il est fiable   ......
n'inspire pas confiance   ......
je reste sur mes gardes   ......
j'ai de sérieux doutes   ......
je me méfie de   ......

dialogue n°

je me fie à   ......
vous pouvez me faire confiance   ......
elle a toujours eu confiance en elle   ......
cet air méfiant   ......

17 Lisez les tableaux. Par deux, préparez un dialogue pour chaque situation et jouez la scène.

1. Un homme rentre chez lui discrètement au milieu de la nuit, il essaie de ne pas faire de bruit mais sa femme l'attend et lui demande où il a passé la soirée. Il lui donne une explication mais elle ne le croit pas.

2. Un couple visite une maison en vue de l'acheter. Elle n'est pas en très bon état. L'agent immobilier donne des explications à ces personnes pour gagner leur confiance. Elles expriment leur méfiance et lui posent des questions.

Communication

Exprimer la confiance

➤ Je lui fais confiance./J'ai toute confiance en lui./Je lui accorde ma confiance.
➤ Je le crois.
➤ Cet homme inspire confiance.
➤ On peut se fier à lui.
➤ Fiez-vous à mon sens de l'orientation !/Faites-moi confiance !
➤ Il est digne de confiance.
➤ Cette voiture est fiable.

Exprimer la méfiance

➤ Je me méfie.
➤ Il n'est pas fiable.
➤ J'ai des doutes./Je doute.
➤ J'ai de sérieux doutes sur ses compétences.
➤ Ne vous fiez pas à lui !
➤ Il a déjà trompé la confiance de plusieurs personnes.
➤ Méfie-toi !
➤ Je préfère rester sur mes gardes.
➤ Pourquoi as-tu cet air méfiant ?

Les mots de la langue courante

18 Dans la conversation courante, on utilise souvent du vocabulaire familier. Par deux, observez ces mots et recherchez dans le dialogue les mots de sens équivalents.

- agent de police = ...
- travail = ...
- moto = ...
- comprendre = ...
- voler = ...
- idiot = ...
- tête = ...

– Monsieur, bonjour. C'est votre moto, ça.
– Non, tu vois bien que je suis en train de la piquer.
– Hou la ! Pas très efficace comme voleur, hé ! Vous avez les papiers du véhicule ?
– Pourquoi ? T'es keuf ?
– J'aurais préféré : « de la police », mais bon, oui, c'est un peu ça, hein. [...]
– Bah, je les ai pas, là. Écoutez faudrait être con pour piquer une bécane comme ça en plein jour devant tout le monde, non ? [...]
– Qu'est-ce qui me prouve que c'est ta moto ?
– Je peux vous dire ma plaque : 240 BMH 91, c'est une preuve ça.
– Moi, je suis pas convaincu que tu sois motard, figure-toi.
– Et vous, vous avez pas vraiment la tronche d'un flic, et pourtant je vous crois ! [...]
– Je vous dis que j'ai cette bécane depuis cinq ans, et depuis tout le temps, j'ai eu des problèmes de démarrage à froid.
– Je doute, sans les papiers, je doute. C'est matérialiste comme réaction, mais... hé, c'est le boulot de flic qui veut ça, j'y peux rien. [...]
– Mais qu'est-ce que vous faites, là ?
– Hé ben, je viens de te le dire.
– Je pige pas.
– Ha, tu piges pas ? Ben, c'est tout vu. Hein ? Si t'es vraiment motard, moi, je suis flic. [...]

Tricycle, court métrage d'Alexandre Mehring.

19 Retrouvez dans le texte un mot ou une expression de sens contraire.

- intelligent ≠ ....
- être sûr ≠ ....
- personne ≠ ....
- arrêt ≠ ....
- en pleine nuit ≠ ....
- inefficace ≠ ....

La musique de la langue
Les marques de l'oralité et du discours familier

A Écoutez et dites si les phrases sont affirmatives ou négatives.

	1	2	3	4	5	6	7	8	9	10
affirmative										
négative										

B **a) Écoutez, barrez les *e* non prononcés.**

1. Vous êtes pas fermé le dimanche ?
2. Bien sûr que j'ai les papiers.
3. J'étais sûr de les avoir pris ce matin.
4. Je vous jure que c'est ma bécane !
5. Je sais pas moi !

b) Écoutez et barrez les *e* non prononcés.

1. Tu vois bien que je suis en train de la piquer.
2. Moi, ce que je dis !
3. Je viens de te le dire.

Le *e* muet ou caduc

En français, on ne prononce pas toujours le *e*. Il est alors dit *muet* ou *caduc*. Le *e* ne se prononce pas :
> en finale de mot : *écoute* [ekut], *table* [tabl] ;
> à l'intérieur d'un mot, s'il n'est précédé que d'un seul son consonantique : *samedi* [samdi], *rapidement* [rapidmã], *la semaine* [lasmɛn].
(En général, le *e* est prononcé s'il est précédé de plus d'un son consonantique : *appartement* [apartəmã], *une semaine* [ynsəmɛn].)

Remarques :
> *Quand il se trouve au début d'un mot, dans le premier groupe rythmique, on a tendance à prononcer le e :* Regarde ! [rəgard].
> *Quand on a plusieurs e caducs à la suite, en général, on prononce seulement le premier* :* Elle ne le sait pas [ɛlnəlsɛpa].
* *C'est parfois le deuxième e qui n'est pas prononcé (accents régionaux, habitudes langagières...). À noter également que moins on prononce les e, plus on se rapproche de la langue familière.*

C Écoutez les dialogues et cochez les réponses qui conviennent.

prononciation et style	plutôt standard	plutôt familiers
dialogue n° 1		
dialogue n° 2		
dialogue n° 3		
dialogue n° 4		

D Par deux, transformez les phrases proposées dans une langue plus familière

(barrez les *e* et les *ne* non prononcés, ajoutez des interjections et remplacez certains mots standard par du vocabulaire familier). Prononcez vos phrases et comparez-les avec celles de vos voisins.

1. Je t'assure que tout ce que je te dis est vrai.
2. Je n'ai pas besoin de te le dire, tu l'as déjà noté !
3. C'est incroyable ! Il te faut tout ce temps-là pour faire démarrer ta moto.
4. Comment est-ce que je peux te faire comprendre ça ?
5. Moi, je préfère que tu préviennes la police.

Ce jeune est un casseur d'idées reçues. Vous voyez un cancre alors qu'il enchaîne les heures de formation. Vous pensez qu'il ne sait rien faire, pourtant, avec Adia, il multiplie les expériences. Vous l'imaginez en train de forcer une voiture mais pour ses employeurs, il ne force que le respect.

NE VOUS FIEZ PAS AUX APPARENCES, FIEZ-VOUS AUX COMPÉTENCES.

ADIA
TRAVAIL TEMPORAIRE

www.adia.fr

20 Regardez la photo et décrivez-la.

Le jeune homme :
– sa position dans l'espace ;
– ses caractéristiques physiques ;
– ses vêtements ;
– son allure générale.

21a Dans la phrase en gros caractères, quels sont les deux mots qui pourraient caractériser le jeune homme ?

1. ....

2. ....

21b Lisez les documents et, par deux, indiquez quels mots de la publicité ils vous aident à comprendre.

Des casseurs font dégénérer la manif pacifiste
L'événement

« Les jeunes se sont introduits dans le lycée et ils ont défoncé de nombreuses portes », soupire l'intendant après la bataille. Trois jeunes mineurs ont été interpellés à Auber-villiers après avoir provoqué les policiers. Manifestants et casseurs ont ensuite pris la direction du lycée Paul-Éluard de Saint-Denis. « À midi et demi, ils ont forcé le portail avant d'envahir un bâtiment et de casser les carreaux. Juste avant ils avaient cassé la loge du gardien du lycée de l'Enna », raconte une employée.

Le Parisien, 21 mars 2003.

C'est dans les CIPPA (cycles d'insertion professionnelle par alternance) pour les élèves de plus de 16 ans que l'on place les élèves en difficulté, ceux qui ont échoué au bac, les démotivés... tous ceux qu'on appelle trop souvent « les cancres ».

Maine-Brèves,
3 décembre 2004.

1. .... 2. .... 3. ....

22 Relisez le texte de la publicité et classez dans les colonnes les mots et expressions selon qu'ils donnent une image positive ou négative du jeune.

Mots et expressions positifs	Mots et expressions négatifs
....	....
....	....

23 Regardez à nouveau la publicité « Ce jeune est un casseur » et répondez.

1. Quel message cette publicité veut-elle faire passer ?
2. Sur quels oppositions et jeux de mots son message repose-t-il ?
3. Que pensez-vous de cette publicité ?

24 Imaginez le texte de cette autre affiche publicitaire pour la société Adia.

25 Discutez tous ensemble autour du thème : Faut-il ou non se fier aux apparences ? Exprimez votre opinion, donnez des exemples, racontez des anecdotes.

Test

1 **Écoutez puis répondez.**

⟿ **4 points**

1. Combien de personnes partent en vacances ?

2. Où vivent-elles habituellement ?

3. Où partent-elles ?

4. Quels moyens de transport utilisent-elles ? Pourquoi ?

5. Quel est le meilleur souvenir de la personne qui raconte ?

2 **Mettez les verbes au temps qui convient (passé composé, imparfait ou plus-que-parfait).**

⟿ **9 points**

Quand je (être) .... petite, je ne (aimer) .... pas quitter ma maison. Pour moi les vacances (rimer) ....toujours avec ennui. Mes parents le (savoir) .... et un jour, ils (vouloir) ...., pour me faire plaisir, organiser quelque chose de très spécial. Pendant des mois, ils (réfléchir) .... à ce qui pourrait me faire plaisir, et cet été-là, en 1981, nous (partir) .... en Asie chez des amis que mes parents (rencontrer) .... en France, en 1979. Je (adorer) .... ce voyage et depuis, je ne reste jamais chez moi pendant les vacances.

3 **Soulignez la forme qui convient.**

⟿ **4 points**

1. Non, je n'ai pas oublié (de – à – que) je devais rappeler monsieur Lefranc cet après-midi.

2. Pourrais-tu penser (∅ – à – de) acheter *Le Monde* en rentrant, s'il te plaît ?

3. Elle n'a aucun souvenir (de – à – ∅) l'accident.

4. Vous vous souvenez (que – de – ∅) vous aviez promis de revenir ?

4 **Trouvez à quelle partie du corps vous pouvez associer chaque adjectif proposé.**

⟿ **6 points**

Exemple : ridé : le visage

1. carrées : ....

2. mate : ....

3. pétillants : ....

4. fines : ....

5. profond : ....

6. large : ....

5 **Récrivez les phrases en rajoutant aux noms soulignés tous les adjectifs proposés entre parenthèses.**

⟿ **7 points**

1. Pierre et Sylvie ont acheté une <u>maison</u> dans la vieille ville. (ancienne)

2. Tu aimes <u>l'art</u> ? (italien – baroque)

3. À Paris, je suis allé au <u>salon</u> des langues. (international)

4. Il a des <u>yeux</u>. (bleus – beaux)

5. Oui, elle est très sympa ; c'est une <u>fille</u>. (chic)

1 Lisez cette conversation rapportée et écrivez le dialogue entre Laurie et Pierre-Yves.

→ 5 points

Pierre-Yves a d'abord demandé à Laurie si elle voulait se promener le long de la mer. Laurie a répondu qu'il ne faisait pas très chaud et elle a ajouté qu'elle aimerait mieux manger une crêpe et boire un bon chocolat chaud. Alors, Pierre-Yves a proposé d'aller à La Bigouden, une excellente crêperie sur le front de mer. Laurie a répliqué qu'ils étaient faits pour s'entendre.

2 Lisez ce dialogue et rapportez ce que disent les deux personnes. Complétez.

→ 8 points

Un quart d'heure plus tard, Giovanna débouchait hors d'haleine dans le bureau de l'adjoint d'intendance, M. Valentini.

– Vous devez faire quelque chose. Il y a des rats dans les classes.

– Des souris.

– Non, ce sont des rats. Et s'ils sont arrivés au rez-de-chaussée, ils peuvent être aussi bien à la cantine, au magasin…

– Sans doute, mais ce sont des souris. Comment pouvez-vous croire autre chose ?

Bambini, Bertrand Visage, Seuil, Fiction et Cie.

Giovanna a annoncé à monsieur Valentini .... parce que ....
M. Valentini a répondu .... mais des souris. Giovanna n'était pas d'accord et a répliqué .... et que s'ils .... au rez-de-chaussée, ils .... Pour finir,
M. Valentini a affirmé à Giovanna .... et il lui a demandé ....

3 Transformez ces phrases au discours rapporté.

→ 7 points

1. Elle m'a dit : « On ne partira pas. »
2. Il me demandait souvent : « Qu'est-ce que tu allais faire aux États-Unis ? »
3. Elle a demandé à Louis : « Vous travaillez toujours chez Leroy et fils ? »
4. Sa mère m'a murmuré : « Vous n'avez pas eu de chance. »
5. Le médecin nous a recommandé : « Ne buvez jamais d'alcool et couchez-vous tôt. »
6. Il m'a demandé : « Qu'est-ce qui te plaît dans cette exposition ? »
7. Le professeur m'a demandé : « Pourquoi n'avez-vous pas relu le texte chez vous ? »

4 Écoutez et dites si les personnes expriment la confiance ou la méfiance.

→ 4 points

confiance : n° .... méfiance : n° ....

5 Écoutez une nouvelle fois les minidialogues et relevez comment chaque personne exprime la confiance ou la méfiance.

→ 4 points

1. .... **3.** ....
2. .... **4.** ....

6 Dans ces deux phrases, rayez les *e* qui ne se prononcent pas.

→ 2 points

1. Regarde ! Il neige ! **2.** J'ai lu trois livres en une semaine.

Autoévaluation 1 — Cadre européen niveau B1

JE PEUX DÉCRIRE UNE PERSONNE ET UN LIEU

1 Complétez chaque phrase avec un des mots proposés. Faites les accords nécessaires.

moqueur • allure • muscle • chétif • expressif • rond • corps • profond

1. Sylvia est rousse, grande, élancée. Elle a beaucoup de ....

2. Cet enfant doit être malade ; il est petit et plutôt ....

3. Ses yeux sont si .... qu'ils semblent parler.

4. Il semble toujours rire des gens ; je n'aime pas du tout son regard ....

Comptez 1 point par bonne réponse.

Vous avez...
• 4 points : félicitations !
• moins de 4 points, revoyez les pages 16, 17 de votre livre et les exercices de votre cahier.

JE PEUX DÉCRIRE UN LIEU

2 Complétez les phrases avec le mot qui convient.

1. Le plateau se situe à 1 200 mètres de ....

2. .... de la ville est très chaleureuse.

3. C'est un .... tropical, c'est très agréable.

4. Le pays a un .... essentiellement montagneux.

Comptez 1 point par bonne réponse.

Vous avez...
• 4 points : félicitations !
• moins de 4 points, revoyez la page 17 de votre livre et les exercices de votre cahier.

JE PEUX CHOISIR LA PLACE DE L'ADJECTIF

3 Mettez l'adjectif proposé à la place qui convient.

1. Nous reviendrons la .... semaine .... (prochaine).

2. Depuis qu'on a déménagé, je suis toujours triste de retourner dans notre .... maison .... (ancienne).

3. C'est une .... femme .... : elle a toujours de magnifiques vêtements et des bijoux précieux (très chic).

Comptez 1 point par bonne réponse.

Vous avez...
• 3 points : félicitations !
• moins de 3 points, revoyez les pages 18, 19 de votre livre et les exercices de votre cahier.

JE PEUX RAPPORTER LES PAROLES DE QUELQU'UN

4 Rapportez les propos de ces personnes.

1. Il me dit : « J'ai oublié de te rappeler lundi soir. »

2. L'agent de police lui demande : « Mais qu'est-ce que vous faites dans les rues si tard ? »

3. Christine me demande : « Où pars-tu en vacances cette année ? »

4. Il me demande : « Qu'est-ce qui te déplaît dans cet appartement ? »

Comptez 1 point par bonne réponse.

Vous avez...
• 4 points : félicitations !
• moins de 4 points, revoyez les pages 24, 25, 26, 27 de votre livre et les exercices de votre cahier.

JE PEUX CHOISIR LES TEMPS QUI CONVIENNENT

5 Mettez chaque verbe proposé au temps qui convient.

1. Lucia m'a dit que Pierre (ne pas vouloir) .... partir sans elle en juin dernier.

2. Le conférencier ne savait pas s'il (pouvoir) .... répondre à cette question délicate.

3. Je vous (confirmer) .... que je serai absente du 2 au 9 mai.

4. Le contrôleur m'a demandé quelle (être) .... ma destination finale.

5. Elle t'a dit qu'on (aller) .... où demain ?

Comptez 1 point par bonne réponse.

Vous avez...
• 5 points : félicitations !
• moins de 5 points, revoyez la page 27 de votre livre et les exercices de votre cahier.

➡ **RÉSULTATS :** .... points sur 20 points = ... %

Préparation au DELF B1 (module 1)

COMPRÉHENSION DE L'ORAL

Écoutez, puis cochez la réponse qui convient ou écrivez la réponse demandée.

1. Conversation

1. Dans quel pays ce voyageur a-t-il choisi d'aller ?

....

2. Il aime avant tout :
- [ ] se diversifier.
- [ ] se multiplier.
- [ ] se changer les idées.

3. Il a découvert un pays :
- [ ] toujours en mouvement.
- [ ] toujours renversant.
- [ ] toujours ensoleillé.

4. Il a :
- [ ] hésité entre plusieurs destinations.
- [ ] choisi ce pays.
- [ ] été choisi par ce pays.

5. Le voyageur a pu oublier :
- [ ] le superflu et le fade.
- [ ] le sens et l'esprit.
- [ ] la foule et la pluie.

2. Émission de radio

1. Kenza est connue en France parce que :
- [ ] elle a écrit un livre.
- [ ] elle a joué dans le « loft ».
- [ ] elle fait de la politique.

2. *J'ai deux amours* est :
- [ ] une chanson.
- [ ] une émission de radio.
- [ ] un livre.

3. Kenza est née :
- [ ] en France.
- [ ] en Irak.
- [ ] en Iran.

4. Kenza a vécu :
- [ ] plus en France qu'en Irak.
- [ ] autant en France qu'en Irak.
- [ ] plus en Irak qu'en France.

5. Pour revenir à ses sources, Kenza a besoin :
- [ ] de prendre l'avion.
- [ ] de manger la cuisine de son pays.
- [ ] de retrouver une atmosphère orientale.

COMPRÉHENSION DES ÉCRITS

Vous consultez des sites internet pour préparer vos prochaines vacances. Vous n'êtes pas fixé sur une destination précise mais vous voulez trouver un hôtel avec au moins deux restaurants, une animation soutenue et une formule où tout est compris. Vous voulez également pouvoir pratiquer votre sport préféré, la planche à voile. Enfin, l'hôtel devra proposer une formule de garde pour votre enfant de 5 ans. Regardez la sélection faite par le moteur de recherche et dites où vous choisirez d'aller.

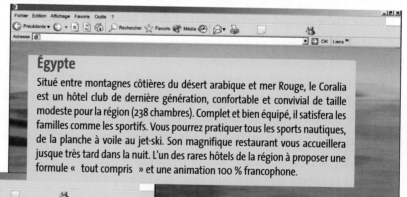

Égypte

Situé entre montagnes côtières du désert arabique et mer Rouge, le Coralia est un hôtel club de dernière génération, confortable et convivial de taille modeste pour la région (238 chambres). Complet et bien équipé, il satisfera les familles comme les sportifs. Vous pourrez pratiquer tous les sports nautiques, de la planche à voile au jet-ski. Son magnifique restaurant vous accueillera jusque très tard dans la nuit. L'un des rares hôtels de la région à proposer une formule « tout compris » et une animation 100 % francophone.

Grèce

Le Club Éden situé sur la côte nord ouest du Péloponnèse, bénéficie sans aucun doute d'un cadre exceptionnel, le long d'une magnifique et grande plage. Il reste néanmoins d'un confort simple mais n'en est pas moins convivial en proposant une animation soutenue 100 % francophone, trois restaurants proposant différents types de cuisine. Un hôtel bien adapté pour les familles avec pas moins de 3 miniclubs : Bébés/Juniors/Ados.

Préparation au DELF B1 (module 1)

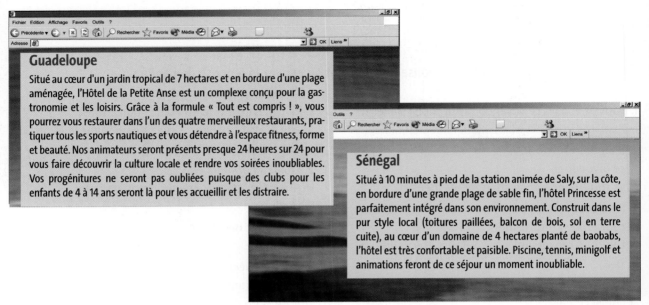

Guadeloupe

Situé au cœur d'un jardin tropical de 7 hectares et en bordure d'une plage aménagée, l'Hôtel de la Petite Anse est un complexe conçu pour la gastronomie et les loisirs. Grâce à la formule « Tout est compris ! », vous pourrez vous restaurer dans l'un des quatre merveilleux restaurants, pratiquer tous les sports nautiques et vous détendre à l'espace fitness, forme et beauté. Nos animateurs seront présents presque 24 heures sur 24 pour vous faire découvrir la culture locale et rendre vos soirées inoubliables. Vos progénitures ne seront pas oubliées puisque des clubs pour les enfants de 4 à 14 ans seront là pour les accueillir et les distraire.

Sénégal

Situé à 10 minutes à pied de la station animée de Saly, sur la côte, en bordure d'une grande plage de sable fin, l'hôtel Princesse est parfaitement intégré dans son environnement. Construit dans le pur style local (toitures paillées, balcon de bois, sol en terre cuite), au cœur d'un domaine de 4 hectares planté de baobabs, l'hôtel est très confortable et paisible. Piscine, tennis, minigolf et animations feront de ce séjour un moment inoubliable.

PRODUCTION ÉCRITE

Essai

À votre avis, quelles sont les limites de la confiance que l'on peut accorder à ses amis ?
Quels sont, d'après vous, les côtés positifs et négatifs des relations amicales. Écrivez un texte de 160 à 180 mots environ, en l'illustrant d'exemples concrets.

PRODUCTION ORALE

1. Entretien informel (2 à 3 minutes)
Présentez-vous rapidement, indiquez vos goûts, puis parlez pendant deux à trois minutes du type de vacances que vous préférez et dites pourquoi.

2. Exercice en interaction (3 à 4 minutes)
Faire face à une situation inhabituelle.
Vous arrivez à l'enregistrement de l'aéroport Roissy Charles de Gaulle pour prendre un vol direct jusqu'à votre pays. Là, on vous annonce que vous êtes sur une liste d'attente pour l'avion prévu et que vous serez certainement orienté vers un autre vol, plus tard... L'examinateur joue le rôle de l'employé(e) de la compagnie aérienne.

3. Monologue suivi (préparation : 10 minutes)
Dégagez le thème du texte puis donnez votre opinion.

En vacances, les comportements de consommation sont avant tout influencés par des désirs de sortie et de découverte. La première réponse que font en effet les Français à la question « dans vos dépenses de vacances, quelles sont les choses que vous faites sur votre lieu de vacances et que vous ne faites pas habituellement ? », c'est « aller au restaurant, manger à l'extérieur » (42 % de citations). Combinant l'absence de contraintes, l'aspect festif de la sortie, et la convivialité du moment du repas, la sortie au restaurant est la première réponse citée dans presque toutes les catégories sociales. Vient en second lieu « l'achat de produits régionaux », cité par 34% des personnes interrogées, les vacances étant aussi l'occasion de découvrir et de s'initier à de nouveaux modes et produits de consommation.

Les achats vacances des Français : des comportements de consommation d'abord influencés par des désirs de sorties et de découvertes, © TNS Sofres, pour le Groupe Casino/l'Hémicycle, enquête du 8-9 juillet 2004.

(Inter)agir à propos d'émotions, de sentiments

module 2

UNITÉ 3

page 40

- Exprimer sa colère/réagir à la colère de quelqu'un
- Exprimer la joie/la tristesse
- Interroger sur la joie/la tristesse

UNITÉ 4

page 52

- Exprimer sa peur et son inquiétude
- Exprimer la cause et la conséquence
- Exprimer l'espoir
- Exprimer l'indifférence et la déception

ÉVALUATION

page 64

- Test Unité 3
- Test Unité 4
- Autoévaluation
- Préparation au DELF B1

---

1 Dans la conversation téléphonique entre Henri et Arlette, imaginez les répliques d'Arlette. Complétez.

HENRI : – Oui, *Le Père Tranquille*, j'écoute.

ARLETTE : – ....

HENRI : – Ah ! alors, t'es où ?

ARLETTE : – ....

HENRI : – Mais tu sais quelle heure il est ?

ARLETTE : – ....

HENRI : – Ah bon ? Et pourquoi ?

ARLETTE : – ....

HENRI : – Mouais...

ARLETTE : – ....

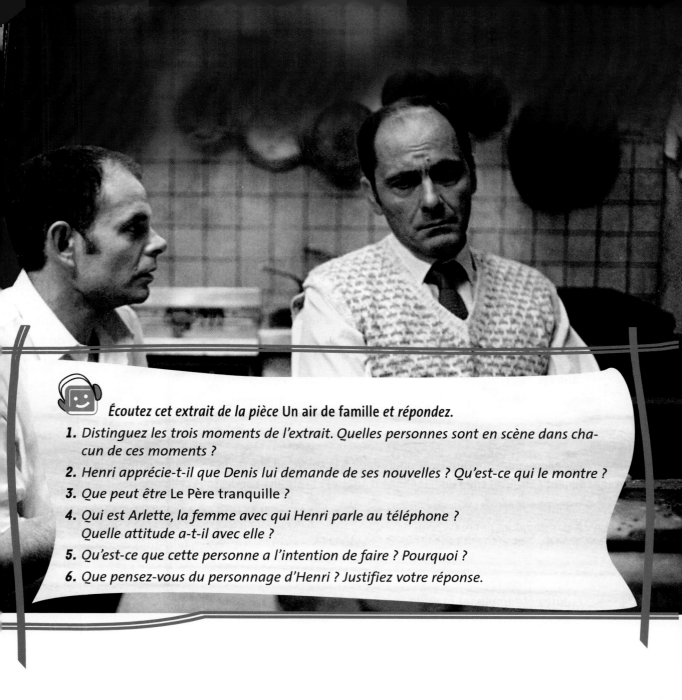

1. Distinguez les trois moments de l'extrait. Quelles personnes sont en scène dans cha-cun de ces moments ?

2. Henri apprécie-t-il que Denis lui demande de ses nouvelles ? Qu'est-ce qui le montre ?

3. Que peut être Le Père tranquille ?

4. Qui est Arlette, la femme avec qui Henri parle au téléphone ?
Quelle attitude a-t-il avec elle ?

5. Qu'est-ce que cette personne a l'intention de faire ? Pourquoi ?

6. Que pensez-vous du personnage d'Henri ? Justifiez votre réponse.

HENRI   : – Ah bon... mouais...

ARLETTE : ....

HENRI   : – Mmmmmh... Et tu as besoin de partir chez ta copine pour réfléchir, tu peux pas réfléchir
à la maison ?

ARLETTE : – ....

HENRI   : – Mais à quoi ? à quoi tu veux réfléchir ?

ARLETTE : ....

HENRI   : – Je comprends rien, je comprends pas ce que tu me dis...

ARLETTE : – ....

HENRI   : – Qui c'est qui t'a foutu ces idées dans la tête, d'abord ?

Agnès Jaoui et Jean-Pierre Bacri, *Un air de famille*, Avant-Scène théâtre n° 956, 1994.

2

Quel registre de langue (soutenu, standard, familier) est utilisé par Henri dans l'extrait ci-dessus ?

Exprimer sa colère/réagir à la colère de quelqu'u

3 Diriez-vous qu'Henri est triste, en colère ou indifférent ? Réécoutez l'extrait et relevez quelques exemples.

4 Parmi les expressions proposées, lesquelles expriment la colère ?

Ça commence à bien faire !

Je suis furieux qu'il ait refusé !

Tu dépasses les bornes !

Arrête de t'inquiéter.

Ça va pas, non ?

Toi, tu es trop fort !

J'en ai plein le dos de toi !

Ça commence à bien faire !

Qu'est-ce que tu peux m'agacer !

Qu'est-ce que tu peux être séduisante !

Ça me met hors de moi !

Je suis ravi qu'il ne vienne pas !

Qu'est-ce que tu peux être énervant !

Alors là, c'est trop fort !

J'ai très mal au dos !

5 Ces expressions sont utilisées pour réagir à la colère ou à la mauvaise humeur de quelqu'un. Réécoutez l'enregistrement (jusqu'au coup de téléphone d'Arlette) et retrouvez ci-dessous celle que Denis utilise.

- On se calme !
- Il n'y a pas de quoi s'énerver comme ça !
- Je ne t'ai rien fait !
- Ça ne vaut pas la peine de se mettre dans un état pareil !
- Tu ne vas pas en faire tout un plat.

6 Écoutez et remplissez la grille.

	1	2	3	4
Où ?				
Qui ?				
Motif de la colère				
Expressions utilisées pour :				
– exprimer sa colère				
– réagir à la colère				

7 Lisez le tableau récapitulatif page 43 et, par groupes de deux, jouez les situations proposées.

1. Un couple se dispute au sujet du partage des tâches ménagères. L'homme et la femme se font beaucoup de reproches...

2. Vous avez garé votre voiture trois minutes sur le trottoir pour faire une course rapide. Malheureusement, quand vous revenez, un agent de police veut vous dresser une contravention. Il ne veut rien entendre et vous vous mettez en colère...

Communication

Exprimer sa colère

> Ça va pas, non !
> Alors là, c'est un peu fort/trop fort !
> Ça commence à bien faire !
> Ça me met hors de moi !
> Je suis furieux/agacé/énervé... qu'il ait refusé.
> Tu/Ça dépasse(s) les bornes !
> Qu'est-ce que tu peux être pénible/agaçant/énervant... !
> J'en ai assez/marre/plein le dos de ce travail !
> J'en ai assez/marre/plein le dos que tu mentes !

Réagir à la colère de quelqu'un

> Je ne t'ai rien fait !
> Du calme !/On se calme !
> Il n'y a pas de quoi s'énerver (comme ça).
> Ce n'est pas un drame.
> N'en fais pas une affaire.
> Tu ne vas pas en faire tout un plat. (fam.)
> Ce n'est pas la peine de crier/de t'énerver.
> Ça ne vaut pas la peine/le coup de te mettre dans cet état !

La musique de la langue
L'intonation dans l'expression des sentiments

A a) Écoutez et répétez.

b) Écoutez de nouveau et cochez la réponse qui convient.

	1	2	3	4	5	6	7	8
sentiment positif								
sentiment négatif								

B Par groupes de deux, imaginez un court dialogue avec chacune des expressions proposées. Jouez vos dialogues.

Pas question ! • Rien à redire... • N'importe quoi ! • Ouais, bof...

C Parfois, on utilise les mêmes expressions pour exprimer des sentiments totalement opposés. Écoutez et dites si la personne est contente ou plutôt en colère. Cochez.

	1	2	3	4	5	6	7	8	9	10
contente										
en colère										

D Créez un contexte et entraînez-vous à utiliser les éléments proposés dans des situations complètes, en respectant l'intention (positive ou négative).

Exemple : Je te félicite ! (intention négative)
→ Quoi ? 7 sur 20 en français ! Je te félicite, mon chéri ! Continue comme ça...

1. Je n'aurais pas cru que tu puisses faire ça un jour. (intention positive)
2. Ah, oui ! tout va parfaitement bien ! (intention négative)
3. Ah bah là, j'ai tout gagné ! (intention négative)
4. C'est formidable ! (intention positive)
5. C'était terrible ! (intention négative)
6. Ça alors, c'est la meilleure ! (intention négative)

Le subjonctif

8 Observez ces groupes de phrases et justifiez l'emploi de l'indicatif ou du subjonctif.

1. Elle est sûre qu'ils repartiront en Asie avant 2010.
Je ne suis pas sûre que ma sœur parte avec eux.

2. Je regrette qu'il ne soit pas venu au mariage de Sophie et Louis.
On sait qu'il n'est pas venu au mariage de Sophie et Louis.

3. Il faudrait qu'on comprenne les raisons de son choix.
Il est certain qu'on comprend les raisons de son choix.

4. Ce serait dommage que vous ne puissiez pas assister à ce spectacle, ça a l'air bien.
J'ai appris que vous n'assisteriez pas à ce spectacle. Quel dommage !

5. Elle croit qu'il fera beau en Australie à cette période-là.
Elle ne croit pas qu'il fasse beau en Australie à cette période-là.

a) Le verbe au subjonctif décrit :
une action ▨ réalisée. ▨ non réalisée. **OU** un jugement ▨ objectif. ▨ subjectif.

b) Le verbe à l'indicatif décrit :
une action ▨ réalisée. ▨ non réalisée. **OU** un jugement ▨ objectif. ▨ subjectif.

c) Plus on est sûr de l'opinion exprimée, plus on utilisera :
▨ l'indicatif. ▨ le subjonctif.

9 Complétez les minidialogues avec le verbe entre parenthèses à la forme qui convient.

1. – Pensez-vous qu'on (pouvoir) .... demander ce travail aux étudiants ?
– Oui, je crois qu'on (pouvoir) .... mais je ne suis pas sûr qu'ils le (faire) ....

2. – Tu es vraiment certaine qu'on (avoir) .... le droit d'entrer par cette porte ?
– Je ne suis pas vraiment sûre qu'on (pouvoir) .... entrer par ici, en revanche, je suis absolument
certaine qu'on (être) .... invités à cette soirée !

3. – Ah ! bon ? Vous croyez vraiment qu'on (pouvoir) .... soigner des maladies graves avec des plantes ?
– Je ne crois pas qu'il (être) .... possible de tout soigner avec des plantes, mais je pense qu'on (pouvoir)
.... en guérir certaines et surtout qu'on (devoir) .... y croire pour que ça (marche) ....

10 Lisez le tableau *Les emplois du subjonctif*, puis mettez les verbes de ces phrases au temps qui convient.

1. On ne pense pas que Nicolas (pouvoir) .... arriver à temps pour l'anniversaire de Fabienne.

2. Tu es la seule qui (ne pas venir) .... à la réunion de mardi dernier.

3. Je cherche quelqu'un qui (savoir) .... faire des petits travaux de couture.

4. Tu crois qu'on (réussir) .... à organiser ce grand voyage ?

5. Pas de problème, j'attendrai jusqu'à ce que vous (revenir) ....

6. Laurence cherche un homme qui (être) .... capable de la comprendre et de l'aimer.

7. Crois-tu vraiment qu'on (devoir) .... accepter cette proposition ?

8. Léna est bien la plus belle femme que je (connaître) ....

11 Regardez cette histoire en images. Oralement, racontez-la puis, en vous aidant des éléments proposés sous chaque dessin, imaginez les sentiments des personnes.

Il a peur que .... Il veut que ....

Il a peur que .... Le directeur veut absolument que .... Il n'est pas d'accord que, il ne croit pas que ....

12 Donnez votre opinion sur ces affirmations.

1. Ce n'est pas nécessaire de parler plusieurs langues étrangères. Sa langue maternelle et une langue étrangère, ça suffit.
2. Connaître la culture d'un autre pays, c'est connaître son histoire et ses richesses touristiques.
3. Le théâtre est beaucoup plus expressif que le cinéma.
4. Il faut continuer à élargir l'Europe et à y faire entrer de nouveaux pays.

Grammaire
Les emplois du subjonctif

Rappel

• Après certains verbes qui expriment le souhait (*je voudrais, je souhaite...*), le doute (*je doute... je ne suis pas sûr...*), la crainte (*je crains, j'ai peur...*), le regret (*je regrette, c'est dommage...*), etc.

• Après certaines expressions qui expriment le but (*pour que, afin que...*), le temps (*avant que, jusqu'à ce que, en attendant que...*), la condition (*à condition que, à supposer que...*), l'opposition (*bien que, quoique...*).

1. Dans l'expression d'une opinion, d'un jugement :
  • *Je ne crois pas qu'il réussisse.*
  • *Penses-tu qu'elle puisse le persuader ?*

Remarque :
Plus la subjectivité est grande, plus on utilisera l'indicatif.
  • *Il espère/il pense/il croit qu'elle reviendra.*
  • *Il n'est pas sûr/il ne croit pas qu'elle revienne.*

2. Dans les propositions relatives (*avec qui, que, dont, où*) :
a) Quand le pronom est précédé d'un superlatif ou de mots comme *seul, unique, premier*, etc. et que l'on n'est pas sûr de la réalité.
  • *Jean-Louis est le plus grand sportif que je connaisse.*
  • *C'est le seul homme qu'elle ait aimé.* (On ne peut pas être sûr que c'est vrai.)
  • *C'est le seul qui m'a aidé quand j'étais malade.* (La réalité est prouvée.)
b) Quand l'élément qui précède le pronom est indéfini (*quelqu'un, un homme, une personne...*) et selon le sens du verbe*.
  • *Je voudrais un pull qui puisse aller avec mon pantalon vert.* (Le pull n'existe peut-être pas.)
  • *J'ai trouvé un pull qui peut aller avec mon pantalon vert.* (Le pull existe. Je l'ai trouvé.)

_____

* Subjonctif après *vouloir, souhaiter, désirer, chercher...*

13 Lisez ce conte, dites si vous l'aimez ou pas et expliquez pourquoi.

[...] **M**AIS on était le jour de Noël ! C'était la coutume de recevoir des cadeaux. Et lui n'aurait rien ! Il trouvait le Bon Dieu injuste.

Il s'assit sur un banc et se mit à pleurer, tandis que tombaient quelques minces flocons fragiles comme du duvet.

Un homme s'approcha doucement de lui :

– Eh là, gamin, on est le jour de Noël ! C'est pas chrétien de pleurer ainsi.

Jonathan leva les yeux...

Il aperçut un drôle de bonhomme qui poussait un vieux landau rempli de ferraille. Sa barbe était si épaisse qu'on voyait à peine son visage. Son manteau était rapiécé[1]. Le bout de ses souliers bâillait. Il avait vraiment tout du clochard... Pourtant, il portait un chapeau melon flambant neuf et ses yeux brillaient d'une étrange lumière.

– C'est bien pour ça que je pleure, maugréa Jonathan. C'est le jour de Noël et personne ne me fera de cadeaux.

Le vieil homme parut embarrassé. [...]

– Tu vois ce point lumineux, tout là-haut, juste à côté de la grosse boule brillante qu'on appelle l'étoile du berger ?

– Oui ! souffla Jonathan.

– Eh bien, c'est l'astéroïde 253. Je te le donne. Ce sera ton cadeau de Noël !

– Merci monsieur ! C'est gentil ! Mais que ferai-je d'une étoile ?

– Allons, ne comprends-tu pas ? Ce sera ta bonne étoile. Elle te portera chance. Elle t'amènera l'amitié, l'amour, la bonne fortune... Elle te réchauffera lorsque tu auras froid la nuit. Elle te guidera lorsque tu seras perdu... [...]

Il courut à toutes jambes dans les rues de la ville, gai comme il ne l'avait jamais été. Puis, il s'arrêta près de

Alors, il se tourna vers son étoile et cela lui donna une idée :
– Tu vois ce petit point qui brille, lui dit-il, là, à gauche, tout près de l'étoile du berger... eh bien, c'est mon astéroïde à moi.

la cathédrale pour chanter à pleins poumons un cantique[2] de Noël. Deux vieilles dames lui donnèrent un peu de monnaie. Un boulanger lui porta une grosse miche de pain chaud.

Jonathan tourna les yeux vers son étoile pour la remercier.

Il alla s'asseoir sous un porche près d'un tas de chiffon et arracha un bout de croûte de son pain. Une délicieuse odeur lui monta aux narines.

C'est alors que le tas de chiffon bougea.

Ce n'était pas un tas de chiffon. C'était une petite fille qui essayait de se réchauffer sous une couverture.

Jonathan lui donna un morceau de pain qu'elle engloutit en le regardant avec de pauvres yeux tristes. [...]

Avec son argent, il courut lui acheter des sucres d'orge[3]. Mais la fillette n'eut qu'un pâle sourire qui fendit le cœur à Jonathan.

Alors, il se tourna vers son étoile et cela lui donna une idée :

– Tu vois ce petit point qui brille, lui dit-il, là, à gauche, tout prêt de l'étoile du berger... eh bien, c'est mon astéroïde à moi. [...]

– Ça t'épate drôlement, pas vrai ?

Cette fois, la petite fille paraissait émerveillée.

– Eh bien, ajouta Jonathan, si tu me fais un vrai sourire, je t'en donne la moitié. [...]

Le visage de la fillette s'illumina...

Elle lui pressa la main de ses petits doigts maigres et ils partirent tous les deux sur la route enneigée, en direction de leur bonne étoile.

Michel Piquemal/Martin Matje,
L'étoile de Noël, Casterman.

1. Se dit d'un vêtement sur lequel on a cousu des pièces de tissus pour cacher les trous.
2. Chant religieux.
3. Sorte de bonbons allongés et de couleurs variées.

Répondez aux questions pour retrouver les différentes étapes du conte.

1. Qui est le héros ? (Faites sa description physique et morale, décrivez le lieu où il vit, ses conditions de vie.)

2. Que lui manque-t-il pour être heureux ?

3. Quelqu'un lui donne des conseils ou des renseignements. Lesquels ?

4. À qui le vieil homme fait-il penser ?

5. Quels éléments permettent de reconnaître que c'est un conte de Noël ?

6. Imaginez la suite de l'histoire.

 Écoutez et notez dans la case le numéro du dialogue dans lequel chaque expression apparaît.

interroger sur la joie/tristesse	dialogue n°	exprimer sa joie	dialogue n°
• Tu as une drôle de tête.	......	• J'ai le plaisir de…	......
• Qu'est-ce qui se passe ?	......	• C'est trop bien !	......
• Qu'est-ce qui t'arrive ?	......	**exprimer sa tristesse**	
• Tu as des soucis ?	......	• C'est le cauchemar.	......
• Ça ne va pas ?	......	• Je me sens déprimée.	......
• Ça n'a pas l'air d'aller…	......	• Je n'ai pas le moral.	......

15b Il manque une phrase dans chaque colonne. Écoutez de nouveau l'enregistrement et retrouvez-les.

interroger sur la joie/tristesse	exprimer sa joie	exprimer sa tristesse
....	....	....

 Lisez les tableaux et, par groupes, jouez ces situations, en variant les expressions.

1. Vous avez l'impression que votre ami(e) va mal aujourd'hui. Vous l'interrogez et au contraire, tout va bien, il/elle vous annonce une très bonne nouvelle.

2. Vous demandez à votre mari/femme comment il/elle va à son retour du bureau. La réponse est plutôt négative…

Communication

Interroger sur la joie ou la tristesse

> Qu'est-ce qu'il y a ?
> Tu n'as pas l'air bien/en forme.
> Ça n'a pas l'air d'aller.
> Tu as des soucis/problèmes ?
> Qu'est-ce qui se passe/ne va pas ?
> Qu'est-ce qui t'arrive ?
> Tu en fais une tête !
> Tu as une drôle de tête !

Exprimer le plaisir, la joie

> Ça me fait (tellement/très) plaisir que…
> Ça me fait (tellement/très) plaisir de…
> Je suis ravi/content/heureux que…
> Je suis ravi/content/heureux de…
> Qu'est-ce qu'on est bien/heureux !
> Ce que ça fait du bien ! (fam.)
> C'est trop (bien/génial) ! (fam.)
> C'est toujours un plaisir de…
> J'ai le grand plaisir de… (écrit)

Exprimer la tristesse

> Je me sens triste/déprimé.
> Ça me peine/déprime/attriste.
> J'ai de la peine/du chagrin.
> Je n'ai pas le moral.
> Je n'en peux plus !
> Je ne suis pas bien/en forme.
> Ce n'est pas la (grande) forme.
> Je n'ai pas la pêche. (fam.)
> C'est le cauchemar/l'horreur !

17 Relisez cet extrait de *L'étoile de Noël*, puis cochez la réponse qui convient.

IL **courut** à toutes jambes dans les rues de la ville, gai comme il ne l'avait jamais été. Puis, il **s'arrêta** près de la cathédrale pour chanter à pleins poumons un cantique de Noël. Deux vieilles dames lui **donnèrent** un peu de monnaie.

Un boulanger lui **porta** une grosse miche de pain chaud. Jonathan **tourna** les yeux vers son étoile pour la remercier. Il **alla** s'asseoir sous un porche près d'un tas de chiffon et **arracha** un bout de croûte de son pain. Une délicieuse odeur lui **monta** aux narines. C'est alors que le tas de chiffon **bougea**.

Michel Piquemal/Martin Matje,
L'étoile de Noël, Casterman.

Il serait possible de récrire l'histoire en mettant les verbes en gras :

■ à l'imparfait.   ■ au passé composé.   ■ au plus-que-parfait.

18 Récrivez l'extrait de l'activité 17 en mettant les verbes au temps que vous avez coché.

19 Dans le conte, relisez le passage de : *Il courut à toutes jambes...* à *... le tas de chiffon bougea*. Relevez tous les verbes qui sont au même temps que ceux des phrases vues à l'exercice 23a et donnez l'infinitif de chacun.

20 Les verbes en gras dans l'activité 17 sont au passé simple. Il existe quatre types de terminaisons. Relisez le conte page 46 puis complétez.

– Pour les verbes en *-er* : *-ai, -as, -........, -âmes, -âtes, -........* .
– Pour la plupart des verbes en *-ir*, la plupart des verbes en *-re* et les verbes *voir, prévoir, asseoir* :
-is, -is, -........, -îmes, -îtes, -........ .
– Pour les verbes en *-oir, courir, mourir* et quelques verbes en *-re* (*connaître, boire, lire...*) :
-us, -us, -........, -ûmes, -ûtes, -........ .
– Pour *venir, tenir* et leurs dérivés (*retenir, soutenir...*) : *-ins, -ins, -int, -înmes, -întes, -inrent*.

Quelques verbes ont une conjugaison irrégulière, comme *être* et *avoir*, par exemple :
être : fus, fus, ..., fûmes, fûtes, furent.   *avoir : eus, eus, ..., eûmes, eûtes, eurent.*

21 Lisez le tableau récapitulatif. Observez la BD. Écrivez l'histoire. Imaginez la fin.

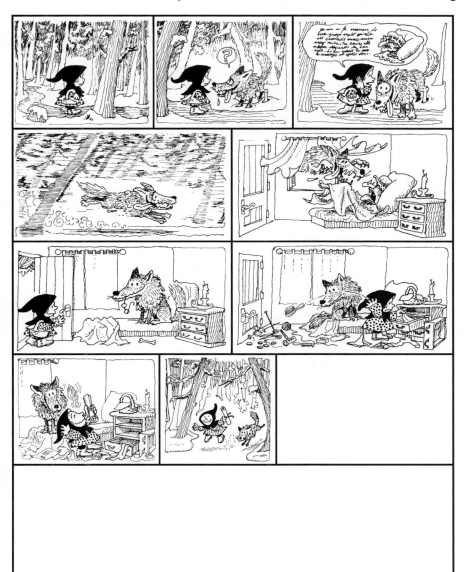

La petite fille qu'on appelait Le Petit Chaperon Rouge marchait dans la forêt. Un jour, elle rencontra un loup et elle lui expliqua ....
....
....
....
....
....
....
....
....
....

Quino, *Les gens sont méchants*, Glénat.

Grammaire
Les emplois du passé simple

Le passé simple est le plus souvent utilisé à l'écrit.

- Journaux : *L'incendie commença un peu avant minuit.*
- Récits historiques : *La guerre dura 100 ans.*
- Contes : *Ils se marièrent et ils eurent beaucoup d'enfants.*
- Littérature (romans, contes...) : *Il partit sans se retourner.*

Le passé simple est rarement utilisé dans la conversation courante (sauf pour donner un effet comique et ce, presque toujours avec le verbe *être* : *Ce fut un régal !*)

Arrêt sur image

Cabu, *Le canard enchaîné*, 6 octobre 2004. « *Les nouveaux beaufs* »

22 Par groupes de deux, observez rapidement cette BD de Cabu extraite du journal *Le Canard enchaîné*. Relevez ses particularités en vous aidant des questions proposées.

1. Où se trouve le personnage dans chaque image ? Quelles sont les informations qui permettent de le savoir ?

2. Quelles sont les caractéristiques physiques des personnages ?

3. Quelle est l'importance du texte par rapport aux images ?

4. Peut-on regarder les images et comprendre l'histoire sans lire le texte ? Peut-on lire et comprendre le texte sans regarder les images ?

23 Observez la vignette 1 et relevez ce qui peut être choquant ou étonnant dans l'attitude du personnage.

24 Lisez ces définitions et retrouvez dans le texte de la BD le mot qui correspond à chacune.

• Quand une personne quitte définitivement son emploi parce qu'elle a travaillé assez longtemps : ....

• Attraper quelque chose sans le vouloir (mot familier) : ....

• Prix exigé pour libérer une personne capturée : ....

• Personne exploitée, personne qui est une source de profit pour une autre : ....

• Activité qui consiste à soutirer de l'argent par la force : ....

• Argent qu'il faut donner parce qu'on a commis une infraction (mot familier) : ....

25 Selon son sens, associez chaque phrase ci-dessous à une image de la BD de Cabu.

image n°

1. L'ivresse au volant provoque de trop nombreux accidents. Hier encore, un homme qui avait 1,2 gramme d'alcool dans le sang a blessé deux personnes dans un accident. ......

2. En France, on trouve de plus en plus de presse gratuite, que ce soit dans la rue, dans nos boîtes aux lettres ou encore dans le métro. ......

3. L'essence a encore augmenté de 0,10 € par litre ; c'est incroyable ! ......

4. Une énorme rançon est demandée à l'État pour la libération des deux journalistes détenus prisonniers. ......

5. J'avais mal garé ma voiture ; j'ai reçu une contravention de 75 € ! ......

6. Aïe ! je roulais trop vite en ville, je me suis fait photographié à 72 kilomètres/heure au lieu de 50 ! ......

26 Lisez ces deux définitions de dictionnaire et indiquez quels éléments vous retrouvez chez le personnage. Donnez des exemples.

BEAUF n. m. Personne peu raffinée, souvent d'origine paysanne, caractérisée par ses forts préjugés et son conservatisme bon teint.

www.granddictionnaire.com, site de l'Office québécois de la langue française.

BEAUF [bof] n. m. – p.-ê. v. 1930 ; abrév. de beau-frère ♦ FAM. 1♦ Beau-frère. 2♦ (d'apr. une B.D. de Cabu) Français moyen aux idées étroites, conservateur, grossier et phallocrate. Une bande de beaufs. – Adj. Il est beauf et macho.

Petit Robert de la langue française, 1998.

27 D'après le comportement du personnage de cette BD, déduisez quelques réalités françaises. Cochez les réponses qui conviennent.

	vrai	faux
1. Trop d'automobilistes conduisent trop vite.	■	■
2. On a le droit de conduire et de téléphoner en même temps.	■	■
3. Il y a beaucoup de taxes sur certains produits comme l'essence.	■	■
4. Le loto ne rapporte pas d'argent à l'État français.	■	■
5. Il y a de plus en plus de journaux gratuits.	■	■
6. Quelquefois, il est demandé à l'État français de payer pour faire libérer des journalistes prisonniers dans un pays en crise.	■	■

28 a) Quel est la préoccupation principale du beauf acteur de cette BD ?
b) Qu'en déduisez-vous sur le sens de *radin* présent dans le titre de la BD ?

29 Par groupes de deux, relevez les traits d'humour de cette BD, non seulement dans les dessins mais aussi dans les situations et dans les propos du « beauf ».

4

Peurs

Rassurez-les, en leur expliquant qu'ils auron[t] toujours le nécessaire.

Il faut très vite parler aux enfants de ce qui concerne le chômage. La perte de l'emploi peut susciter chez l'adulte un changement manifeste de tempérament - agacement, dépression - qui va les inquiéter et ouvrir la porte à toutes sortes d'interprétations. Dans la mesure du possible et sans rentrer dans les détails inutiles, il ne faut pas hésiter non plus à parler de problèmes d'argent aux enfants. Ces questions les angoissent profondément parce qu'ils sont très vite conscients du poids de l'argent dans leur vie quotidienne. Par conséquent, il faut donner des informations rassurantes : "Quand on est au chômage, on touche des allocations." [...]
D'après *Psychologies*, n°234, oct. 2004.

1- N'ayons pas peur d'avoir peur

"C'est très sain d'avoir peur", explique [...] le psychiatre Christophe André, qui fouille avec gourmandise nos craintes, angoisses et phobies dans une impressionnante somme publiée le 10 septembre chez Odile Jacob (*Psychologie de la peur*). Assez gaiement, l'auteur insiste : "On a besoin d'avoir peur, c'est un système d'alarme pour nous écarter des dangers." Il explique que, comme les animaux, nous sommes préprogrammés pour éprouver des sensations de frayeur face à certaines situations, et que l'expérience et l'environnement corrigent ou accentuent ces dispositions. Il ajoute que les grandes phobies s'éduquent : "On peut les apprivoiser, grâce à des thérapies." Alors, certes, aujourd'hui notre peur se nourrit moins de l'exposition à de vrais dangers que d'un sentiment de perte de contrôle. Jamais nous n'avons vécu dans une société aussi sécurisée, observe-t-il. Pourtant, voyez comme on est, on aime jouer à se faire peur, comme s'il fallait vérifier que le système d'alerte fonctionnait toujours. [...]
D'après Jacqueline Rémy, "N'ayons pas peur d'avoir peur".
L'Express, 13 sept. 2004.

Retrouvez dans les textes, les mots de la même famille que ceux présentés en gras.

1. Il est en bonne **santé**. (texte 1)

2. Le système de **sécurité** a été amélioré. (texte 1)

3. Il a peur de **perdre** son travail. (texte 1)

4. On va faire de nouveaux **exercices**. (texte 3)

Retrouvez dans les textes les mots qui ont le même sens que ceux présentés en gras.

1. Le psychiatre **examine** toutes nos peurs.

2. Il y a un **signal sonore** qui indique quand il y a un danger.

3. Est-ce que vous **avez** des sensations de frayeur quand vous prenez l'ascenseur ?

4. Quand on est au chômage, on **reçoit** de **l'argent qui est donné par l'État**. [...]

3- Le plaisir de la peur

Le monde imaginaire des enfants est rempli d'êtres étranges et effrayants (ogres, sorcières, etc.) et leurs jeux sont souvent l'occasion de s'exercer à vaincre la peur, d'où les nombreux défis que se lancent les enfants entre eux grâce au célèbre "T'es pas cap'". Ils trouvent un certain bonheur - et une fierté certaine - à repousser chaque fois les limites du danger et de l'inconnu. Devenus adolescents et adultes, nous recherchons le même plaisir dans les films d'épouvante ou à effets spéciaux, les montagnes russes et autres manèges, le parachutisme, les sports de l'extrême...

☺ *Lisez les documents et répondez.*
a) Texte n° 1
– Qui sont Christophe André, Odile Jacob et Jacqueline Rémy ?
– La seconde phrase commence par : Assez gaiement, l'auteur insiste... *Qui est « l'auteur » ?*
– À quoi sert la peur selon cet auteur ?
– Quelle relation établit-il entre l'homme et les animaux ?
b) Texte n° 2
– Quel est le problème présenté ?
– Quelle est la réaction qu'un enfant peut avoir face à ce problème ?
– Quelle est la solution proposée par le magazine Psychologies ?
c) Texte n° 3
– Comment les enfants apprennent-ils à vaincre la peur ?
– Que signifie la phrase : T'es pas cap' ! *et comment les enfants l'utilisent-ils ?*

---

3 Lisez les dialogues pour comprendre le sens des mots que vous retrouverez dans le texte puis écrivez une phrase avec chaque mot.

1. – Tu veux encore un peu de gâteau au chocolat ?
– Oh ! là, là ! je ne devrais pas. Mais, il est tellement bon, je vais en prendre juste un petit morceau, par **gourmandise**.

2. – C'est facile d'**apprivoiser** un animal sauvage ?
– Oh, non. Il faut le prendre quand il est tout petit, et puis être très patient et très gentil.

3. – Et ça mange quoi, les serpents ?
– À l'état sauvage, ils **se nourrissent** de toutes sortes de petits animaux. En élevage, on leur donne essentiellement des souris.

4. – Le match de ce soir sera difficile pour les Français.
– Oui, c'est un nouveau **défi** pour les Français. Ils ont perdu 2 à 0 il y a une semaine, ils doivent donc au minimum marquer trois buts ce soir pour pouvoir rester en compétition.

Exprimer sa peur et son inquiétude

 4 Retrouvez, dans les textes, les mots associés à la peur et à l'inquiétude puis complétez les phrases avec : *avoir peur, faire peur, s'inquiéter, rassurant, effrayant.*

1. Ah, c'est toi ! Tu m'as .... ! J'avais entendu du bruit, mais je ne savais pas que tu étais là.

2. Ça fait une heure qu'il devrait être arrivé ! Ce n'est pas normal. Je ....

3. Heureusement, vous connaissez bien la ville. C'est .... d'être accueilli par quelqu'un comme vous. Sans vous, je ne serais jamais venu.

4. Il y a vingt ans, ici, c'était une forêt, avec de grands arbres superbes. C'est .... de voir comment l'homme peut tout détruire aussi facilement.

5. Non, non, je ne veux pas monter plus haut, je ...., je veux descendre. Maintenant !

5 Associez les phrases avec les mots.

angoisse •   • Aaaaaah ! au secours ! une araignée !

crainte •   • Oh ! là, là ! j'ai un test de français demain matin.

phobie •   • J'ai dû traverser la moitié de la ville, toute seule, à
une heure du matin !

 6a Écoutez l'entretien et répondez.

• Quel est le problème de Marielle ?

• Lorsque la terreur a pour origine le patron, comment est ce patron ? Quels sont les adjectifs qui le décrivent ?

• Lorsque la terreur est liée à la vie personnelle de l'employé, comment l'employé considère-t-il le patron ?

6b Écoutez de nouveau l'entretien et relevez les deux autres mots de la famille de *terreur.*

• ....   • ....

 7 Complétez le tableau.

nom	verbe ou expression verbale	adjectif
....	terrifier	....
la peur	....	apeuré
....	craindre	craintif
....	....	effrayant
....	....	inquiétant
....	angoisser	....

8 Associez les éléments des deux colonnes.

Elle a peur que son frère •   • à l'idée de perdre son travail.

Ça m'angoisse de •   • que les avions ne puissent pas décoller.

Avec toute cette neige, il craint surtout •   • n'accepte pas de vendre la maison familiale.

Elle était complètement terrifiée •   • ne pas avoir de nouvelles de lui.

9 Observez, dans les tableaux ci-dessous, la construction des phrases avec les mots indiquant la peur et l'inquiétude, puis complétez les phrases avec *de, d', des, que, pour.*

1. Isabelle a toujours peur .... être en retard et .... manquer le train.

2. Je crains .... il réagisse violemment à notre décision.

3. Tu n'as pas peur .... araignées ?

4. Il est de plus en plus fatigué, je m'inquiète .... sa santé.

5. Ça m'angoisse .... ne pas savoir où il est.

6. Avec tout ce qui se passe, j'ai vraiment peur .... votre sécurité.

Communication

Exprimer sa peur

> Ça me fait peur.

> Il a très peur pour son avenir dans l'entreprise.

> J'ai (très/vraiment/horriblement) peur du vide/de ne pas réussir/qu'il fasse une bêtise.

> Je crains le pire.

> Je crains qu'il (ne) revienne un jour pour se venger.

> Je suis terrifié/effrayé à l'idée de quitter le pays.

> Ça m'effraie de devoir tout lui raconter.

> C'est effrayant/terrifiant, tout ce qui se passe en ce moment.

Exprimer son inquiétude

> Je suis inquiet de le voir partir seul.

> Elle s'inquiète (beaucoup) pour la suite de ses études.

> Ce problème nous inquiète beaucoup.

> Je ne suis pas tranquille/rassuré.

> Toutes ces manifestations, ça m'inquiète/m'angoisse.

> C'est inquiétant/angoissant qu'on ne puisse pas trouver de solution.

10 Lisez ces situations et jouez-les en exprimant votre peur ou votre inquiétude.

1. Vous expliquez à un ami que vous devez passer un entretien pour un très bon travail dans une entreprise.

2. Votre amie et vous rentrez à votre hôtel dans une ville que vous ne connaissez pas et vous êtes perdus dans une petite rue sombre.

11 Vous échangez des anecdotes au sujet de la peur des animaux sur un forum d'Internet. Lisez la réponse de Violaine et imaginez le message initial. Vous utiliserez obligatoirement les mots : *angoisse, inquiétude, peur, terrifier.*

< Violaine > écrit :

Ah, moi aussi, j'ai peur des serpents. Mais cela fait beaucoup plus longtemps que toi, c'est même depuis toujours ! C'est quand même une drôle d'histoire qui vous est arrivée, à ton ami et toi. Et ton ami, est-ce qu'il a peur des serpents, maintenant, lui aussi ?

Exprimer la cause et la conséquence

 12 Relevez dans ces phrases les éléments qui permettent d'établir une relation de cause ou de conséquence.

1. Restez positif car il ne faut jamais adresser à un enfant des paroles sans espoir.

2. Les enfants étant très conscients de l'importance de l'argent dans la vie quotidienne, les problèmes d'emploi les angoissent profondément.

3. Du fait que les parents sont angoissés, les enfants éprouvent une certaine inquiétude.

4. Il a eu des relations difficiles avec ses parents. De ce fait, il supporte mal l'autorité de son directeur.

5. La peur est une bonne réaction. En effet, elle nous protège du danger.

6. La première fois que j'ai pris l'avion, il y a eu un problème avec un moteur, d'où ma peur actuelle quand je dois partir à l'étranger.

 13 Remplacez *parce que* et *donc* par l'un des éléments indiqués entre parenthèses.

1. (car – par conséquent) Sébastien ne viendra pas **parce qu'**il est malade.

2. (en effet – d'où) Vous recevrez, dans les huit jours, un chèque de 1 500 euros **parce que** vous avez été choisie parmi tous les candidats à notre jeu « Les euros gagnants ».

3. (du fait que – de ce fait) Oui, vous pouvez recevoir une allocation **parce que** votre mari a perdu son travail.

4. (puisque – si bien que) On m'a tout volé : passeport, billet d'avion, carte bancaire... **donc** j'ai dû aller à l'ambassade pour qu'on m'aide à rentrer en France.

14a Observez les formes du participe présent en gras et répondez.

• **Ayant** déjà **fait** une thérapie, vous essayez de comprendre vos peurs.

• La directrice **étant** absente, je ne peux pas vous répondre.

• Votre abonnement **arrivant** à son terme le mois prochain, nous vous prions de renvoyer dès aujourd'hui votre bulletin de réabonnement.

• Le train **n'étant pas arrivé** à l'heure, je souhaiterais obtenir le remboursement de mon billet.

1. Le sujet du verbe au participe présent est toujours le sujet du verbe principal dans la phrase.
　 vrai 　 faux

2. S'il y a un sujet devant le verbe au participe présent, ce sujet est :
　 un nom. 　 un pronom.

3. La forme du verbe au participe présent change quand le sujet est féminin ou pluriel.
　 vrai 　 faux

4. L'événement présenté par le verbe au participe présent se déroule :
　 dans le passé. 　 dans le présent. 　 dans le futur.

14b Lisez le tableau ci-après puis transformez ces phrases avec le participe présent, comme dans l'exemple.

Exemple : Elle a peur du vide. Elle ne veut pas monter à la tour Eiffel.

→ *Ayant peur du vide, elle ne veut pas monter à la tour Eiffel.*

1. Vous n'êtes pas français. Vous devez demander une autorisation.

2. Elle ne voulait pas vous déranger. Elle est partie sans attendre.

3. Je ne savais pas quoi faire. J'ai téléphoné à l'agence.

4. Vous avez dépassé la date limite d'inscription. Vous ne pouvez pas suivre cette formation.

Grammaire

Le participe présent

Il est invariable.

Formation

nous pouvons → pouvant ; nous prenons → prenant

Exceptions : être → étant ; avoir → ayant ;
savoir → sachant

Si l'action est terminée, il existe une forme composée :
prenant → ayant pris ; partant → étant parti(e)(s).

Emploi

Il indique une relation de cause entre deux événements
(on peut remplacer le participe présent par une construction
avec *parce que* ; la construction avec *parce que* est privilégiée à l'oral) :

● *Connaissant mal la ville, j'ai préféré prendre un taxi.*

15 **Complétez les phrases avec l'expression d'une conséquence.**

1. Du fait de l'augmentation du prix du pétrole, ...

2. On n'a pas eu de nouvelles depuis un mois, de ce fait ....

3. Les médias disent chaque jour que le monde n'est pas sûr, d'où ....

4. Le directeur n'ayant pas eu de vos nouvelles ....

16 **Imaginez des réponses à ces questions. Variez les formulations.**

● Pourquoi l'ordre des touches sur les claviers d'ordinateur est-il AZERTYUIOP ?

● Pourquoi les Anglais roulent-ils à gauche ?

● Pourquoi y a-t-il 60 minutes dans une heure ?

Communication

Exprimer la cause

● *parce que, car, comme, puisque, à cause de, grâce à,
en effet, du fait que, du fait de :*

> Du fait de l'augmentation du prix du pétrole, les
voyages par avion vont devenir plus chers.

● le participe présent :

> Les hôtels étant peu nombreux à Compiègne, je vous
invite à faire votre réservation rapidement.

Exprimer la conséquence

● *donc, alors, par conséquent, en conséquence, si bien que, de
ce fait, d'où, du coup* (à l'oral) :

> Les salaires des chirurgiens n'ont pas beaucoup
augmenté depuis dix ans, de ce fait, beaucoup préfèrent
partir travailler à l'étranger.

Exprimer l'espoir

 17a Écoutez la chanson des Rita Mitsouko et répondez.

1. Comment trouvez-vous la mélodie et le rythme ?

2. Comment trouvez-vous la voix de la chanteuse ?

3. Que pensez-vous de la fin de la mélodie ?

4. Quels sont les instruments de musique que vous reconnaissez et comment accompagnent-ils la chanson ?

Les Rita Mitsouko.

 17b Écoutez à nouveau la chanson et répondez.

1. Qui parle ?

2. Que s'est-il passé durant la soirée ?

3. Quelle est la promesse de la personne qui parle ?

4. À qui fait-elle cette promesse ?

5. Quel titre pourriez-vous donner à cette chanson ?

18 Lisez les phrases et cochez l'expression de sens équivalent.

1. Les choses ont mal tourné.
- [ ] Certaines choses ont disparu.
- [ ] La soirée s'est mal passée.
- [ ] La machine a tourné d'une façon étrange.

2. Je ne l'ai pas fait exprès.
- [ ] Ce n'est pas ce que je voulais faire.
- [ ] Je n'ai pas travaillé très vite.
- [ ] Je n'ai pas eu le temps de le faire.

3. J'ai fait comme j'ai pu.
- [ ] J'ai fait de la façon que j'aimais.
- [ ] J'ai fait la même chose qu'hier.
- [ ] J'ai fait ce que je pouvais faire.

4. Crois en moi !
- [ ] Explique-moi !
- [ ] Fais-moi confiance !
- [ ] Viens avec moi !

19 Imaginez ce qu'a été le problème évoqué dans la chanson et ce que la personne va faire le lendemain. Elle écrit à son ami ; complétez sa lettre.

Ça nous fait un fol espoir
Satanée soirée
Je m'en souviendrai
Les choses ont mal tourné
Je ne l'ai pas fait exprès
J'ai fait comme j'ai pu
Et j'ai pu peu, mon vieux !
Mais tout se passera
La prochaine fois

Attends-moi
Crois en moi
Les choses changent

Je t'en prie
Pas tant pis
Ne me laisse en reste
Ne pars pas
Reste là
C'est une promesse
Attends-moi
Crois en moi
Car j'ai bon espoir

Dès demain matin
Je ferai bien
Je vais tout réparer
Et je ferai exprès

Mon amour,
Excuse-moi pour hier
soir. Je ne voulais pas
être aussi agressive. Tu
sais bien que je ne suis
pas comme ça. Les choses
ont mal tourné.

..
..
..

Un autre début
Un début mieux, mon vieux !
Car tout se passera
La prochaine fois

Melodica, Rita Mitsouko,
La femme trombone, 2002, © Six.

20a Lisez les situations et relevez ce qui permet d'exprimer l'espoir.

1. – Tu crois que la situation va s'arranger ?
– Oh, oui, j'ai bon espoir. Je ferai tout pour que ça aille mieux.

2. – Je vous avais dit qu'on ne pouvait pas lui faire confiance.
– Oui, on aurait dû se méfier. Pourvu qu'on parvienne à corriger toutes ses erreurs rapidement.

3. – J'en ai marre de ce bruit ! On ne peut pas travailler !
– Moi, non plus, je n'en peux plus. J'espère que les travaux vont bientôt être terminés.

4. – On va avoir besoin de toi la semaine prochaine.
– Oui ? Eh bien ! Vous ferez sans moi. Je compte bien pouvoir rester tranquillement chez moi pendant mes vacances !

5. – Vous avez des projets pour l'été ?
– Oui, on espère aller passer deux semaines à la Martinique, chez des amis.

> TU CROIS QUE LA SITUATION VA S'ARRANGER ?

20b Relisez les situations de l'activité 20a et associez les éléments.

1. Le verbe *espérer* est suivi : •

2. L'expression *pourvu que* est suivie : •

3. Le verbe *compter* est suivi : •

• d'une phrase à l'infinitif (par exemple : *venir demain*).

• d'une phrase à l'indicatif (par exemple : *qu'il va venir demain*

• d'une phrase au subjonctif (par exemple : *qu'il vienne demain*).

• de *de* + une phrase à l'infinitif (par exemple : *de venir demain*).

 21 Écoutez et répondez avec une phrase exprimant un espoir.

Communication

Exprimer son espoir

> J'espère que le voyage se passera bien.
> Espérons que ça lui plaira.
> Elle espérait vous rencontrer ce matin.

> Pourvu qu'on ne soit pas trop en retard.
> Je compte (bien) partir tôt.

Exprimer l'indifférence et la déception

 22 Lisez le dialogue et trouvez l'expression équivalente à *tant pis*.

– Tu sais que je pars à Lisbonne et qu'on ne se verra pas pendant une semaine.
– Oui, bah, tant pis !
– Non, ne dis pas « tant pis » ! J'ai l'impression que tu n'as pas envie de me voir.
– Oh ! tu es compliquée ! On se verra après, non ?

▓ Ça me fait plaisir ! ▓ Ce n'est pas important !
▓ Ça m'angoisse ! ▓ Ce n'est pas nécessaire !

23 Écoutez les dialogues et complétez le tableau en indiquant pour chaque dialogue l'expression qui exprime l'indifférence ou la déception.

1. Peu importe ! **5.** C'est dommage ! **9.** Je m'en fous.
2. Ça m'angoisse ! **6.** Bof ! **10.** Ça commence à bien faire !
3. Ça m'est égal. **7.** Je n'ai pas la pêche. **11.** Tant pis !
4. Quelle déception ! **8.** Je n'ai pas confiance ! **12.** Je suis déçu.

dialogue	1	2	3	4	5	6	7	8
expression	n°.....	n°.....	n°.....	n°.....	n°.....	n°.....	n°.....	n°.....

24 Complétez chaque expression de l'indifférence avec un des éléments proposés.

1. Qu'est-ce que ça peut......... ?   •   •   **a.** fasse
2. Je n'en ai rien......... !   •   •   **b.** faire
3. Qu'est-ce que tu veux que ça me......... ?   •   •   **c.** à faire

 25 Imaginez des minidialogues dans lesquels vous utiliserez ces phrases.

1. Ça m'est égal ! On fait ce que tu veux !
2. C'est dommage que vous ne l'ayez pas lu.
3. Vos résultats sont très décevants.
4. Peu importe ! On en trouvera un autre.
5. Elle a été très déçue de votre réponse.
6. Je n'en ai rien à faire ! Débrouillez-vous !

Si ça se passe trop mal avec le film, si je me rends compte que ça sent un peu trop le roussi, je ne le ferai plus. Je ne suis pas assez ambitieuse ni cupide. Je m'en fous. Que mes livres soient achetés pour le cinéma, ça ne me fait ni chaud ni froid. Moi, ce que j'aime, c'est écrire.

Anna Gavalda, © *Le Soleil*, 7 novembre 2004.

 26 Lisez les tableaux, puis écoutez et proposez, oralement, une réponse pour chaque situation.

Communication

Uderzo, Goscinny, *Astérix et les normands*, Albert René.

Exprimer son indifférence

> Bof !
> Ça m'est égal.
> Peu importe !
> Quelle importance !
> Je m'en moque./Je m'en fiche. (fam.) /Je m'en fous. (fam.)
> Tant pis !
> Comme tu veux/voudras.
> Je n'en ai rien à faire !
> Qu'est-ce que ça peut faire ?
> Qu'est-ce que tu veux que ça me fasse ?
> Ça ne me fait ni chaud ni froid.

Exprimer sa déception

> Je suis déçu qu'elle ne vienne pas.
> C'est une grande déception pour moi.
> C'est très décevant.
> Votre réponse nous déçoit beaucoup.
> Quelle déception !
> (Quel) Dommage !
> (C'est) Dommage que tu n'aies pas le temps !

27 Vous écrivez à un journal pour faire part de votre déception à la suite de la publication d'un article ou d'une critique littéraire.

a) Préparez vos arguments : de quel livre s'agit-il ? Que disait le journaliste à propos de ce livre ? Quels arguments pouvez-vous lui opposer ?

b) Organisez vos idées : relevez d'abord ce qui vous oppose au journaliste ; regroupez vos idées autour des thèmes principaux.

c) Écrivez votre article en marquant votre déception.

La musique de la langue
L'insistance dans l'expression des sentiments

 A a) Écoutez et répétez.

1. Mais, ça me fait peur !
2. Quelle horreur !
3. C'est terrible !

b) Lisez ces phrases en insistant sur la dernière syllabe.

1. Ça ne finira jamais !
2. Mais c'est vachement cher !
3. Mais elle est folle !

 B a) Écoutez et répétez.

1. Elle est terrifiée.
2. C'est vraiment angoissant.
3. Non, ce n'est pas possible

b) Lisez les phrases en séparant les dernières syllabes.

1. C'est for-mi-da-ble !
2. Il faut é-li-mi-ner !
3. Je ne-veux-pas !

Arrêt sur image

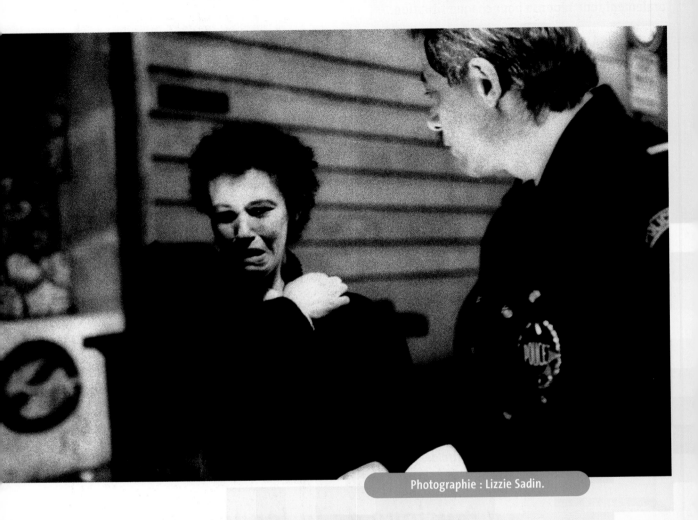

Photographie : Lizzie Sadin.

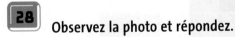 **28**   Observez la photo et répondez.

1. La photographe Lizzie Sadin a préféré faire une photo en noir et blanc plutôt qu'une photo en couleurs. Que pensez-vous de ce choix du noir et blanc ?

2. Quels sont les effets de la lumière sur la scène photographiée ?

3. Où la photo a-t-elle pu être prise ?

4. Qui sont les personnes présentes sur la photo et quels peuvent être leurs sentiments ?

5. Qu'est-ce qui a réuni ces deux personnes dans ce lieu et quelles relations peuvent-elles avoir ?

29   En vous basant sur les réponses de l'activité 28, imaginez la déclaration que fait la femme à l'agent de police. Quels sont ses sentiments ? Que dit-elle ? Que dit le policier pour la réconforter ?

30 Lisez la BD des Bidochon et répondez.

1. Où sont Robert et Raymonde Bidochon ?

2. Qui sont les autres personnages (image 2) ?

3. Quel est le problème de Raymonde Bidochon ? Quelle solution a-t-elle trouvée ?

4. Que pensez-vous de la réponse de Robert Bidochon au problème de sa femme ?

Binet, *Les Bidochon en voyage organisé*, Fluide glacial.

 31 Écoutez le récit d'une autre forme de peur et répondez.

1. Qu'est-il arrivé à Emmanuelle ?

2. Qui roulait derrière la voiture d'Emmanuelle ?

3. Quelle a été la réaction d'Emmanuelle ?

4. Pourquoi le policier a-t-il demandé à Emmanuelle de s'arrêter ?

5. Quelle est la morale de l'histoire ?

6. Quel est l'équivalent de :

« J'ai eu la frousse de ma vie » ?

▢ C'est le plus grand bonheur que j'aie eu dans ma vie.

▢ C'est la plus grande chance que j'aie eue dans ma vie.

▢ C'est la plus grande peur que j'aie eue dans ma vie.

▢ C'est le plus grand voyage que j'aie fait dans ma vie.

7. Emmanuelle et l'animateur qui l'accueille sont québécois. Ils utilisent l'expression québécoise « en arrière de moi ». Quel en est l'équivalent en français de France ?

32 Dans quelles situations peut-on éprouver de la peur ou de l'inquiétude ? Racontez un événement qui a suscité, pour vous, une peur ou une inquiétude.

 1 Écoutez et complétez le tableau.

→ 9 points

	Qui ?	Raison de la colère	Expression utilisée pour exprimer la colère
1	....	....	....
2	....	....	....
3	....	....	....

2 Mettez les verbes entre parenthèses au temps qui convient.

→ 7 points

1. Je suis sûre et certaine que tu (aller) .... réussir.

2. Ce serait vraiment la pire chose qui (pouvoir) .... nous arriver !

3. Il faudrait bien qu'on (savoir) .... pourquoi elle est partie si vite.

4. C'est dommage que les salariés (ne pas avoir) .... le droit de donner leur avis.

5. Je pense que le commerce éthique (devoir) .... se développer encore.

6. Sa mère chante jusqu'à ce qu'il (s'endormir) ....

7. Nous regrettons que le projet (être) .... déjà interrompu, faute de moyens financiers.

3 Rayez les questions qui ne conviennent pas.

→ 6 points

1. – Tu as des problèmes ?/Ça ne va pas ?/Qu'est-ce qui t'arrive ?
– Rien, je suis juste un peu fatigué, c'est tout.

2. – Ça n'a pas l'air d'aller.../Tu n'es pas en forme ?/Qu'est-ce qu'il y a ?
– Si, ne t'inquiète pas, tout va bien.

3. – Qu'est-ce qui se passe ?/Qu'est-ce qu'il y a ?/Tu es en forme ?
– Je viens de voir une scène désagréable dans la rue ; je suis un peu choquée.

4. – Qu'est-ce qui se passe ?/Qu'est-ce qui ne va pas ?/Tu as des soucis ?
– Non, non, tout va bien.

4 Associez les questions aux réponses.

→ 4 points

1. Ça va bien, vous deux ?

2. Tu en fais une tête !

3. Tu es sûr que ça va bien ?

4. Qu'est-ce qui t'arrive ?

a. Non, au contraire, je suis surpris mais ravi !

b. Oh ! oui, qu'est-ce qu'on est heureux !

c. Non, pas vraiment, c'est vrai que je n'ai pas trop le moral.

d. Je suis tellement contente d'être en vacances !

5 Racontez au passé simple cet extrait d'histoire.

→ 4 points

En ce jour ensoleillé de 2002, la mère et la fille se sont enfin retrouvées après de longues années de séparation. Bien sûr, chacune a été très émue de revoir l'autre et elles se sont tenues immobiles durant de longues minutes. C'est Ana qui a parlé la première.

Test

1 **Complétez les phrases avec certains des mots suivants.** → 3 points

apprivoiser • éprouver • fouiller • une allocation • un défi • une gourmandise • une perte
1. Pour avoir droit à ...... de chômage, il faut avoir travaillé au minimum six mois.
2. Le traité de Kyoto est ...... pour tous les gouvernements : il faudrait réduire la pollution de 10 % en 10 ans, ce qui est presque impossible.
3. Monsieur le Ministre, quels sentiments ...... -vous face à ces nouvelles informations ?

2 **Écoutez et écrivez les expressions utilisées pour exprimer la peur ou l'inquiétude.** → 6 points

1. ....
3. ....
5. ....
2. ....
4. ....
6. ....

3 **Transformez ces phrases en utilisant le participe présent.** → 3 points

Exemple : *Je ne parle pas japonais, j'ai eu du mal à me faire comprendre.*
→ *Ne parlant pas japonais, j'ai eu du mal à me faire comprendre.*
1. Elle ne savait pas comment vous joindre, elle a décidé de me téléphoner.
2. Votre abonnement se termine le 17 avril. Nous vous invitons à le renouveler rapidement.
3. Ma société a modifié les conditions de vente. Je dois revoir tous mes contrats.

4 **Remplacez *parce que* et *donc* par l'un des éléments donnés entre parenthèses.** → 3 points

1. (puisque – si bien que) Je ne peux pas venir parce que j'ai un autre rendez-vous.
2. (de ce fait – du fait que) Votre dossier est arrivé en retard, donc votre demande n'a pas été acceptée.
3. (en effet – par conséquent) Il y a plus de demandes que de logements, donc les prix augmentent.

5 **Associez les éléments.** → 4 points

1. Pourvu •
2. Je compte •
3. Espérons •
4. J'espérais •

• la voir à Munich.
• qu'ils soient d'accord avec nous.
• que tu parviendrais à la persuader.
• que Marion pourra venir.

6 **Écrivez un minidialogue avec chaque expression.** → 6 points

1. Dommage !
2. Tant pis !
3. Peu importe !

7 **Écrivez le verbe entre parenthèses au temps qui convient.** → 5 points

1. Elle a très peur que ça (finir) ...... mal et qu'ils (être) ...... obligés de vendre la maison.
2. Mais non, tu ne vas plus à Londres puisque le directeur (s'occuper) ...... du contrat jeudi dernier.
3. Bon, j'espère que, demain, tout (se passer) ...... bien.
4. Non, vraiment, je suis déçu qu'elle (choisir) ...... de ne pas venir la semaine dernière.

JE PEUX UTILISER LE TEMPS QUI CONVIENT

1   **Associez les éléments de gauche et de droite pour construire des phrases convenables.**

Je connais quelqu'un qui   •

Tout le monde sait que Luis est le seul ici qui   •

      • connaisse bien la langue coréenne.

Je voudrais trouver quelqu'un qui   •

      • connaît bien la langue coréenne.

Je ne suis pas certaine qu'il   •

Bien sûr qu'il   •

Comptez 1 point par bonne réponse.

Vous avez...
• 5 points : félicitations !
• moins de 5 points, revoyez les pages 44, 45 de votre livre et les exercices de votre cahier.

JE PEUX ÉLARGIR MON VOCABULAIRE

2   **Dans les phrases proposées, remplacez le mot en gras par un autre de même sens.**

1. Les psychiatres doivent **fouiller** les sensations des malades pour pouvoir les aider.

2. Il faut que je **m'entraîne** à vaincre mes colères.

3. Pour quel sujet est-ce que vous **ressentez** le plus d'inquiétude ?

4. Je peux m'acheter quelques livres, j'**ai eu** mes allocations de chômage hier.

5. Jamais nous n'avons vécu dans une société aussi **sûre**.

Comptez 1 point par bonne réponse.

Vous avez...
• 5 points : félicitations !
• moins de 5 points, revoyez les pages 52, 53 de votre livre et les exercices de votre cahier.

JE PEUX EXPRIMER LA CAUSE ET LA CONSÉQUENCE

3   **Reliez les phrases suivantes avec l'élément donné entre parenthèses. Faites les modifications nécessaires.**

1. L'Europe connaît une vague de grand froid. L'économie du pays est perturbée. (du fait de)

2. Elle a réussi tous ses examens. Jean-Louis l'a beaucoup aidée à comprendre ses cours. (grâce à)

3. Les avions ne peuvent pas atterrir à Roissy ni à Orly. Il y a de la neige sur Paris. (par conséquent)

4. Elle ne supportait plus la vie en France. Elle est partie pour l'étranger. (d'où)

5. On pourrait aller à la montagne cette année. On va toujours à la mer depuis dix ans. (comme)

Comptez 1 point par bonne réponse.

Vous avez...
• 5 points : félicitations !
• moins de 5 points, revoyez les pages 56, 57 de votre livre et les exercices de votre cahier.

JE PEUX EXPRIMER L'INDIFFÉRENCE ET LA DÉCEPTION

4   **Retrouvez cinq expressions correctes en associant les éléments de chaque colonne.**

1. Ça m'est   **a.** faire ?

2. Tant   **b.** froid.

3. Quelle   **c.** fait ?

4. Je m'en   **d.** fiche.

5. Qu'est-ce que ça   **e.** égal.

6. Peu   **f.** importe.

7. Comme   **g.** importance ?

Comptez 1 point par bonne réponse.

Vous avez...
• 5 points : félicitations !
• moins de 5 points, revoyez les pages 60, 61 de votre livre et les exercices de votre cahier.

➡ **RÉSULTATS : .... points sur 20 points = ... %**

COMPRÉHENSION DE L'ORAL

1. Document de radio

Écoutez, puis cochez la réponse qui convient ou écrivez la réponse demandée.

1. Ce document est :
☐ une publicité.
☐ un reportage radiophonique.
☐ un appel téléphonique à un centre d'aide psychologique.
2. Dans cet échange, un homme téléphone :
☐ parce qu'il a un problème avec sa banque.

☐ parce qu'il a un problème avec son chien.
☐ parce qu'il veut obtenir des informations sur la banque.
3. Pourquoi l'homme qui lui répond répète-t-il trois fois : « nous sommes une banque » ?
4. Selon le document, quel avantage y a-t-il à donner son argent à Groupama ?

2. Émission de radio

Écoutez, puis répondez.

1. Combien de temps la femme interviewée a-t-elle travaillé chez Wolber ?
2. Que s'est-il passé la veille des vacances, en 1999 ?
3. Quel emploi la femme a-t-elle occupé depuis 2000 ?
4. Pourquoi ne reçoit-elle pas le RMI (revenu minimum d'insertion) ?
5. Quels sentiments éprouve-t-elle face à « cette histoire chez Wolber » ?

COMPRÉHENSION DES ÉCRITS

Lisez le texte, puis répondez aux questions en cochant la réponse qui convient ou en écrivant l'information demandée.

Les cartouches d'encre à prix d'or

Les fabricants cassent les prix des imprimantes pour mieux se rattraper sur celui des cartouches, vendues à prix astronomiques. Et ils ne reculent devant rien pour gêner le développement d'encres alternatives, plus abordables.

Aussi précieux que le pétrole : voici le nouvel or noir. Celui-là ne sert pas à remplir le réservoir de votre voiture. Il se place dans votre imprimante. Et il se décline aussi en jaune, cyan (bleu) et magenta (rose), les trois teintes primaires nécessaires à l'impression couleur. Très chère encre... Alors que de nombreuses imprimantes sont désormais vendues sous la barre des 100 €, il suffit de deux ou trois changements du jeu de cartouches pour avoir dépensé à nouveau le prix de la machine. C'est Lexmark qui pousse le bouchon le plus loin. L'imprimante à jet d'encre Z615 est vendue 59 € à la Fnac, alors qu'il faut débourser 64 € pour acheter les cartouches de capacité standard (une noire et une couleur), nécessaires au fonctionnement de ce modèle.

Le prix des imprimantes a beaucoup chuté en quelques années. Pas celui des cartouches. Imprimer reste un luxe pour le consommateur. Et une véritable rente de situation pour les quatre grands fabricants, HP, Canon, Epson et Lexmark. Le marché français génère deux fois plus de chiffre d'affaires avec la vente de consommables (encre et papier) qu'avec celle des imprimantes. La conclusion de l'institut d'études GfK, qui livre ces chiffres, est abrupte : les consommables informatiques *« sont plus que jamais la vache à lait de cette industrie, avec une croissance de 24 % »* en un an. L'arnaque informatique du siècle ?

L'imprimante bon marché sert d'appât

Pour justifier les prix exorbitants, le discours des fabricants est bien rodé. « *L'encre, ce n'est pas seulement de l'eau colorée* », martèle-t-on au siège de HP France. Et de détailler les « *50 à 80 mesures* » nécessaires à la mise au point d'une encre : pH, viscosité, densité optique... Une chimie complexe qui nécessite « *d'énormes* » dépenses de recherche et de développement ajoute-t-on chez Epson.

Ces arguments techniques ne sont pas contestables. Mais ils servent surtout à dissimuler une réalité plus crue : celle des profits, énormes, réalisés grâce aux cartouches. Les fabricants utilisent pour cela une ficelle grossière : appâter le chaland avec des imprimantes à prix plancher, pour mieux le ligoter ensuite sur les ventes de cartouches. Bien sûr, les industriels n'expliquent pas clairement le stratagème aux consommateurs. [...]

D'après un article de Benjamin Douriez, *60 millions de consommateurs,* janvier 2005.

1. Quel est le problème présenté par l'article ?
2. Qu'appelle-t-on habituellement « l'or noir » ?
3. Pourquoi compare-t-on l'encre à l'« or noir » ?
4. L'auteur écrit : *C'est Lexmark qui pousse le bouchon le plus loin.* Que cela signifie-t-il ?
5. Quand, en France, les fabricants vendent l'équivalent de 1 000 € avec les imprimantes, ils vendent, avec l'encre et le papier, l'équivalent de :
   ▪ 500 €. ▪ 1 000 €. ▪ 2 000 €. ▪ 4 000 €.
6. Pourquoi, selon les fabricants, l'encre est-elle chère ?
7. Pourquoi les imprimantes ne sont-elles pas chères ?

PRODUCTION ÉCRITE

Courrier

Vous deviez représenter votre entreprise au cours d'une rencontre internationale dans un pays francophone mais ce voyage à l'étranger a été confié à un de vos collègues. Vous écrivez un message électronique (de 160 à 180 mots) à votre directeur : résumez la situation, informez votre directeur de votre déception et de votre surprise et expliquez pourquoi, à votre avis, vous êtes plus compétent pour représenter l'entreprise dans cette rencontre international.

PRODUCTION ORALE

1. Entretien informel (2 à 3 minutes)

Faites une description de vous-même d'un point de vue psychologique. Êtes-vous généralement de bonne humeur ? Pour quelle raison pourriez-vous vous mettre en colère ? Qu'est-ce qui peut vous apporter de la joie ou de la tristesse ? Qu'est-ce qui peut vous effrayer ou vous inquiéter ?

2. Exercice en interaction (3 à 4 minutes)

Comparer et opposer des choix. Faire comprendre ses opinions et ses réactions pour trouver une solution à un problème ou à des questions pratiques.

Vous êtes à l'aéroport Roissy-Charles de Gaulle pour y accueillir un ami étranger. Son avion est arrivé depuis déjà deux heures et votre ami n'est pas encore sorti de la zone internationale. Vous vous inquiétez et vous ne savez pas quoi faire. Vous téléphonez à un ami français pour lui demander conseil. L'examinateur joue le rôle de votre ami.

3. Monologue suivi (préparation : 10 minutes)

Dégagez le thème du texte puis donnez votre opinion.

Plein les oreilles

J'en ai vraiment assez du bruit des avions sur Paris ! Ils nous cassent les oreilles, ils nous empêchent de dormir, c'est insupportable ! J'habite dans le 18e arrondissement, et je suis gênée par leur passage, notamment le samedi à partir de 6 heures du matin et le soir entre 21 heures et 23 heures. Ce que je ne comprends pas, c'est que les avions aient le droit de survoler la capitale, sans considération pour la tranquillité et la sécurité des habitants ! J'aimerais connaître la réglementation à ce sujet.

F.G./75 Paris.
60 millions de consommateurs, février 2005.

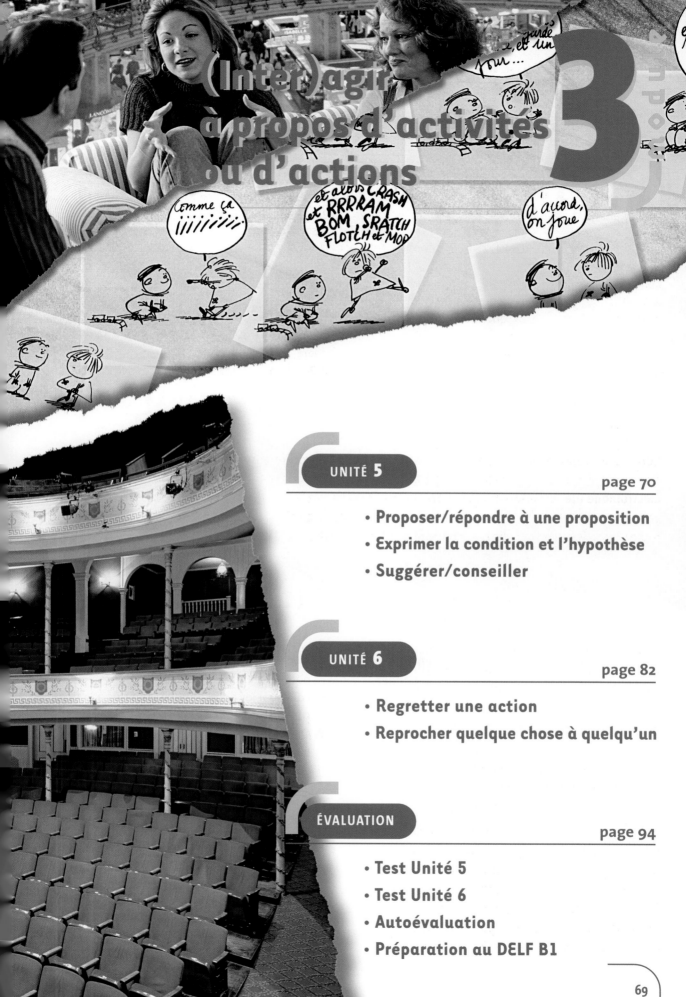

(Inter)agir à propos d'activités ou d'actions

3

UNITÉ 5 — page 70

- Proposer/répondre à une proposition
- Exprimer la condition et l'hypothèse
- Suggérer/conseiller

UNITÉ 6 — page 82

- Regretter une action
- Reprocher quelque chose à quelqu'un

ÉVALUATION — page 94

- Test Unité 5
- Test Unité 6
- Autoévaluation
- Préparation au DELF B1

5 Conversations

 **Écoutez de nouveau les deux enregistrements pour comprendre les détails. Répondez.**

Dialogue 1 :

1. La mère souhaite-t-elle la présence du père dans les grands magasins ? Pourquoi ?

2. Comment interprétez-vous cette phrase prononcée par la mère : « Enfin, bon, tu sais comment est ton père » ?

3. Où vont-ils manger à midi ? Et demain ?

4. Que vont-ils faire ce soir ?

Dialogue 2 :

5. Monsieur Subileau accepte-t-il la première proposition ? Pourquoi ?

6. Quelle idée monsieur Lepetit expose-t-il ensuite ?

7. À votre avis, que signifie : « Vous ne perdez pas le nord » ?

8. Pourquoi les deux hommes rient-ils à la fin de la conversation ?

9. Quelle est la décision finale de monsieur Subileau ?

Écoutez de nouveau les extraits des deux enregistrements et corrigez les différences dans les textes ci-dessous.

Dialogue 1 :

– Sinon, à part ça, il y a des trucs que vous avez prévu de faire ? Il y a un truc qui vous ferait envie, il y a un lieu où vous avez envie d'aller ? Ou...

 Écoutez ces deux dialogues. Répondez.

Dialogue 1 :

1. Qui sont les personnes ? Quel lien les unit ?

2. Quelle est la situation ? (Où sont-ils ? Pourquoi ?...)

3. Où vont-ils manger à midi ? Et demain ?

4. Quel programme la jeune fille propose-t-elle ?

Dialogue 2 :

1. Qui sont messieurs Lepetit et Subileau ?

2. Pourquoi monsieur Lepetit téléphone-t-il à monsieur Subileau ?

3. Qu'est-ce que « NRP et fils » ?

4. Finalement, les deux hommes trouvent-ils un accord ?

– Non. Et toi, Françoise ?

– Non, pas spécialement. Bon éventuellement, j'aurais bien fait un saut aux Galeries Lafayette, comme ça on aurait pu faire un saut chez Marks & Spencer. Enfin, bon, tu sais comment est ton père.

– Mais je peux aller avec vous.

– Tu détestes les magasins.

Dialogue 2 :

– D'accord mais votre branche d'activité nous intéresse beaucoup ; il y a très peu d'experts en micro-électronique dans la région et la renommée de votre société n'est plus à faire.

– Hum... Votre demande mérite réflexion. Il faut que j'aie assez de personnes pour pouvoir s'occuper de vos étudiants et tout le monde est toujours très pris.

– Vous savez, les étudiants doivent surtout observer le travail, choisir un sujet et écrire ensuite un rapport. Ils sont assez indépendants et auront surtout des questions à poser aux salariés. En échange je pourrais vous proposer qu'on fasse des choses ensemble.

– Il faut voir... Quels trucs, par exemple ?

– Nous pourrions monter de bons programmes de formation à la fois pour vos salariés et nos étudiants de dernière année.

 Écrivez un minidialogue avec chacune des expressions proposées.

faire un tour • mériter réflexion • ne pas perdre le nord

Proposer/répondre à une proposition

4 Écoutez et notez à quel minidialogue correspondent les expressions proposées. Indiquez ensuite ce que chacune de ces phrases exprime.

	dialogue n°
1. Il faut voir...	....
2. ... vous auriez envie de...	....
3. Ça ne me dit rien.	....
4. Je ne peux pas vous répondre...	....
5. Je serais très heureux que...	....
6. Ça vous va... ?	....
7. C'est gentil, mais...	....
8. Je ne peux pas vous le promettre...	....
9. On n'a qu'à...	....

	phrase n°
• demander à quelqu'un de faire quelque chose	....
• demander à quelqu'un de faire quelque chose ensemble	......
• répondre en acceptant	......
• répondre en refusant	......
• répondre en hésitant	......

5 Lisez page 187 les textes des deux dialogues et relevez au moins une phrase pour :

• proposer à quelqu'un de faire quelque chose ensemble : ....
• répondre en hésitant : ....
• répondre en refusant : ....

6 Lisez ces deux groupes de phrases, observez les nuances et cochez les cases qui conviennent.

	c'est sûr	c'est probable
Nous pouvons monter des programmes de formation.		
Nous pourrions monter des programmes de formation.		
J'ai besoin d'emprunter 2 000 €.		
J'aurais besoin d'emprunter 2 000 €.		

7 Écrivez le verbe à l'indicatif ou au conditionnel, selon l'indication.

Exemple : Si, il (être) .... très heureux de te rencontrer. (c'est probable)
→ Si, il serait très heureux de te rencontrer.

1. Je leur ai demandé et ils (être) .... d'accord pour t'emmener demain. (c'est probable)

2. Ils (sembler) .... tous très contents de venir. (c'est sûr)

3. Erica parle si bien français qu'on la (prendre) .... pour une Française. (c'est probable)

4. Nous pensons que tu (pouvoir) .... te débrouiller tout seul. (c'est probable)

5. Les parents de Léa ont trouvé quelqu'un qui lui (donner) .... des cours de chinois. (c'est sûr)

Lisez les tableaux *Proposer/répondre* au bas de la page et par deux, jouez les situations.

1. Deux amis discutent des prochaines vacances.
- A propose à B de partir en montagne.
- B hésite et explique qu'il fait souvent froid en montagne au mois de septembre. B propose à A un voyage en Grèce.
- A dit qu'il adore la Grèce mais il hésite parce qu'il risque d'y avoir trop de touristes. Il propose de rester en France et d'aller en Bretagne.
- B refuse parce qu'il est déjà allé en Bretagne l'été dernier.
- A propose alors de partir au Mexique.
- B aimerait beaucoup mais explique qu'il n'aura pas assez d'argent pour acheter le billet d'avion. Il propose un voyage plus court, dans un pays d'Europe.
- A accepte puis A et B se mettent d'accord sur l'endroit et le type de vacances.

2. Un couple envisage de déménager. L'homme préfère une maison à la campagne, la femme un appartement en centre-ville. Chacun essaie de convaincre l'autre. Ils essaient de trouver un terrain d'entente.

9 Monsieur Subileau écrit un message électronique à monsieur Lepetit pour l'informer que finalement il refuse de prendre des étudiants en stage dans son entreprise. Il donne deux arguments de refus.

Communication

Proposer à quelqu'un de faire quelque chose ensemble

- Pourquoi on... ?
- Nous pourrions.../On pourrait...
- Qu'est-ce que tu dirais de... ?/Ça ne te dirait pas de... ?
- Je serais heureux (de/que).../Ça me ferait plaisir (de/que)...

- Venez donc !
- Si tu veux.../Si on allait... ?
- On n'a qu'à appeler Pierre et Anne.

Communication

Répondre en hésitant
- Je ne peux pas vous le promettre.
- Je ne te promets rien.
- J'aimerais bien mais...
- Je vais y réfléchir.
- Ça demande/mérite réflexion.
- C'est à voir/Il faut voir.

Répondre en refusant
- Je regrette, mais...
- Ça ne me dit rien.
- Malheureusement, ce n'est pas possible.
- J'aurais bien aimé, mais...
- Nous sommes désolés de ne pas pouvoir... (soutenu)
- Malheureusement, je suis dans l'impossibilité de... (soutenu)

Condition/hypothèse : phrases avec *si*

 10 Observez les phrases et cochez les cases qui conviennent.

1. S'il a appris la bonne nouvelle, il doit être content.
2. Si Julie a obtenu une augmentation, demandes-en une toi aussi !
3. S'ils ont gagné ce match, ils gagneront le prochain.
4. Si tu as vu ce film, tu as sûrement remarqué que certaines scènes se passaient en Amérique du Nord.
5. S'il a fait une erreur, qu'il le dise !

Quand la condition/l'hypothèse est **au passé composé**, le résultat peut être :
- au futur.
- à l'impératif.
- au présent.
- au passé composé.
- au subjonctif présent.

 11 Rayez les formes qui ne conviennent pas.

1. Si le patron a appris cette nouvelle, (il organise – il va organiser – il a organisé) une réunion demain matin.
2. (Dis-le nous – Tu nous l'as dit – Tu nous le diras) si tu t'es ennuyé à cette soirée.
3. Si elle reçoit la lettre, (qu'elle aille – elle a été – elle ira) à la mairie très rapidement.
4. Si Lionel est rentré tôt, (il a déjà mangé – il mange déjà – qu'il mange), c'est sûr et certain.
5. Si Paul a réussi hier, (il réussira – il a réussi – il va réussir) demain.
6. Si tu as fini, (partons – nous sommes partis – nous partirons) tous ensemble !

 12 Écoutez et soulignez ci-dessous les expressions utilisées pour exprimer la condition.

en admettant que • au cas où • à condition de • à supposer que • à condition que • avec • imaginez que • en cas de

13 Lisez le tableau *La condition/ l'hypothèse* page 75 puis, pour chaque situation, écrivez quelques phrases avec l'une des expressions du bas du tableau.

1. Un chef d'entreprise veut bien oublier les retards fréquents de sa secrétaire mais il lui pose ses conditions.
2. Une mère explique à son fils de 15 ans qu'il ne doit plus jamais sortir sans le lui dire.

Grammaire

La condition/l'hypothèse

Rappel : *si* + présent | + présent/impératif/futur

Si + présent	+ *que* + subjonctif
• S'il ne travaille pas,	qu'il ne vienne pas me demander des explications !

Si + passé composé	
• Si elle n'a pas aimé,	*elle peut manger autre chose.* (+ présent)
	elle prendra autre chose la prochaine fois. (+ futur)
	elle a dû manger autre chose. (+ passé composé)
	dis-le-moi ! (+ impératif)
	qu'elle n'y retourne pas ! (+ *que* + subjonctif)

On peut aussi exprimer la condition avec des expressions :

en cas de + nom, *au cas où* + conditionnel, *imaginez que* + indicatif ou conditionnel.

• **À condition que** : *On viendra dimanche, à condition qu'on ait un plan de la ville.*

• **À condition de** : *Je veux bien faire ce travail à condition d'avoir assez de temps.*

• **Avec/Sans** : *Sans ce ministre, l'économie du pays ne serait jamais repartie.*

• **En admettant que** : *Je travaillerais volontiers avec elle, en admettant qu'elle le souhaite.*

• **À supposer que** : *À supposer que tu ne puisses pas venir, tu me préviendras ?*

• **À moins de** : *À moins d'un retard de dernière minute, il arrivera dans un quart d'heure.*

La musique de la langue
L'insistance dans l'expression des sentiments

A a) Écoutez et soulignez la syllabe qui marque l'insistance.

1. On ne s'est pas seulement mariés à cause de ça.

2. Ça'a toujours été difficile !

3. Il faudrait vraiment que ça s'arrange.

4. Tout à fait d'accord.

5. Je ne sais pas comment faire.

b) Lisez les phrases en insistant sur la syllabe en gras.

1. C'est **pra**tiquement la même chose.

2. C'est e**xac**tement ce que je lui ai dit.

3. C'est **vrai**ment incroyable.

4. Je suis **très** content de te voir aujourd'hui.

B a) Écoutez et cochez la case correspondant au mot sur lequel porte l'insistance.

1. ☐ viens ☐ pas ☐ je ☐ dis ☐ tout

2. ☐ continues ☐ auras ☐ vrais ☐ problèmes

3. ☐ il ☐ pourrait ☐ me ☐ téléphoner

4. ☐ vous ☐ devez ☐ attendre ☐ votre

5. ☐ pas ☐ elle ☐ écrive ☐ courrier

b) Lisez les phrases en insistant sur le mot en gras.

1. Si tu n'as rien dit, **qui** lui a dit ?

2. Ça va coûter **cinq** cents euros, au moins !

3. Vous ne pouvez **pas** entrer !

4. C'est **la** question que tout le monde se pose.

5. Si vous **voulez** le revoir, il faudra être patient !

6. Ça fait **deux** ans qu'on ne l'a pas vue.

Suggérer/conseiller

L'Homme de la Mancha

de Dale Wasserman, avec : Jean Maheux, Sylvain Scott, Éveline Gélinas, Stéphan Côté, Michelle Labonté, Roger La Rue, Catherine Vidal, Stéphane Brulotte, Sylvain Massé

Don Quichotte et Sancho Panza, Picasso, 1955.

 COMMENTAIRES DES MEMBRES

Fantastique ! Époustouflant ! J'ai adoré ! ★★★★★
En premier lieu, je dois dire que je suis une grande fan de Jean Maheux et il m'a beaucoup émue ! Quelle belle voix chaude et romantique. Quelle merveilleuse mise en scène, René Richard Cyr ! Vous avez une grande finesse, vous êtes un grand créateur ! La musique est tellement belle ! Vous devriez endisquer, ce serait dommage que vous ne le fassiez pas ! Mille fois merci !
Françoise Malraux 23 octobre 2004

Quel beau spectacle ★★★★★
Les comédiens savent montrer leur grand talent tout au long de cette pièce. Sincèrement, je vous conseille ce spectacle que ce soit pour une première expérience de théâtre musical ou bien pour passer une soirée de rêve. Vous allez adorer, vous ne serez pas déçu. Bon spectacle.
Gwenaelle Kervizic 13 novembre 2004

Un spectacle d'une grande qualité
Vous aimez la belle chanson ? Vous aimez voir de grands acteurs ? Vous voulez voir du théâtre musical de qualité ? Alors, courez voir L'Homme de la Mancha, vous en serez le cul par terre. Les acteurs se donnent à fond pour traduire toute l'émotion du texte et des chansons. Tout est juste, les acteurs sont sincères et vivent l'histoire en direct, pour notre plus grand plaisir. Si vous ne me croyez pas, vous n'avez qu'à aller le vérifier sur place !!!
Julien Lafontaine 14 novembre 2004

Les occasions sont rares !
Savez-vous que ce spectacle en est à sa 100e représentation ? C'est beaucoup pour un spectacle théâtral au Québec ! C'est dire le succès immense de cette pièce... Tous et chacun devrait courir voir cette superbe production, car les occasions d'assister à une pièce d'une telle beauté se font rares... surtout parce que les pièces restent pour la plupart à Montréal ou à Québec et on n'en voit pas souvent en région !
Didier Jubeau 25 janvier 2005

Je l'ai vu une dizaine de fois et je ne me tanne pas. ★★★★★
Ce spectacle, j'en suis folle, et je retourne le voir le 27 mai 2005. J'aimerais que ce spectacle dure toujours. C'est un peu comme un rêve et j'aimerais ne pas en sortir. Je vous encourage vigoureusement à savourer ce spectacle. Il serait dommage de s'en priver. Mais dépêchez-vous car il ne vous reste plus beaucoup de temps ! Et même si, en général, le théâtre n'est pas votre loisir préféré, là, vous devriez vous laisser tenter.
Marie-Hélène Labonté 26 janvier 2005

14 Lisez les messages du forum de discussion et cochez les cases qui conviennent.

	vrai	faux	on ne sait pas
1. René Richard Cyr est le metteur en scène du spectacle.			
2. Le spectacle est un mélange de théâtre et de chansons.			
3. C'était la première fois que Gwenaelle Kervizic voyait un spectacle de ce genre.			
4. Le spectacle a été présenté en France et en Belgique.			
5. Le spectacle a été présenté une centaine de fois au Québec.			
6. Il est difficile de voir une pièce de théâtre à Montréal ou Québec.			
7. Marie-Hélène Labonté n'était pas très attirée par le théâtre avant d'aller voir cette pièce.			

15 Si le spectacle n'avait pas été aussi bon, qu'est-ce que les membres du forum auraient pu écrire ? Par deux, cherchez le contraire des expressions (aidez-vous d'un dictionnaire si nécessaire).

1. C'est époustouflant ! → *C'est assez banal !*

2. Quelle belle voix ! → ....

3. Quelle merveilleuse mise en scène ! → ....

4. Quel beau spectacle ! → ....

5. Bon spectacle. → ....

6. De très grands acteurs ! → ....

7. Les occasions sont rares ! → ....

8. Un succès immense ! → ....

16 Deux expressions qui apparaissent dans le forum sont propres au français du Québec. Trouvez leur équivalent en français de France.

Vous devriez endisquer.
- Vous devriez en discuter.
- Vous devriez faire un disque.
- Vous devriez continuer à jouer.
- Vous devriez faire d'autres spectacles.

Je ne me tanne pas.
- Je ne m'ennuie pas.
- Je ne m'arrête pas.
- Je ne plaisante pas.
- Je n'ai pas le temps.

17 Relisez les conversations du forum et, par deux, cochez les expressions utilisées pour donner un conseil.

1. Vous êtes un grand créateur !

2. Je vous conseille ce spectacle.

3. Vous ne serez pas déçu.

4. Vous n'avez qu'à aller le vérifier sur place !

5. Tous et chacun devrait courir voir cette superbe production.

6. Je vous encourage vigoureusement à savourer ce spectacle.

7. Il serait dommage de s'en priver.

8. Vous devriez vous laisser tenter.

Suggérer/conseiller (*suite*)

 18 Observez la phrase suivante et proposez une réponse pour chaque situation.

Si vous ne me croyez pas, vous n'avez qu'à aller le vérifier sur place !

1. – Je ne peux pas prendre le bus avec tous mes bagages !
– Tu n'as qu'à ....

2. – Non, je suis désolé, je ne suis pas libre aujourd'hui.
– Vous n'avez qu'à ....

3. – Oh ! là, là ! j'ai mal à la tête !
– ....

4. – Tu as vu la facture d'électricité ? 375 euros ! Ils ont fait une erreur !
– ....

19 Écoutez les minidialogues et complétez le tableau.

	sujet de la discussion	expression utilisée pour donner un conseil
dialogue 1	*Les résultats donnés dans un dossier*	*Vous n'avez qu'à vérifier vous-même.*
dialogue 2	....	....
dialogue 3	....	....
dialogue 4	....	....
dialogue 5	....	....

20 Donnez des conseils en utilisant les formes relevées à l'activité précédente ou l'un des autres moyens proposés dans le tableau récapitulatif, page 79.

1. – J'ai froid !
– .... allumer le chauffage.

2. – Zut, les clés de la voiture sont restées dans le coffre !
– .... aller chercher le double à la maison.

3. – Il pleut et nous n'avons pas de parapluie.
– .... mettre vos imperméables.

4. – Marie est partie sans son sac à main, elle n'aura pas son téléphone portable.
– .... appeler d'une cabine téléphonique.

5. – J'ai peur de l'orage !
– .... sortir et tout ira bien.

21 Par petits groupes, jouez les scènes proposées.

1. Achille garde les enfants de sa sœur et il n'arrive pas à les calmer. Il demande conseil à sa voisine qui a quatre enfants.

2. Adèle a perdu son chien. Elle rencontre un agent de police qui lui donne des conseils pour essayer de le retrouver.

3. Zoé veut acheter son premier ordinateur. Elle téléphone à Antoine pour lui demander des conseils.

4. Théo et Anaëlle veulent faire un voyage autour du monde. Ils vont dans une agence de voyage pour demander conseil.

22 Vous êtes allé(e) voir la pièce *Au petit bonheur la chance !* qui connaît un très grand succès. Sur un forum de discussion, vous écrivez ce que vous pensez de la pièce et vous donnez des conseils aux lecteurs du forum (qu'allez-vous dire sur les acteurs, la mise en scène, les décors, etc. ?).

....
....
....
....
....
....
....
....
....
....
....

l'Essaïon et la compagnie l'Art Brabulle présentent

AU PETIT BONHEUR LA CHANCE !

une comédie
très musicale de
Lydie MULLER
& Michael CHAIZE

musiques de
Emmanuel TOUCHARD

mise en scène et
chorégraphies de
Lydie MULLER
assistée de **Arnaud SCHMITT**

avec en alternance
Aurélien BERDA
Barbara BERETTA
Guillaume BOUCHEDE
Rémi COTTA
Sophie GALITZINE
Guillaume MELANIE
Cristina PALMA
Jérome PAZA
Florence SAVIGNAT

du mercredi au samedi à 22h00
à partir du 16 juin 2004
6 rue Pierre au Lard (à l'angle du 24 rue du Renard) - 75004 Paris
Métro Hôtel de Ville ou Rambuteau
Tarifs : 15 € - réduit 10 €

EsSAïon

SORTIRAPARIS
.com
the hot spot

THEATREonline.com

reservations@essaion.com

01 42 78 46 42

www.essaion.com - www.aupetitbonheur.fr.st

Communication

Suggérer/conseiller

> À ta place/Si j'étais toi...
> Vous avez tout intérêt à/Vous feriez mieux de lui en parler.
> Tu pourrais/Tu devrais lui faire comprendre que...
> Pourquoi est-ce que vous ne l'inviteriez pas ?/Pourquoi ne pas le revoir ?
> Il vaudrait mieux attendre quelques jours.
> Je te conseille (de)/Je te recommande (de)/Je te suggère (de)...
> Je vous encourage à...
> Si tu veux un conseil/Je n'ai pas de conseil à te donner mais...
> Si je peux me permettre de te donner un conseil/Si j'ai un conseil à te donner...
> Tu ne pourrais pas lui proposer de...
> Vous avez tout à gagner à/Vous n'avez rien à perdre à...
> N'avoir qu'à + *infinitif* (il n'y a qu'à, tu n'as qu'à, on n'a qu'à, etc.)

23 Regardez le document et répondez.

1. Que représente le dessin ?

2. D'après vous, c'est une publicité pour quel produit ?

3. Quels éléments vous ont aidé à trouver la réponse ?

24 Observez un peu mieux la publicité et, par deux, répondez.

1. Le texte de la publicité est :
- une proposition.
- une question.
- un souhait.

2. Pourquoi tous les cochons ont-ils une marque sur le dos ?

3. Quels éléments permettent de faire un lien entre le texte et l'image ?

25 Une tirelire est une boîte dans laquelle on peut mettre ses petites économies. Les tirelires ont souvent une forme de cochon, comme dans cette publicité. Pour quelles raisons, d'après vous ?

26 Regardez les deux images. Une grande banque française a choisi cet animal comme logo. Pourquoi, d'après vous ?

Date limite de souscription
31 décembre 2004

ET SI VOUS AIDIEZ VOTRE ÉPARGNE À SE MULTIPLIER, MULTIPLIER, MULTIPLIER, MULTIPLIER... ?

LA POSTE ✈

Logo de la Caisse d'Épargne de 1960.

Logo actuel de la Caisse d'Épargne.

27 Lisez le texte et retrouvez les réponses aux questions des activités 25 et 26.

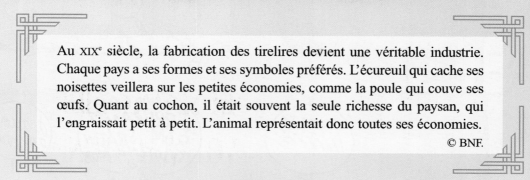

Au XIXᵉ siècle, la fabrication des tirelires devient une véritable industrie. Chaque pays a ses formes et ses symboles préférés. L'écureuil qui cache ses noisettes veillera sur les petites économies, comme la poule qui couve ses œufs. Quant au cochon, il était souvent la seule richesse du paysan, qui l'engraissait petit à petit. L'animal représentait donc toutes ses économies.

© BNF.

28 Associez les expressions aux définitions proposées.

1. Mon frère est parti en claquant la porte ; une vraie **tête de cochon !**

2. Je préfère qu'on se vouvoie jeune homme, **nous n'avons pas gardé les cochons ensemble** tout de même !

3. – Dis donc, Julien, c'est toi qui as lavé la voiture ?
– Euh ! oui. Pourquoi ?
– Mais, c'est **du travail de cochon**, tu vas recommencer tout de suite, s'il te plaît.

4. Ils ont offert à leur fils de cinq ans un ordinateur avec plein de supers logiciels qu'il est incapable d'utiliser. **C'est vraiment donner de la confiture aux cochons !**

5. Hier, avec la pluie, les enfants n'ont pas pu sortir dans le jardin, **un vrai temps de cochon.**

6. Depuis qu'ils ont voyagé ensemble en Grèce, ils sont **copains comme cochons.**

7. Ça suffit les enfants, arrêtez de manger **comme des cochons !**

a. Un très mauvais temps.
b. Offrir quelque chose à quelqu'un qui est incapable de l'apprécier.
c. Un mauvais caractère.
d. Mal fait, sans soin.
e. Pas de familiarités entre nous.
f. Très salement.
g. Très amis.

1	2	3	4	5	6	7

29 Retrouvez dans la colonne de droite le sens de chacune des expressions imagées. Comparez ensuite les valeurs symboliques des animaux cités dans les expressions imagées, en France et dans votre culture. Pour finir, citez des expressions qui utilisent des animaux dans votre langue, proposez une traduction en français et mettez-les en commun dans la classe.

Il est moche comme un pou. •   • Il fait un très mauvais temps.
Il est têtu comme un âne. •   • Elle n'est pas venue à notre rendez-vous.
Il a une vie de chien. •   • Sa tête ne fonctionne pas très bien.
Il fait un temps de chien. •   • Il n'est pas beau du tout.
Il fait un froid de canard. •   • Sa vie est très difficile et très triste.
Elle m'a posé un lapin. •   • Il ne veut jamais changer d'avis.
Il a une araignée au plafond. •   • Il fait vraiment très froid.

 Lisez la BD et choisissez les réponses qui conviennent.

1. À votre avis, qu'a demandé la petite fille avant que le petit garçon lui réponde :
« Non, je ne joue pas avec une fille. » ?

2. Quel est le sujet de l'histoire que la petite fille imagine ?

3. Pourquoi choisit-elle cette histoire ?

4. Finalement, les deux enfants vont-ils jouer ensemble ? Pourquoi ?

2 **Recherchez les mots dans le texte de la BD et découvrez leur sens. Associez un mot à une définition.**

1. une barrière   •   •   accident par lequel une voiture fait un tour complet.

2. tamponner   •   •   petite vallée étroite à versants raides.

3. un tonneau   •   •   ralentir la marche d'une machine.

4. un ravin   •   •   ensemble de pièces de bois ou de métal qui sert à fermer un passage.

5. un mécanicien   •   •   frapper, heurter violemment.

6. freiner   •   •   personne dont le métier est de réparer les machines.

Sans lire les textes, observez rapidement cette BD de Claire Bretécher et répondez.

1. Quels personnages sont représentés ?

2. Que pensez-vous des dessins ? Les trouvez-vous originaux, banals, drôles... ? Pourquoi ?

3. Regardez les expressions du visage du petit garçon.
Que remarquez-vous ?
Comment pouvez-vous qualifier ses états successifs ?

 3 Écoutez les minidialogues et entourez ci-dessous les mots entendus. Dites ensuite dans quel dialogue vous avez entendu chacun de ces mots.

pardonnable • imaginatif • maligne • vivante • influençable • têtu • persuasif • entêté • intelligente • rancunière

4 Parmi les adjectifs proposés, lesquels attribueriez-vous à chacun des deux enfants ?

créatif • imaginatif • malin • pardonnable • intelligent • persuasif • influençable • rancunier • têtu • comédien • vivant • déçu

5 Complétez chacune des phrases avec l'adjectif qui convient.

1. – Tu devais venir me chercher à 14 heures, pas à 14 h 20 !
– Oh eh, ça va ! J'ai fait ce que j'ai pu. Vingt minutes de retard, c'est ...., quand même !

2. – Maman, comment tu as fait pour convaincre papa de faire les magasins avec toi ?
– J'ai su être ...., c'est tout !

3 – C'est Jean-Max qui a fait cette composition florale, elle est belle, hein ?
– Ah ! oui, c'est vrai qu'il est toujours très .... C'est très joli.

Le conditionnel passé

 6 Relisez la BD de Claire Bretécher et relevez les formes au conditionnel présent et au conditionnel passé. Complétez.

présent	....
passé	j'aurais pu ....

7 Complétez la règle de formation du conditionnel passé.

être ou .... au.................... .... + ... du verbe.

 8 Écoutez et dites ce que chaque personne exprime. Cochez.

	1	2	3	4	5	6	7	8
un fait imaginaire								
un reproche								
une information incertaine								
un regret								
un doute								
un conseil								

9 Deux amis évoquent des regrets. Choisissez dans la liste le verbe qui convient et complétez leur dialogue avec des formes au conditionnel passé.

aimer • plaire • exercer • vouloir • se marier • participer • devoir • vivre

– Je crois que ça me .... d'être professeur.
– Prof ? Ouais, bof... Moi, je .... être médecin.
– Mais tu .... faire 10 ans d'études !
– D'accord, mais après, je .... ma profession à l'étranger, je .... à des actions humanitaires, je sais que je .... ça !

– Je vois, je vois... et tu .... avec une jolie femme et vous .... heureux bien loin de l'Europe...
– Bah oui. Pourquoi pas ? On peut rêver, non ?

10 Mettez les verbes entre parenthèses au conditionnel présent ou passé.

1. Vous (devoir) .... me dire que vous ne vous sentiez pas bien.

2. Il (falloir) .... qu'on parte tôt le matin pour profiter de la plage ; ça vous dit ?

3. Elle (aimer) .... être peintre et finalement elle enseigne la musique.

4. Tu ne (prendre) .... pas un petit café bien serré avec moi avant de repartir ?

5. Ah ! bon ? Personne n'était au courant ? Je (oublier) .... de diffuser l'information ?

Grammaire
Le conditionnel passé

Formation
Être ou *avoir* au conditionnel présent + participe passé du verbe.

Emplois
Il sert à exprimer :
- un regret : *J'aurais aimé partir avec vous.*
- un reproche : *Mais vous auriez dû m'avertir !*
- un doute : *Il serait passé chez elle après 21 heures ?*
- un conseil : *Moi, j'aurais plutôt cherché à discuter avec lui.*
- un fait imaginaire : *J'aurais été une belle princesse...*
- une information incertaine : *Les voleurs seraient repartis par la fenêtre.*

Regretter une action

11 Écoutez les minidialogues et dites si les personnes expriment un regret ou un reproche.

	1	2	3	4	5	6	7	8
regret								
reproche								

12 Quelles phrases choisiriez-vous pour exprimer un regret ?

1. Si j'avais su, on serait partis plus tôt.

2. On aurait mieux fait de partir plus tôt.

3. Et si on partait plus tôt ?

4. On aurait dû partir plus tôt.

5. Ça te dirait qu'on parte plus tôt ?

6. Je regrette qu'on ne soit pas partis plus tôt.

13 Complétez les phrases avec l'expression qui convient.

1. .... que nous soyons tous ensemble pour cette grande fête !
a) On aurait dû
c) J'aurais pu
b) J'aurais tant aimé
d) Quel dommage

2. .... qu'on n'ait pas revu Antonio avant qu'il prenne son avion.
a) Il n'aurait pas fallu
c) C'est dommage de
b) On aurait dû
d) Quel dommage

3. .... de ne pas avoir pris le temps d'aller les voir.
a) C'est trop bête que
c) C'est vraiment stupide
b) Il aurait fallu
d) Si on avait su

4. .... lui en parler.
a) Si tu avais su
c) Tu n'aurais jamais dû
b) Tu regrettes
d) Je regrette que tu

14 Exprimez vos regrets face aux situations proposées.

1. Vous avez invité un bon ami à dîner. Vous préparez un bon petit plat, une jolie table, vous achetez du bon vin. La soirée passe et votre ami ne vient pas. Il ne vous prévient pas. Le lendemain, vous racontez ça à un autre ami.

2. Pour votre anniversaire, vos amis se sont groupés pour vous offrir un magnifique voyage au Maroc. Vous adorez le Maroc et vous connaissez déjà très bien ce pays. En revanche, vous aimeriez beaucoup découvrir la Tunisie. Vous avez déjà parlé de ça avec quelques amis et vous êtes déçu(e) que personne ne s'en soit souvenu. Votre meilleur(e) ami(e) vous demande si vous êtes content(e). Vous répondez sincèrement.

Forteresse de Monastir, Tunisie.

Communication

Regretter (une action)

> Quel dommage !/Je regrette d'avoir été violente.

> C'est dommage que vous ne soyez pas venus.

> J'ai eu tort de faire ça.

> C'est trop bête/stupide/idiot que je n'y aie pas pensé plus tôt.

> Je n'aurais jamais dû quitter Paris.

> J'aurais dû suivre ton conseil.

> Il aurait fallu que je travaille un peu plus.

> J'aurais mieux fait de revoir mon médecin.

> Si j'avais su, je n'aurais pas écouté Pierre.

La concordance des temps avec *si*

15 Écoutez ce récit puis cochez les réponses qui conviennent.

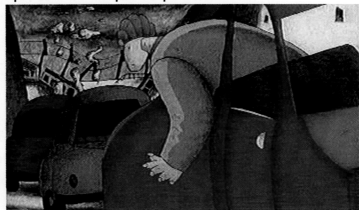

Court métrage
d'Alain Gagnol et
de Jean-Loup Felicioli.

	vrai	faux	?
1. L'homme vient d'avoir un accident qui aurait pu être grave.			
2. Ce matin-là, il avait eu des problèmes pour bien se coiffer.			
3. Comme tous les matins, il s'était rasé avec son rasoir électrique.			
4. Sa femme avait trop bien rangé ses chaussettes et il en avait perdu une.			
5. Il n'avait pas été très aimable avec sa femme.			
6. Sa femme n'a pas entendu la phrase : « Tu me fais perdre un temps fou. »			
7. C'est parce qu'il était en retard qu'il a été sauvé.			
8. Finalement, c'est grâce à sa femme s'il n'est pas mort.			

16 Lisez le résumé ci-dessous. Corrigez ce qui ne correspond pas à l'histoire et complétez ce récit.

Par miracle, un homme a échappé à un accident de train. Il a été sauvé car ce jour-là était un jour férié. Il est quand même allé au bureau mais il a pris son temps pour se préparer et il est arrivé plus tard que d'habitude. En plus, il avait cassé sa montre et il ne savait pas vraiment quelle heure il était. Finalement, heureusement qu'il était en retard ce matin-là, sinon, il serait certainement mort.

17 Quel titre donneriez-vous à cette histoire ?

a) Ça aurait dû être moi   b) Dommage, ce n'était pas moi   c) Je devrais être à l'heure

18 Observez les phrases, puis complétez en vous aidant des verbes proposés.

Si on jouait tous les deux, tu serais le mécanicien du train et moi je serais la garde-barrière.
Si tu m'écoutais, tu ferais un peu moins de bêtises.
Si je n'avais pas été en retard, je me serais trouvé à cet endroit.
Si j'avais bien rangé mes vêtements, on m'aurait retrouvé mort dans l'accident.
Si je ne m'étais pas attardé, un énorme morceau de tôle aurait broyé mon visage.

1. Si j'avais couru dans la rue, je (arriver) .... à l'heure.

2. Qu'est-ce que vous (faire) .... si vous voyiez deux personnes se battre ?

3. Ça (être) .... gentil si on appelait maman, non ?

4. On (pouvoir) .... vous rejoindre si on avait su que vous étiez dans notre quartier.

19 Associez un élément de chaque colonne pour reconstituer des phrases qui ont du sens.

S'il n'avait pas plu, • • tu me le dirais ?

Si tu savais qui a fait ça, • • passez prendre un verre demain soir.

S'il n'a pas reçu ton message, • • je serais allée voir ma copine Fabienne.

Si j'avais su, • • il ne pourra pas t'aider.

Si vous voulez, • • tu me l'aurais dit ?

Même s'il voulait, • • je ne serais pas tombée dans la rue.

Si Pierre t'avait téléphoné, • • il ne pourrait pas m'aider.

20 Traduisez les pensées de l'homme et de la femme. Exprimez leurs regrets.

21 Choisissez les phrases qui expriment ce que vous voulez dire.

1. Vous pensez que votre ami viendra peut-être à la fête de la Musique.

☐ S'il venait, il m'aurait téléphoné. ☐ Paul aurait dû venir ce soir.

☐ Il se peut qu'il vienne. ☐ Au cas où il viendrait, il m'a dit qu'il m'appellerait.

2. Votre amie a été longuement malade et les médecins viennent de vous annoncer qu'elle est guérie. Tout le monde en est sûr.

☐ Il est impossible qu'elle soit encore malade. ☐ Sans aucun doute, elle est guérie.

☐ Si elle était guérie elle serait en meilleure forme. ☐ On dirait qu'elle est guérie.

3. Vous avez des problèmes d'argent et vous avez rencontré votre banquier pour lui demander de l'aide. Il devait consulter votre dossier et vous rappeler. Cela fait déjà trois semaines que vous l'avez rencontré et vous n'avez pas de nouvelles. Vous n'y croyez plus.

☐ Si ça se trouve, il m'appellera demain. ☐ En admettant qu'il veuille m'aider, il m'appellerait.

☐ S'il pouvait, il m'appellerait. ☐ Il n'aurait pas dû m'appeler.

La concordance des temps avec *si* (suite)

22 Complétez ce message avec les expressions qui conviennent pour exprimer le doute, la possibilité ou la certitude.

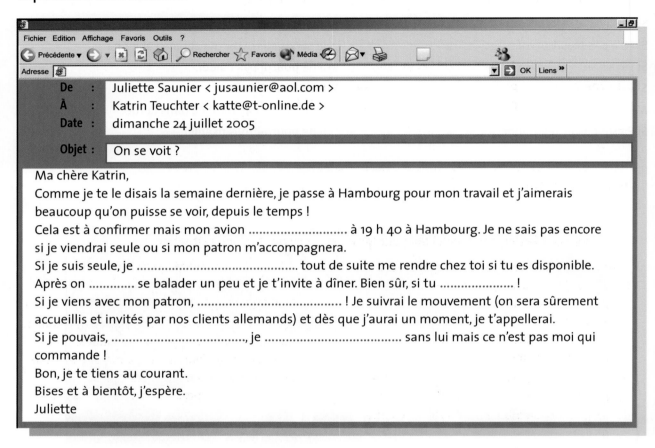

Fichier Edition Affichage Favoris Outils ?

Précédente ▾ | Rechercher ⭐ Favoris ● Média | Adresse | OK Liens »

De	:	Juliette Saunier < jusaunier@aol.com >
Å	:	Katrin Teuchter < katte@t-online.de >
Date	:	dimanche 24 juillet 2005
Objet	:	On se voit ?

Ma chère Katrin,

Comme je te le disais la semaine dernière, je passe à Hambourg pour mon travail et j'aimerais beaucoup qu'on puisse se voir, depuis le temps !

Cela est à confirmer mais mon avion .... à 19 h 40 à Hambourg. Je ne sais pas encore si je viendrai seule ou si mon patron m'accompagnera.

Si je suis seule, je .... tout de suite me rendre chez toi si tu es disponible.

Après on .... se balader un peu et je t'invite à dîner. Bien sûr, si tu .... !

Si je viens avec mon patron, ... ! Je suivrai le mouvement (on sera sûrement accueillis et invités par nos clients allemands) et dès que j'aurai un moment, je t'appellerai.

Si je pouvais, ..., je .... sans lui mais ce n'est pas moi qui commande !

Bon, je te tiens au courant.

Bises et à bientôt, j'espère.

Juliette

Grammaire

La concordance des temps avec *si*

> La condition est au présent ou au passé composé, le projet peut fortement se réaliser.
>   • *S'il a envie de venir, il viendra.*
>   • *S'il fait beau, nous pourrions faire un tour de bateau.*
>   • *Si vous avez compris, expliquez-nous !*
>   • *Si Françoise a accepté, elle ne changera pas d'avis.*

> La condition est à l'imparfait, le projet peut se réaliser ou non. Le verbe est au conditionnel présent.
>   • *Si je vivais dans le Sud de la France, j'achèterais un appartement en bord de mer.*
>   • *Si j'étais riche, je donnerais beaucoup d'argent pour la recherche médicale.*

> La condition est au plus-que-parfait, le projet ne s'est pas réalisé. Le verbe est au conditionnel présent ou passé.
>   • *S'il avait travaillé à l'école, il serait peut-être ingénieur.*
>   • *Si tu avais entendu cette mélodie, tu aurais certainement été très ému.*

Reprocher quelque chose à quelqu'un

 23 Qu'exprime chacune de ces phrases extraites du récit *Ça aurait dû être moi* ?

1. Tu me fais perdre un temps fou, mais tu me fais perdre un temps fou !

2. Pour elle, ça doit être comme si j'éternuais ou si je toussais.

3. Ça doit être possible de lui montrer que j'ai eu tort.

4. Je lui répète tellement que je suis sûr qu'elle ne l'entend plus.

- une conséquence : phrase n°.......
- un reproche : phrase n°.......
- un regret : phrase n°.......
- une hypothèse : phrase n°.......

 24 Écoutez et retrouvez les phrases dans lesquelles on exprime un reproche.

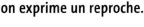 phrases n°.......

 25 Choisissez la (les) réplique(s) qui peut (peuvent) convenir à chaque situation.

1. Vous aviez rendez-vous avec votre ami hier à 17 heures. Il ne pouvait pas venir et il vous téléphone aujourd'hui pour s'excuser.
- ☐ Tu pourrais me prévenir quand même !
- ☐ Si tu ne viens pas, tu me préviendras !
- ☐ Tu aurais pu m'appeler hier !

2. Votre banquier a prélevé trois euros sur votre compte parce que vous avez trop souvent retiré de l'argent aux distributeurs d'autres banques. Vous allez le voir.
- ☐ Mais comment pouvez-vous faire ça sans prévenir vos clients ?

- ☐ Si vous me prévenez, je fais attention.
- ☐ Si vous m'en aviez informée, j'aurais retiré mon argent à un distributeur de votre banque !

3. Votre fils de 15 ans rentre à la maison à 19 heures, alors qu'il avait cours jusqu'à 16 heures.
- ☐ Dis donc, tu n'aurais pas pu me dire hier que tu ne rentrerais pas après tes cours ?
- ☐ Ce que je te reproche, c'est de ne pas m'avoir averti.
- ☐ Tu me le dirais si tu rentrais plus tard ?

 26 Réagissez à l'une de ces situations au choix.

1. Sans vous consulter, votre secrétaire a envoyé une lettre de rappel à un client qui devait beaucoup d'argent à votre société depuis un certain temps. Elle ignorait qu'entre-temps, ce client avait réglé toutes ses factures. Bien entendu, le client est furieux. Vous allez discuter avec votre secrétaire.

2. Vous avez fait refaire le toit de votre maison par un artisan. Malheureusement, quand il pleut, l'eau rentre dans votre salon. L'artisan exige que vous le payiez. Bien sûr vous n'êtes pas d'accord et vous discutez avec lui.

Communication

Reprocher quelque chose à quelqu'un

> Vous ne devriez pas parler comme ça.

> Tu n'aurais pas dû partir.

> Comment est-ce que tu as pu accepter ça ?

> Ce que je te reproche, c'est...

> Ce qui ne (me) va pas, c'est...

> Il aurait pu me rappeler, tu ne crois pas ?

> Tu vois comment tu es, hein ?

Le gérondif

27 Observez ces phrases et retrouvez si chaque forme en gras apporte une information sur le temps, la manière ou la condition.

1. En voyant l'accident, j'ai eu froid dans le dos.

2. Je l'ai regardée **en fronçant** les sourcils.

3. Je m'étais coupé **en me rasant**.

4. En partant plus tôt, j'aurais été victime de l'accident.

5. Ma femme m'a regardé **en souriant**.

	phrase 1	phrase 2	phrase 3	phrase 4	phrase 5
temps					
manière					
condition					

28 Retrouvez la fin des phrases.

1. En ne disant rien,

2. Elle a embrassé son grand-père

3. Incroyable ! En riant,

4. C'est en travaillant régulièrement

5. J'essaierai de vous téléphoner

6. On gagnera du temps

7. En partant plus tôt,

a. en passant par le boulevard Foch.

b. elle m'a dit que notre histoire d'amour était finie.

c. c'est comme si tu acceptais.

d. en pleurant.

e. nous pourrions éviter les embouteillages.

f. en arrivant à Mexico.

g. que tu auras des chances de réussir.

29a Récrivez les phrases suivantes en utilisant un gérondif.

1. Quand je suis sortie du restaurant, j'ai rencontré Béa et Serge qui y entraient.

2. Si tu écoutes bien ce qu'on te dit, tu n'auras aucun problème.

3. Elle marchait tranquillement quand elle s'est tordu la cheville.

4. Il a quitté la salle de réunion et il criait très fort.

5. Sois plus gentil avec tes parents, tes problèmes s'arrangeront.

6. J'ai mangé une pomme hier soir et j'ai perdu une dent.

7. Il lui a parlé très doucement et il a réussi à la calmer.

8. Si tu continues à travailler aussi régulièrement, tu vas faire des progrès énormes.

29b Indiquez ce que chaque forme au gérondif exprime (voir le tableau de l'activité 27).

30 Quand cela est possible, remplacez les éléments entre parenthèses par une forme au gérondif.

(Elle allait à son cours de piano), Émilie a rencontré son ami Alexandre. Ils ont discuté un peu et, comme il faisait froid, ils ont décidé de continuer leur conversation dans un café. (Au moment où Émilie entrait) dans le café, ils ont aperçu Jérôme, le père d'Émilie qui prenait un verre avec une collègue. (Quand elle l'a vu), Émilie a été surprise mais il a dû l'être encore plus de rencontrer sa fille car (quand elle s'est dirigée) vers lui pour le saluer, il est parti (il courait).

Grammaire

Le gérondif

Rappel

Cette forme est invariable.

Formation : nous finissons → en finissant

Exceptions : être → en étant   avoir → en ayant   savoir → en sachant

Emplois

- Deux actions simultanées : *Je travaille en écoutant la radio.*
- La manière : *Elle est partie en pleurant.*
- La condition : *En restant dans cette société, tu vas t'ennuyer.*

La musique de la langue
Intonation et expressivité

A a) Le personnage du dialogue *Ça aurait dû être moi* fait des excuses à sa femme. Écoutez bien cette phrase aux différentes intonations et retrouvez celle qui s'adresse à sa femme.

b) À qui pourraient bien s'adresser les deux autres phrases ? Choisissez et justifiez votre réponse.

à un collègue de travail • à son patron • à une petite fille • à une vieille dame dans la rue

B Regardez ces visages, écoutez et associez une phrase à chaque personne.

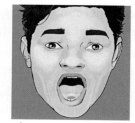

c)

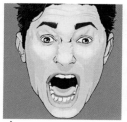

d)

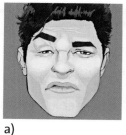

a)

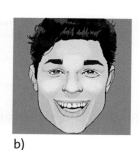

b)

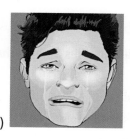

e)

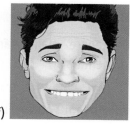

f)

C À votre tour, entraînez-vous à prononcer des phrases simples avec des intonations expressives. Aidez-vous des choix proposés.

Phrases : Il ne reviendra pas. • Je l'ai perdu. • Elle est là.

Expressions : vous êtes amusé, choqué, ému, déçu, fier, etc.

31 Observez et dites de quel type de document il s'agit.

- une publicité
- un extrait de BD
- un tract pour un parti politique
- un tract pour une association
- un document pour enfants
- un document humoristique

32 Regardez seulement le dessin et répondez.

1. Que représente l'illustration ? Quels éléments vous permettent de répondre ?

2. Dans quel état se trouve l'homme représenté ? Justifiez votre réponse.

3. Pouvez-vous imaginer ce que sont les sigles (CSG, TVA, etc.) dans le boulet ?

4. Qu'est-ce que l'auteur du document a voulu montrer en choisissant ce dessin et ce texte ?

PUB

Tout ce que vous avez gagné du 1er janvier au 16 juillet 2004 est pour l'Etat... Vous trouvez ça normal ?

CSG TVA SÉCU iRPP iSF CRDS

En 2004, le poids de la dépense publique atteindra 53,9 % du produit intérieur brut (PIB). Conséquence : 53,9 % de l'argent que vous gagnerez cette année servira à financer l'Administration française ! Cela signifie concrètement que, du 1er janvier au 15 juillet au soir, soit pendant 197 jours, nous avons travaillé uniquement pour l'Etat ! Vous trouvez ça normal ? **Non, alors réagissez et rejoignez Contribuables Associés.**

ENSEMBLE, RÉAGISSONS

CONTRIBUABLES ASSOCIÉS

TROP DE DÉPENSES PUBLIQUES C'EST TROP D'IMPÔTS

Contribuables Associés, 42 rue des Jeûneurs, 75002 Paris Tél. : 01 42 21 16 24 - www.contribuables.net

33 Repérez maintenant qui sont les auteurs du document et lisez le slogan. Choisissez les réponses qui conviennent.

	vrai	faux	?
1. Ce document s'adresse à l'État français.			
2. « Contribuables associés » est une association politique.			
3. « Contribuables associés » veut faire réagir les Français.			
4. CSG, TVA, CRDS, etc. sont des noms de prisonniers.			
5. Le slogan signifie que les impôts sur les salaires sont trop élevés.			
6. « Contribuables associés » pense que les Français paient trop d'impôts parce que l'État dépense trop d'argent.			

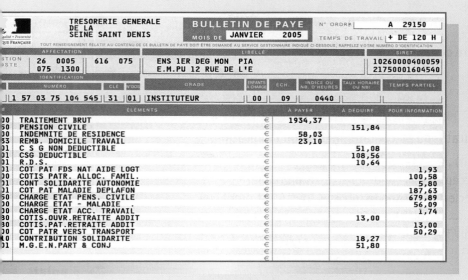

				À PAYER	À DÉDUIRE	POUR INFORMATION
00	TRAITEMENT BRUT	€		1934,37		
50	PENSION CIVILE	€			151,84	
00	INDEMNITE DE RESIDENCE	€		58,03		
53	REMB. DOMICILE TRAVAIL	€		23,10		
01	C S G NON DEDUCTIBLE	€			51,08	
01	CSG DEDUCTIBLE	€			108,56	
01	R.D.S.	€			10,64	
00	COT PAT FDS NAT AIDE LOGT	€				1,93
00	COTIS PATR. ALLOC. FAMIL.	€				100,58
01	CONT SOLIDARITE AUTONOMIE	€				5,80
01	COT PAT MALADIE DEPLAFON	€				187,63
50	CHARGE ETAT PENS. CIVILE	€				679,89
00	CHARGE ETAT - MALADIE .	€				56,09
00	CHARGE ETAT ACC. TRAVAIL	€				1,74
80	COTIS.OUVR.RETRAITE ADDIT	€			13,00	
80	COTIS.PAT.RETRAITE ADDIT	€				13,00
00	COT PATR VERST TRANSPORT	€				50,29
10	CONTRIBUTION SOLIDARITE	€			18,27	
00	M.G.E.N.PART & CONJ	€			51,80	
		€				

34 Regardez ce bulletin de salaire et repérez-y quelques-unes des taxes que vous pouvez voir sur le boulet que traîne le prisonnier.

35 « Contribuables Associés » a utilisé cette photo dans un de ses tracts. À votre avis, pourquoi ont-ils choisi un bébé qui pleure ? Imaginez quel message ils cherchent à faire passer et proposez un slogan.

36 Par groupes, choisissez un problème important de votre société. Amusez-vous à créer un tract. Choisissez un nom d'association, décrivez l'illustration ou faites-la et rédigez un slogan.

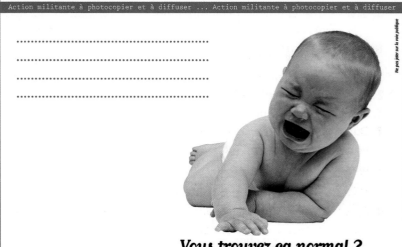

Action militante à photocopier et à diffuser ... Action militante à photocopier et à diffuser

Vous trouvez ça normal ?

Depuis trente ans, tous les budgets de l'État ont été déficitaires. Résultat : une dette publique accumulée de 1 000 milliards d'euros. Les contribuables doivent réagir !

Avec 135 000 membres, Contribuables Associés est la plus importante association de défense des contribuables en France. Tous les deux mois, elle diffuse *Tous Contribuables*, le journal d'informations de tous les contribuables.
Non, les générations futures ne doivent pas naître avec une dette de plus de 15 000 € dès le berceau !
Non, l'État ne doit pas continuer à vivre à crédit sur le dos du contribuable !

CONTRIBUABLES ASSOCIÉS

www.contribuables.net

Coupon d'abonnement

☐ **Oui**, Je veux soutenir et participer au combat des Contribuables Associés en m'abonnant au journal "Nous, Contribuables" pour un an (six numéros) au prix préférentiel de 6 €.

M. Mme Mlle - Nom : .... Prénom : ....
Adresse : ....
Code Postal : |__|__|__|__|__| Ville : ....

Coupon à retourner avec votre règlement de 6 euros par chèque à l'ordre de : Contribuables Associés, 42 rue des Jeûneurs - 75077 Paris cedex 02

UNITÉ 5
Test

1 🎧 **Écoutez et complétez.**   ➔ **5 points**

Elle propose à quelqu'un de faire quelque chose ensemble.   : n° ......

Elle répond en refusant.   : n° ......

Elle répond en hésitant.   : n° ......

2 **Écrivez le verbe à l'indicatif ou au conditionnel, selon l'indication.**   ➔ **5 points**

1. Fabien m'a appelé : il (pouvoir) .... te voir demain, dans l'après-midi. (c'est sûr)

2. Ils (sembler) .... prêts à accepter nos conditions. (c'est probable)

3. Tu vois, à mon avis, elle (apprécier) .... que tu lui dises tout. (c'est probable)

4. Oh, oui, tu sais, elle le (faire) .... volontiers. Demande-lui ! (c'est sûr)

5. Selon mes informations, Denis Thébault (venir) .... le 19 janvier. (c'est probable)

3 **Complétez les phrases.**   ➔ **3 points**

1. Si vous avez perdu votre passeport, ...

2. ...., elle n'a pas pu répondre à toutes vos questions.

3. Si vous m'avez envoyé la facture lundi, ...

4 **Écrivez les verbes entre parenthèses à la forme qui convient.**   ➔ **5 points**

1. Bon, au cas où ça (ne pas marcher) ......, je vous laisse mon numéro de portable.

2. C'est possible à condition que vous (apporter) ...... 1 000 euros avant samedi.

3. Maintenant, imaginez que le maire (devoir) ...... démissionner, qui pourrait prendre sa place ?

4. Oui, je peux vous préparer ça, à condition de (le savoir) ...... deux ou trois jours à l'avance.

5. Bon, à supposer qu'on (pouvoir) ...... le réparer, où est-ce qu'on va trouver l'argent nécessaire ?

5 🎧 **Écoutez et soulignez la syllabe qui marque l'insistance.**   ➔ **3 points**

1. C'est vraiment trop cher.   **2.** Il ne va jamais accepter ça !   **3.** Mais ça, je l'ai déjà fait hier !

6 **Répondez en proposant un conseil avec *n'avoir qu'à*.**   ➔ **4 points**

1. Ah ! zut ! j'ai oublié mon téléphone portable.   → Tu ....

2. Elles veulent voir le directeur mais elles n'ont pas rendez-vous.   → Elles ....

3. Non, j'ai dû annuler mon voyage à Varsovie, le 17.   → Vous ....

4. C'est trop tard, il est déjà 21 heures !   → On ....

7 **Associez les éléments.**   ➔ **5 points**

Si j'étais toi,   •   • à accepter son offre.

Vous feriez mieux   •   • de lui dire la vérité.

Il vaudrait mieux   •   • je prendrais huit jours de vacances à Noël.

Vous n'avez rien à perdre   •   • lui proposer une autre solution.

Si tu veux un conseil,   •   • parles-en avec ton banquier rapidement.

Test

1 **Mettez le verbe entre parenthèses au conditionnel présent ou passé.** ➪ **6 points**

1. Si j'avais pu, je vous (aider) ...., évidemment !

2. Hier soir, une voiture piégée (exploser) .... en plein centre-ville.

3. L'appartement (être) .... plus confortable s'il y avait un joli canapé.

4. Si vous aviez été à ma place, qu'est-ce que vous (faire) .... ?

5. Ils (vivre) .... dans la même ville depuis un an ? Ah bon ?

6. L'avion du président (devoir) .... se poser dans quelques minutes à l'aéroport de Fiumicino.

2 **Écoutez et dites ce que chaque personne exprime : un doute, un conseil, un regret, un fait imaginaire, un reproche, une information incertaine.** ➪ **4 points**

dialogue 1 : .... dialogue 3 : ....

dialogue 2 : .... dialogue 4 : ....

3 **Choisissez ce qui convient pour compléter chaque phrase.** ➪ **5 points**

1. .... d'avoir parlé de ça avec le directeur.

a) Je n'aurais pas dû b) Je regrette c) Il n'aurait pas fallu

2. .... on n'aurait pas écouté ce médecin.

a) Si j'avais su, b) c'est stupide qu' c) On aurait mieux fait

3. .... que vous puissiez assister à cette réunion.

a) Vous avez eu tort b) Si vous aviez su c) Il aurait fallu

4. .... que tu n'aies pas revu Goran.

a) Tu aurais dû b) C'est dommage c) Tu regrettes

5. .... de finir ce travail hier soir.

a) J'aurais mieux fait b) J'aurais dû c) Si j'avais su

4 **Écoutez votre professeur et retrouvez les phrases dans lesquelles vous entendez un reproche. Notez ensuite comment la personne exprime le reproche.** ➪ **9 points**

phrases	expression du reproche
....	....
....	....
....	....
....	....
....	....
....	....
....	....
....	....

5 **Mettez le verbe entre parenthèses au temps qui convient.** ➪ **3 points**

1. Si vous pouviez me rappeler dans la journée, ça me (arranger) ....

2. Qu'est-ce que tu (dire) .... si tu avais appris la nouvelle plus tôt ?

3. Je vous aurais bien accompagnés si je (savoir) .... que vous alliez au cinéma.

6 **Récrivez les phrases suivantes en utilisant un gérondif** ➪ **3 points**

1. Si vous perdez un peu de poids, vous vous sentirez beaucoup mieux.

2. Elle est tombée dans la rue et elle s'est fracturé la jambe !

3. Je bois beaucoup de thé quand je travaille à mon bureau.

Autoévaluation 3   Cadre européen niveau B1

JE PEUX RÉPONDRE EN HÉSITANT/EN REFUSANT

 Complétez les phrases avec une des expressions de la liste.

Nous serions très heureux de • Je suis dans l'impossibilité • Ce n'est pas possible •
On n'a qu'à • Nous sommes désolés de

1. – .... ne pas pouvoir assister à votre cocktail mercredi soir.

    – Quel dommage ! Nous vous aurions reçus avec grand plaisir.

2. – Ça te dirait de faire un petit tour en bateau ?

    – J'aurais bien aimé mais .... aujourd'hui.

3. – .... aller voir Dominique et Anne !

    – Oui, c'est une super idée ; allons-y !

Comptez 1 point par bonne réponse. Vous avez...
• 3 points : félicitations !
• moins de 3 points, revoyez les pages 72, 73 de votre livre et les exercices de votre cahier.

JE PEUX EXPRIMER LA CONDITION ET L'HYPOTHÈSE

2 **Rayez les formes qui ne conviennent pas.**

1. Si nous pouvions, (retournons – nous retournerons – nous retournerions) à Prague.

2. (À supposer que – Au cas où – À condition que) tu ne pourrais pas arriver à l'heure à la réunion, je prendrai des notes pour toi.

3. Je (partirais – pars – serais parti) tout de suite si j'avais su où aller.

4. Si ses amis ne (diront rien – avaient rien dit – disent rien), cet homme est en tort, c'est sûr.

5. Même s'il insiste, nous (refuserions – refuserons – aurions refusé).

Comptez 1 point par bonne réponse. Vous avez...
• 5 points : félicitations !
• moins de 5 points, revoyez les pages 74, 75 de votre livre et les exercices de votre cahier.

JE PEUX SUGGÉRER QUELQUE CHOSE À QUELQU'UN

3 **Parmi ces phrases, cochez celles qui servent à suggérer quelque chose à quelqu'un.**

☐ Vous n'avez qu'à en parler avec lui.

☐ Vous auriez dû partir plus tôt.

☐ Si j'ai un conseil à te donner, n'y va pas !

☐ Pourquoi ne pas avouer ton erreur ?

☐ J'ai eu tort de faire ça.

☐ C'est stupide de ne pas l'avoir appelée.

☐ Il vaudrait mieux rester un peu dehors.

☐ Vous auriez pu m'avertir, quand même...

Comptez 1 point par bonne réponse. Vous avez...
• 4 points : félicitations !
• moins de 4 points, revoyez les pages 76, 77, 78, 79 de votre livre et les exercices de votre cahier.

JE PEUX EXPRIMER LE REGRET/LE REPROCHE

 Relisez les phrases de l'activité 3 et complétez le tableau.

phrases exprimant le regret	phrases exprimant le reproche

Comptez 1 point par bonne réponse. Vous avez...
• 4 points : félicitations !
• moins de 4 points, revoyez les pages 85, 89 de votre livre et les exercices de votre cahier.

JE PEUX UTILISER LE GÉRONDIF

 Récrivez les phrases en utilisant un gérondif.

1. Quand elle a vu mon chapeau, elle a éclaté de rire.

2. Travaillez un peu moins, vous serez plus en forme.

3. L'ordinateur cherche la meilleure solution. Il compare toutes les informations.

4. Si tu ne fais aucun effort, tu n'auras pas tes examens.

Comptez 1 point par bonne réponse. Vous avez...
• 4 points : félicitations !
• moins de 4 points, revoyez les pages 90, 91 de votre livre et les exercices de votre cahier.

➡ **RÉSULTATS :** .... points sur 20 points = ... %

COMPRÉHENSION DE L'ORAL

Écoutez, puis cochez la réponse qui convient ou écrivez la réponse demandée.

1. Conversation

1. Qui sont monsieur Moreno et Anne-Marie ?

....

2. Anne-Marie voudrait voir monsieur Moreno :
☐ aujourd'hui.
☐ demain.
☐ quand il sera disponible.

3. Anne-Marie :
☐ a travaillé sur le projet SGF.
☐ va travailler au service « exploitation ».
☐ va travailler au service « système ».

4. Son expérience auprès de l'équipe d'Éric a été :
☐ très intéressante. ☐ ennuyeuse.
☐ plutôt mauvaise.

5. Anne-Marie aimerait :
☐ garder son poste. ☐ changer de poste.
☐ que son poste évolue.

6. Monsieur Morenol :
☐ accepte la demande d'Anne-Marie.
☐ refuse la demande d'Anne-Marie.
☐ ne donne pas encore de réponse.

2. Émission de radio

1. Quelles sont les deux passions d'Hélène Grimaud ?

....

2. De quoi souffrait-elle quand elle était enfant ?
Comment son état s'est-il amélioré ? ....

3. À quel âge a-t-elle commencé la musique ?

....

4. Comment peut-on qualifier ses débuts ?
☐ Difficiles. ☐ Douloureux

☐ Plutôt bons. ☐ Exceptionnels.

5. Quels sont les deux points essentiels qui font dire, dès le début de sa carrière, qu'elle est différente des autres ? ....

6. Où vit-elle ? ....

7. Qu'est-ce qui a représenté un grand changement dans sa vie ? ....

8. Qu'a-t-elle créé ? ....

COMPRÉHENSION DES ÉCRITS

Lisez le texte, puis répondez aux questions en cochant la réponse qui convient ou en écrivant l'information demandée.

Culture : retiens la nuit !

Des théâtres qui frappent les trois coups en fin d'après-midi, des musées qui ouvrent jusqu'en début de soirée. Presque comme le cinéma...

Un coup de théâtre. En novembre 2000, le théâtre de la Gaîté-Montparnasse programme Fabrice Luchini à 18 h 30. Avant le traditionnel spectacle de 21 h. Chez les théâtreux parisiens, on rigole doucement. Deux productions à la suite sur le même plateau, cela paraît intenable. Jamais le public ne se libérera si tôt ! Erreur. La formule du double horaire, qui existait déjà dans l'entre-deux-guerres, est désormais la norme. « *En un an, la grande majorité des théâtres se sont mis à faire une séance supplémentaire à 19 h,* remarque Georges Téret, président du Syndicat des théâtres privés parisiens. *Nous allons d'ailleurs lancer une étude sur les motivations de ce public.* »
Les salles subventionnées, plus soucieuses de fidélisation, ont déjà quelques éléments de réponse. « *Les gens nous disent qu'ils veulent venir directement du travail et sortir plus tôt. Comme ça, ils ne rentrent pas trop tard quand ils habitent en banlieue ou quand ils doivent payer une baby-sitter* », explique Élodie Regibier, responsable des relations avec le public à la Colline. Depuis 1997, la scène nationale du 20e arron-

Préparation au DELF B1 (module 3)

dissement a donc lancé une formule « horaires avancés ». Chaque mardi, les représentations ont lieu à 19 h 30 dans la grande salle et à 19 h dans la petite, au lieu de 20 h 30 et 21 h. Une réussite. « *Le prix moyen des places est légèrement inférieur ces soirs-là. Mais le* taux de fréquentation, lui, est nettement supérieur : +5 %. » Les abonnés, d'ailleurs, réservent en priorité sur ces dates. Du coup, la plupart des salles municipales (Théâtre 13, Théâtre 14, Théâtre Paris-Villette...) lui ont emboîté le pas. Et ceux qui n'ont pas bougé ? Des ringards ? Non. Comme la plupart des cinémas, ils ont simplement moins besoin de draguer leur public, largement acquis. À l'exemple du Théâtre de la Ville. Bousculer 70 % d'abonnés habitués du 20 h 30 au nom de quelques adeptes du sortir-tôt serait un peu barbare.

Morgane Bertrand, *Le Nouvel Observateur.*

1. Quel est le sujet de cet article ?
....

2. Comment les habitués des théâtres ont-ils d'abord réagi à cette nouveauté ? Avaient-ils raison ? ....

3. Pour quelles raisons 18 h 30 peut-elle sembler une bonne heure ? ....

4. Les séances à horaires avancés connaissent :
▢ plus de monde et des prix un peu plus élevés.
▢ moins de monde et des prix un peu plus bas.
▢ plus de monde et des prix un peu plus bas.
▢ un peu moins de monde et des prix identiques.

5. Comment peut-on expliquer que certains théâtres n'ont rien changé ? ....

PRODUCTION ÉCRITE

Essai

Sur un forum de discussion, vous écrivez ce que vous pensez (de 160 à 180 mots) du dernier film ou de la dernière pièce que vous avez vu(e), du dernier livre que vous avez lu ou du dernier cédé de musique que vous avez acheté. Vous le/la conseillez ou déconseillez et vous expliquez pourquoi.

PRODUCTION ORALE

1. Entretien informel (2 à 3 minutes)
Parlez de votre activité professionnelle ; expliquez en quoi consiste votre travail ou vos études et dites pourquoi vous avez fait ce choix.

2. Exercice en interaction (3 à 4 minutes)
Comparer et opposer des choix. Faire comprendre ses opinions et ses réactions pour trouver une solution à un problème ou à des questions pratiques.
Un de vos collègues va quitter l'entreprise pour aller vivre à l'étranger. Avec certains collègues, vous décidez de lui préparer une petite fête et de lui faire un cadeau. Votre patron n'est pas d'accord pour organiser cela dans l'entreprise et voudrait que cette fête ait lieu à l'extérieur. Vous essayez de le convaincre. L'examinateur joue le rôle du patron.

3. Monologue suivi (préparation : 10 minutes)
Dégagez le thème du texte ci-contre puis donnez votre opinion.

Près de 8 Français sur 10 sont pour la candidature de Paris aux Jeux olympiques de 2012. Cette écrasante majorité ne doit pas faire oublier que certains sont plutôt contre ! Les opposants pensent, en effet, que Paris est déjà la capitale d'un des pays les plus riches du monde et également sa ville la plus visitée. Même en France, des villes plus pauvres auraient pu profiter des Jeux pour se moderniser et puis, de nombreux autres pays, que ce soit en Europe ou sur d'autres continents auraient plus besoin de l'énorme apport financier que peut représenter une telle manifestation sportive. Alors, pourquoi toujours ne penser qu'à soi-même et à ses propres intérêts ?
Sondage Sofres réalisé en octobre 2004.
D'après *Les Clés de l'Actualité Junior*, n° 464 (10 au 16 mars 2005).

(Inter)agir dans des situations sociales

module 4

UNITÉ 7

page 100

- **Participer à un échange**
- **Articuler son discours**

UNITÉ 8

page 112

- **Exprimer l'opposition et la concession**
- **Les expressions imagées**

ÉVALUATION

page 124

- **Test Unité 7**
- **Test Unité 8**
- **Autoévaluation**
- **Préparation au DELF B1**

99

Débat 7

Réplique, une émission présentée par Michel Ardouin

Invités :
- Raphaël Le Ruyet
- Denis Taillandier
- Philippe Soulard
- Jean-Michel Ménard
- Serge Smietanski

« Signature du Traité établissant une constitution sur l'Europe », à Rome, le 29 octobre 2004.

---

1 Écoutez à nouveau l'enregistrement et cochez les cases qui conviennent.

	vrai	faux
1. L'Union européenne fonctionne selon les principes d'un système économique socialiste.	▪	▪
2. La base du système économique libéral est la concurrence.	▪	▪
3. Les syndicats ont réussi à inscrire, dans la Constitution européenne, des règlements sur les conditions de travail.	▪	▪

2 Associez chaque phrase à un mot.

1. Les syndicats demandent une augmentation des salaires. ●   ● la concurrence

2. Dans l'UE, chaque personne est libre de créer son entreprise. ●   ● une avancée sociale

3. Chaque entreprise doit se battre contre les autres entreprises pour obtenir des clients. ●   ● revendiquer

4. La création des congés payés en 1936 a été un grand progrès dans les conditions de travail. ●   ● le système libéral

Les dates de l'Union européenne

1957 - Traité de Rome :
création de la Communauté économique européenne

1986 - Acte unique européen

1992 - Traité de Maastricht :
création de l'euro et de l'Union européenne (UE)

1995 - Application des accords de Shengen :
libre circulation des personnes

2002 - Mise en circulation des pièces et billets en euro

2004 - L'UE passe de 15 à 25 pays membres

2005 - Référendum, en France, sur le projet de Constitution
de l'Union européenne

Lisez la liste des grandes dates de l'Union européenne, écoutez l'extrait de l'émission Réplique, puis répondez.

1. Qui est le locuteur principal dans cet extrait ?
- *Un journaliste.*
- *Un spécialiste de l'économie.*
- *Un représentant d'un syndicat.*
- *Un représentant politique.*

2. Quel est le sujet principal du débat ?
- *Les problèmes sociaux en France.*
- *Les conditions de travail en Italie.*
- *Le projet de Constitution de l'Union européenne.*
- *Les systèmes économiques dans le monde.*

3. À l'intérieur de ce sujet principal, quel est le thème abordé ?
- *Les droits de l'homme.*
- *L'emploi.*
- *L'économie.*
- *Les loisirs.*

3 Écoutez à nouveau l'enregistrement pour retrouver les mots de la même famille. Aidez-vous d'un dictionnaire si nécessaire.

1. adjectif : *concurrentiel* → nom : .... → verbe : ....

2. nom : *une revendication* → verbe : .... → adjectif : ....

3. verbe : *inclure* → nom : ....

4. verbe : *contribuer* → nom : ....

4 Remplacez les verbes de la famille de *porter* par une expression ou un verbe équivalent.

1. C'est quand même la concurrence qui l'a **emporté**.

2. La position de la CGT est d'**apporter** une contribution au débat.

3. La réunion n'aura pas lieu aujourd'hui, elle a été **reportée** à lundi prochain, 10 h 30.

4. La France **exporte** 65 % de sa production industrielle vers d'autres pays de l'UE.

5. Oh, il m'énerve ! Je ne peux pas **supporter** ses remarques ironiques !

6. Le texte **comporte** trois parties.

Participer à un échange

5a Écoutez le représentant syndical et relevez comment il commence son discours.

....

5b Écoutez cet autre discours et relevez comment Jean-Michel Ménard demande la parole.

....

6 Lisez ces expressions. Lesquelles permettent de prendre la parole ? Cochez les cases qui conviennent.

☐ Je voudrais dire quelque chose !

☐ Vous comprenez ?

☐ À mon avis...

☐ Si vous permettez...

☐ Non, non, je vous en prie, continuez.

☐ Un mot seulement.

☐ Vous voyez ce que je veux dire ?

7a Dans les phrases, il manque les mots utilisés pour introduire chacune des trois parties du discours. Écoutez et retrouvez-les.

Partie 1 : .... *incontestablement, l'Europe telle qu'elle existe aujourd'hui est sans aucun doute une Europe libérale.*

Partie 2 : .... *on a pu aussi obtenir un certain nombre de contrepoids par rapport à cette Europe.*

Partie 3 : .... *c'est très loin de ce que nous revendiquons comme rééquilibre.*

7b Après ces trois parties, le représentant syndical fait une conclusion. Quelle est cette conclusion et quel mot le représentant syndical utilise-t-il pour lier cette conclusion aux trois parties qui précèdent ?

8 Écoutez et relevez, dans chaque document, les mots qui permettent d'organiser le discours.

document 1	document 2	document 3	document 4
....	....	....	....
....	....	....	....
	....	....	

9 Écoutez et répondez.

① L'animatrice veut faire taire un de ses invités et donner la parole à une autre invitée, Sylvie Legal. Pour quelle raison veut-elle empêcher son premier invité de parler ?

② Quelles sont les cinq étapes qu'elle met en place pour empêcher son premier invité de parler ?

1. *Sylvie Legal*

2. ....

3. ....

4. ....

5. ....

12 Lisez le texte et répondez.

1. Qui a écrit le texte ? À quel lecteur est-il destiné ?

2. Quel est le problème abordé par le document ?

3. Que peut faire le lecteur face au problème évoqué ?

13 Cochez les réponses qui conviennent.

1. Pour que tout le monde sur Terre puisse obtenir ce dont il a besoin en matière d'éducation, d'eau ou d'énergie, le groupe Attac propose :
▪ de développer le système de l'économie de marché.
▪ de conserver ou d'améliorer les services publics.
▪ de privatiser les collectivités locales.

2. L'Organisation mondiale du commerce souhaite :
▪ protéger « tous les services de tous les secteurs ».
▪ faire disparaître les services publics.
▪ faire fonctionner tous les services dans un système économique de concurrence.

3. L'Accord général sur le commerce des services est un accord produit par :
▪ l'OMC.
▪ le groupe Attac.
▪ les collectivités locales.
▪ les services publics.

4. Selon l'AGCS, les services publics seraient organisés par :
▪ des entreprises privées.
▪ l'OMC.
▪ les collectivités locales.

5. Selon Attac, l'AGCS pourrait avoir comme conséquence :
▪ un rôle plus important pour les collectivités locales dans la vie économique.
▪ une augmentation des problèmes sociaux.
▪ une concurrence plus importante entre les collectivités locales.

6. 500 collectivités publiques ont décidé :
▪ d'appliquer rapidement l'AGCS.
▪ de refuser l'AGCS.
▪ de négocier, avec l'OMC, des modifications à l'AGCS.

 14 Trouvez quel paragraphe de texte chacune de ces phrases résume.

		paragraphe n°
1	Le rôle des services publics doit au contraire être protégé et amélioré.	.....
2	Les collectivités locales ne seraient plus responsables des services publics et cela pourrait avoir des conséquences désastreuses pour la population.	....
3	Nous refusons les décisions de l'OMC et nous demandons qu'un débat soit organisé à ce sujet.	....
4	L'OMC voudrait faire fonctionner tous les services, publics et privés, selon un système économique concurrentiel.	....

Articuler son discours (*suite*)

15 Certains mots du texte, des articulateurs, servent à relier les idées. Relisez ces extraits et expliquez le sens des mots en gras ou trouvez-leur un synonyme.

1. L'OMC entend livrer l'ensemble des services au libre jeu des marchés. **Ainsi**, l'AGCS, négocié en son sein, vise à libéraliser et à privatiser « tous les services ».

2. Les collectivités locales seraient contraintes de renoncer aux missions de service public qu'elles assument. Leur rôle doit, **au contraire**, être reconnu et garanti.

3. À l'échelle locale, les centres de santé, La Poste, la restauration collective, pour ne prendre que quelques exemples, pourraient **de cette façon** être livrés à la concurrence...

4. Il ne s'agit **pas seulement** de défendre le service public existant, **mais aussi** de l'étendre, de lui permettre d'innover et de se démocratiser.

5. **Telles sont les raisons pour lesquelles** plus de 500 collectivités publiques ont décidé de se déclarer « zone hors AGCS ».

16 Classez ces articulateurs dans le tableau et complétez-le avec des articulateurs que vous connaissez déjà.

articulateurs de conséquence	articulateurs d'opposition-concession	articulateurs d'énumération
		pas seulement..., mais aussi
....	....	....
....	....	....
....	....	....
....	....	....

17 Complétez les phrases.

1. Les entreprises en concurrence doivent baisser leurs prix pour trouver des clients. De cette façon ....

2. Les économistes présentent l'augmentation de la consommation comme utile à la vie économique. Le groupe Attac, au contraire,................... ....

3. Les collectivités locales veulent développer les petites industries régionales. Ainsi, ...

4. La croissance économique ne doit pas seulement profiter aux pays les plus riches, mais aussi ....

18 Utilisez les informations suivantes pour construire un texte avec des articulateurs.

• Avec 25 membres, l'Union européenne a l'avantage d'avoir de nombreuses langues et cultures sur son territoire.
• La multiplication des échanges économiques rend de plus en plus nécessaire la connaissance des langues étrangères.
• Il faudrait que chaque citoyen de l'UE puisse parler deux langues étrangères.

• Apprendre des langues étrangères permet de découvrir les autres cultures.
• La France, et beaucoup d'autres pays de l'UE, proposent des enseignements de langues étrangères dès l'école primaire.
• Les voyages scolaires à l'étranger sont faciles à organiser.
• Les étudiants peuvent étudier un semestre dans une université d'un autre pays de l'UE.

Communication

Articuler son discours

> **Articulateurs de conséquence :**

donc, alors, en conséquence, par conséquent, ainsi, de cette façon, de ce fait, telles sont les raisons pour lesquelles, etc.

> **Articulateurs d'opposition-concession :**

mais, cependant, toutefois, bien que, au contraire, etc.

> **Articulateurs d'énumération :**

pas seulement … mais aussi, de plus, encore, également, etc.

La musique de la langue
Les accents français régionaux

A a) Écoutez et relevez comment cette personne prononce les lettres en gras. Que remarquez-vous ?

1. Elle nous a glissés dans la poche de sa chemisette.
2. Elle est fauchée, elle espère une récompense en échange de l'album.
3. Mais non, crétin, elle, elle est amoureuse.

b) Écoutez et comparez l'accent de Marseille que vous venez d'entendre avec une prononciation « standard ».

B Écoutez et cochez les phrases prononcées avec l'accent de l'Aveyron (Sud de la France). Écoutez en particulier comment les *r* sont prononcés.

1. ▢ a ▢ b
2. ▢ a ▢ b
3. ▢ a ▢ b

C Écoutez les deux enregistrements et relevez les différences de prononciation dues à l'accent corse et alsacien.

	avec l'accent corse	avec l'accent alsacien
Tous les *e* sont prononcés.		
Les *r* sont très marqués.		
L'accent rythmique n'est pas sur la dernière syllabe des mots composés de plusieurs syllabes.		

Les indéfinis

 19 Lisez les paragraphes suivants et trouvez un mot équivalent.

- Ainsi, l'Accord général sur le commerce des services (AGCS), négocié en son sein, vise à libéraliser et à privatiser à terme « tous les services de tous les secteurs ». À l'échelle locale, les centres de santé, La Poste, la restauration collective, les bibliothèques, les cinémas et théâtres conventionnés, pour ne prendre que quelques exemples, pourraient de cette façon être livrés à la concurrence...

- Différents programmes permettent aux étudiants de l'Union européenne de vivre dans un pays membre. Certains permettent d'étudier dans une université, d'autres proposent des emplois dans les établissements scolaires.

tous = ...   quelques = ...   certains = ...   d'autres = ...

 20 Écoutez la conversation et complétez le tableau.

sujet de la conversation	exigences des clients	proposition de l'employé
....	....	....
....	....	....
	....	
	....	

 21 Observez les phrases et cochez la case qui convient.

1. Sauf que moi, attention, je ne veux pas de moustiques, pas de cafard, aucun animal, aucune maladie.

2. J'ai invité plusieurs amies mais aucune n'est venue.

3. Elle m'a montré plusieurs robes, je n'en aime aucune.

	vrai	faux			vrai	faux
a) *Aucun(e)* se place toujours devant un nom.	■	■		c) *Aucun(e)* se place derrière le verbe.	■	■
b) *Aucun(e)* s'emploie toujours avec *ne*.	■	■		d) *Aucun(e)* se place devant le verbe.	■	■

 22 Complétez avec les indéfinis proposés.

personne • aucun • d'autres • quelques-unes
• certains • toutes • quelqu'un • chacun

1. Je n'ai encore rencontré .... de compétent en informatique.

2. .... a téléphoné ?

3. J'ai téléphoné à .... mes amies ; j'ai pu joindre la plupart mais .... n'ont pas répondu.

4. .... jours tout va bien, ... jours tout va mal.

5. Je n'ai .... ami étranger.

6. .... recevra une prime de 500 €.

> ## quelque chose de, rien de...
>
> *Quelque chose, rien, quelqu'un et personne* peuvent être suivis de *de* + adjectif ou adverbe :
> - Il faut inviter **quelqu'un de** connu.
> - Je n'ai vu **personne de** très sympa.
> - Tu as vraiment fait **quelque chose de** bien !
> - Hier ? Je n'ai **rien** fait **d'**intéressant.
>
> Correspondent à ces formes, les questions :
> - **Qui** as-tu rencontré **de** connu ?
> - **Qu'est-ce que** tu as fait **de** beau ?
> - **Quoi de** neuf ? etc.

23 Pour chaque dessin, imaginez ce que peuvent dire les personnages. Utilisez un « indéfini » pour formuler vos phrases.

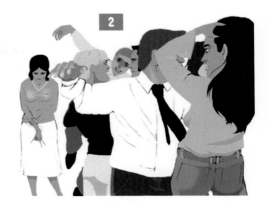

Grammaire

Les indéfinis

On les utilise pour désigner de manière indéterminée des personnes ou des choses.

S'ajoutent au nom

- *J'ai **quelques** très bons amis à Paris.*
- *Vous parlez **plusieurs** langues ?*
- ***Certaines** femmes sont exigeantes.*
- *Vous devez compléter **chaque** phrase.*
- *L'OMC entend privatiser **tous** les services. – L'entrée est interdite à **toute** personne étrangère au service.*
- *Il n'a eu **aucune** surprise en me voyant.*
- *Je n'ai **nulle** envie de le rappeler ! (soutenu)*
- *Donne-moi l'**autre** stylo, s'il te plaît.*
- *Ce sont les **mêmes** chanteurs dans le film.*
- *Il a un **tel** charme qu'il obtient tout ce qu'il veut.*

Remplacent un nom*

- *Il y a des crêpes. Tu en veux **quelques-unes** ?*
- *Beaucoup ont refusé, **plusieurs** ont accepté.*
- ***Certains** pensent que l'économie reprend.*
- ***Chacun** doit travailler seul.*
- ***Tous** vont arriver à 8 h. – Ils sont **tous** très heureux.*
- *J'ai **tout** compris. – Je les ai **toutes** invitées.*
- *Sur cinq personnes, **aucune** n'a répondu.*
- ***Nul** ne le saura jamais...*
- *Laisse mes allumettes ; je n'en ai pas d'**autres** !*
- *Oh ! le pantalon ! J'ai le **même** !*
- *Il faut l'accepter comme **tel**. (emploi rare)*

---

* Sont également possibles les constructions comme :
  Quelques-uns des membres du bureau veulent démissionner.
  Certains de mes amis ne pourront pas venir.
  Aucun des projets n'a été accepté. Etc.

Arrêt sur image

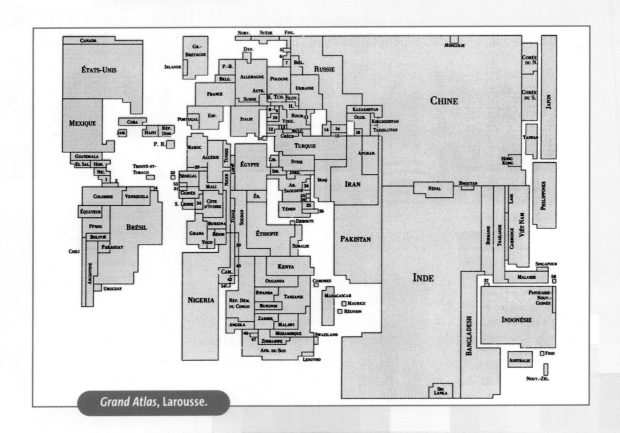

Grand Atlas, Larousse.

24 Observez l'image et répondez aux questions.

1. Dans cette carte, le monde et les pays ont des formes rectangulaires. À votre avis, qu'est-ce qui a pu déterminer le choix de cette forme rectangulaire ?

2. À votre avis, à partir de quelle information cette carte a-t-elle été créée ? Justifiez votre choix.
- Le climat.
- Le niveau de production industrielle.
- Le nombre d'habitants.
- La richesse économique.
- Le nombre d'automobiles.
- Le niveau de pollution.
- La surface géographique.
- Le nombre d'ordinateurs.

3. Comparez ces quatre continents : l'Europe, l'Afrique, l'Amérique, l'Asie. Quelles informations surprenantes la carte apporte-t-elle pour chacun d'eux ?

Quelles sont les informations (politiques, économiques, géographiques,...) que vous connaissez et qui vous permettent de faire des comparaisons avec cette carte ?

4. Quel continent est absent de la carte ? Pourquoi ?

5. Que peut-on dire sur l'importance de la France et des pays de l'Union européenne en observant la carte ?

6. En 1957, la Communauté économique européenne comptait six pays : l'Allemagne, la Belgique, la France, l'Italie, le Luxembourg et les Pays-Bas. Que représentent aujourd'hui ces six pays dans l'UE à 25 membres ?

7. La Turquie souhaite devenir membre de l'UE. Quelles seraient, selon cette carte, les conséquences de l'adhésion de la Turquie à l'UE ?

25 Observez cette autre carte et cochez les cases qui conviennent.

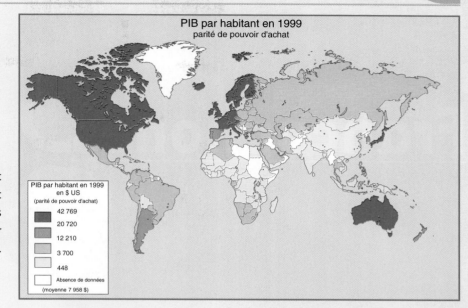

PIB par habitant en 1999
parité de pouvoir d'achat

Note : Le PIB (Produit intérieur brut) est l'ensemble des richesses produites par un État sur son territoire.

PIB par habitant en 1999
en $ US
(parité de pouvoir d'achat)

42 769
20 720
12 210
3 700
448
Absence de données
(moyenne 7 958 $)

	vrai	faux	on ne sait pas
1. La carte a été composée à partir d'informations économiques données en dollars des États-Unis d'Amérique.	■	■	■
2. Les pays avec un PIB par habitant important sont les pays les plus riches.	■	■	■
3. Sur la carte, la taille du pays est proportionnelle au PIB (le pays est de grande taille si le pays a un PIB élevé, de petite taille si le PIB est faible).	■	■	■
4. Les pays présentés en blanc sont les pays les plus pauvres.	■	■	■
5. Le PIB par habitant de l'Australie est entre 12 210 et 20 720 dollars.	■	■	■
6. Le PIB de la France est plus important que le PIB de l'Espagne.	■	■	■
7. Comme sur la carte de la population, on voit que le Nigéria est très différent des autres pays africains.	■	■	■

26 Observez les deux graphiques, lisez les phrases et corrigez celles qui comportent une erreur (justifiez vos réponses).

1

2

Le Monde diplomatique, octobre 2004.

Note : le PNB (Produit national brut) est l'ensemble des richesses produites par un État.

1. Les deux schémas présentent des informations en dollars.

2. Les pays riches sont toujours de plus en plus riches.

3. La progression de la moyenne mondiale du PNB a pour origine la progression des pays les plus pauvres.

4. L'Afrique a connu un développement important de son PNB depuis 20 ans.

5. Comme l'Europe, l'Amérique du Nord a réussi à conserver une place importante dans les échanges économiques mondiaux.

6. La part de l'Asie dans le commerce mondial n'a pas beaucoup progressé depuis 10 ans.

27 En 1930, la Terre comptait 2 milliards d'être humains, elle en compte aujourd'hui environ 6 milliards. Par groupes, dites ce que vous pensez de cette augmentation, passée et à venir, de la population humaine.

8 Francophones

1 Écoutez à nouveau l'enregistrement et cochez les cases qui conviennent.

1. Jean Odoutan est arrivé à Paris :
- ☐ il y a quinze ans.
- ☐ à l'âge de quinze ans.
- ☐ il y a cinq ans.

2. Il a fait des études de :
- ☐ sociologie. ☐ comptabilité.
- ☐ économie. ☐ cinéma.

3. Pour rester indépendant dans le milieu du cinéma, il :
- ☐ distribue ses films.
- ☐ achète la presse.
- ☐ organise un festival.

4. On l'appelle le « surhomme » :
- ☐ parce qu'il fait un travail énorme.
- ☐ parce qu'il réalise des films.
- ☐ parce qu'il a fait de longues études.

5. Quand il était petit, son père voulait :
- ☐ qu'il parle sa langue maternelle.
- ☐ qu'il parle uniquement français.
- ☐ qu'il parle les deux langues.

6. Maintenant, il parle sa langue maternelle :
- ☐ aussi bien qu'un vrai Béninois.
- ☐ mieux qu'un vrai Béninois.
- ☐ moins bien qu'un vrai Béninois.

Écoutez l'enregistrement et répondez.

1. Quelle est l'activité professionnelle de Jean Odoutan ?

2. Quel est son pays d'origine ?

3. Que fait-il chaque année à Ouidah ?

4. Quelle est sa langue maternelle ?

5. Quand a-t-il appris le français ?

2 Associez chaque expression à une autre de sens équivalent.

Je mets d'autres cordes à mon arc. •

Ça me tient à cœur. •

C'est un travail de longue haleine. •

Ce n'est pas de la tarte. •

• C'est long à mettre en place.

• C'est important pour moi.

• Ce n'est pas facile.

• Je développe aussi d'autres compétences.

3 Illustrez chacune des expressions de l'activité 2 avec des situations ou des exemples liés à votre expérience personnelle. Écrivez-les.

Exemple : Regardez, cette belle fresque sur toute la hauteur du mur. C'est un travail de longue haleine, ils ont commencé il y a plus d'un an !

4 Quels adjectifs peuvent qualifier Jean Odoutan ? Choisissez dans la liste proposée et justifiez vos choix.

indépendant • imaginatif • travailleur • riche • paresseux • original • énergique • négatif

Exprimer l'opposition et la concession

5 Lisez ces extraits de l'interview et cochez les cases qui conviennent.

	opposition nette	opposition moins marquée
Alors qu'il pensait devenir professeur ou diplomate, Jean Odoutan est réalisateur.	X	
1. Autant Jean Odoutan a parfois manqué d'argent, autant il n'a jamais manqué d'imagination ou d'énergie.		
2. Ce n'est pas de la tarte, mais il faut quand même le faire.		
3. C'est une langue que j'ai apprise quand j'étais tout petit, encore que papa ne voulait pas qu'on parle la langue maternelle.		

6 Écoutez et retrouvez ci-dessous les expressions de l'opposition utilisées dans chaque phrase. Notez-les dans la première colonne du tableau puis cochez la case qui convient.

sans que • contrairement à • bien que • quitte à • pourtant • même si • à l'inverse de • malgré • avoir beau • cependant • quoique • quand même • au lieu de • tandis que

expression utilisée	opposition nette	opposition moins marquée
1.	■	■
2.	■	■
3.	■	■
4.	■	■
5.	■	■
6.	■	■
7.	■	■
8.	■	■

7 Rayez les éléments qui ne conviennent pas.

1. L'énergie solaire n'attire pas les particuliers (quoique – quitte à – sans que) certaines associations de consommateurs commencent à s'y intéresser.

2. La population urbaine augmente, (au lieu de – tandis que – même si) les campagnes se vident.

3. Le ministre de l'Éducation modifie les programmes scolaires, (quitte à – sans que – au lieu de) provoquer la grève des enseignants.

4. Les taux d'intérêt des banques augmentent (ont beau – quitte à – sans que) personne ne réagisse.

5. Les équipements médicaux coûtent moins cher qu'avant, (encore que – ont beau – au lieu de) cela ne soit pas vrai pour le matériel de haute précision.

6. Mon ordinateur (quitte à – sans que – a beau) être équipé d'une excellente carte graphique, certaines images restent floues.

8 Reliez les éléments avec les expressions proposées pour obtenir des phrases correctes.

1. Il n'est pas très vieux/il perd tous ses cheveux. (bien que)

2. La pollution continue d'augmenter/les députés européens prennent des mesures écologiques. (quoique)

3. Les syndicats protestent/le gouvernement ne veut pas changer son projet de loi. (avoir beau)

4. Les négociations se passent bien/les acheteurs n'ont encore rien signé. (même si)

5. Ce n'est pas la région que je préfère/je vais y aller. (mais ... quand même)

6. La loi sur les 35 heures est remise en question/les entreprises ne réagissent pas. (sans que)

7. Les gouvernements successifs se préoccupent du taux de chômage/le nombre de chômeurs ne diminue pas. (pourtant)

 9 Cochez les cases qui conviennent.

	alors que	bien que	avoir beau	sans que	tandis que	au lieu de	quoique	quitte à
+ indicatif								
+ infinitif								
+ subjonctif								

10 Complétez pour construire des phrases qui ont du sens.

1. Autant les critiques du film sont négatives, autant ....

2. Le taux de chômage a baissé sans que ....

3. Au lieu d'augmenter les salaires, cette entreprise ....

4. Il parle très bien chinois, encore que ....

5. L'Éducation nationale fait des réformes sans que ....

6. Quitte à payer plus d'impôts, ...

7. Les taux d'intérêt des banques ont augmenté, nous pouvons néanmoins ....

Exprimer l'opposition et la concession (*suite*)

11 Par deux, réagissez en vous opposant aux affirmations suivantes.

Exemple : *Il n'y a qu'à la campagne qu'on peut vivre heureux.*
→ *Bien que j'apprécie la campagne, je préfère vivre en ville. C'est beaucoup plus vivant.*

1. L'avenir appartient aux informaticiens.

2. Pour rester en forme, il faut faire du sport.

3. Je pense que, 20 ans, c'est le plus bel âge de la vie.

4. De nos jours, il faut parler plusieurs langues pour trouver un travail.

5. Quand tout le monde aura l'internet, il n'y aura plus de livres.

6. Les progrès de la médecine ne sont pas toujours utilisés pour le bien de l'humanité.

12 Lisez cette critique de cinéma, relevez les marques de l'opposition. Puis classez les critiques selon qu'elles sont plutôt négatives ou plutôt positives.

critiques positives	critiques négatives
un casting réussi	....
....	

23 h 15

J'habite encore chez mes parents, et alors !

Documentaire d'Hélène Delebecque et Nicolas Ruelle (France, 2003). 26mn. Rediffusion.

➤ À l'âge où d'autres volent de leurs propres ailes depuis longtemps, ils ont choisi de ne pas quitter le nid familial. [...] Gauthier trouve « bête de partir trop vite quand on ne se sent pas prêt ». Youssef, non plus ne pense pas quitter son père tout de suite. [...] Annick sait en revanche que, un jour prochain, elle laissera sa mère pour aller s'installer avec son fiancé. Avec son casting réussi et équilibré et ses interviews bien menées, ce reportage s'en sort plutôt bien. Même si, comme toujours, on ne parle jamais de tous ces jeunes adultes qui, faute de pouvoir s'assumer financièrement, sont obligés de rester chez leurs parents, que cela leur plaise ou non...
Laurent Thévenin.

Télérama, n°2872, 29 janvier 2005.

13 Lisez les tableaux ci-dessous et écrivez la critique d'un film (ou d'une émission) que vous avez vu(e). Précisez le titre, faites un court résumé de l'histoire et exprimez votre jugement en faisant des oppositions plus ou moins marquées entre les points positifs et négatifs.

Grammaire

Exprimer l'opposition (opposition nette)

• Alors que, tandis que, autant ... autant		Autant Mathilde est boulotte, autant Alice est mince.
• Au contraire, à l'opposé, en revanche (langue soutenue, plutôt à l'écrit), par contre (langue familière, plutôt à l'oral)		Les étudiants de commerce font de nombreux stages, à l'opposé de ceux de lettres qui n'en font aucun.
• Contrairement à, à l'opposé de, à l'inverse de	+ nom/pronom	Contrairement à sa femme, il sourit beaucoup. À l'inverse de toi, il semble très heureux.
• Sans, au lieu de, quitte à	+ infinitif	Tu es passé sans me voir. Au lieu de crier, tu devrais t'asseoir et réfléchir. Il roule à toute vitesse quitte à avoir une amende.

Grammaire

Exprimer la concession (opposition moins marquée)

• Bien que, quoique	+ subjonctif + adjectif + participe présent	Bien que très jolie, elle reste modeste. Quoique parlant parfaitement la langue, il a demandé un interprète.
• Sans que, encore que	+ subjonctif	Il a tout mangé sans qu'on le voie.
• Même si	+ indicatif	Même s'il travaille toute l'année, il ne peut pas réussir l'examen.
• Pourtant, cependant, toutefois, seulement, néanmoins		La météo devrait être bonne, j'ai toutefois pris mon parapluie. Oui, oui, je suis d'accord, seulement, je tiens à ce qu'on installe un dispositif de contrôle.
• Quand même*	placé après le verbe	Il ne voulait pas participer à la réunion, il est quand même venu à la fin.
• Malgré, en dépit de, au mépris de	+ nom	Il a sauvé les enfants en dépit du danger. Il a pris le train malgré la grève.
• Avoir beau	+ infinitif (toujours en tête de phrase).	J'ai beau aller souvent en Chine, je n'ai encore jamais visité la Cité Interdite.

* Dans l'usage, quand même est très souvent renforcé de mais. Dans ce cas, il se place généralement en fin de phrase :
   Je n'aurais pas dû y aller mais j'y suis allé quand même.

Les expressions imagées

14 Lisez ce document puis cochez la réponse qui convient.

Kofi Annan aux francophones : il y a du pain sur la planche !

24 SEPTEMBRE — Lors du traditionnel repas des francophones, le Secrétaire général a salué, en français, la volonté d'ouverture de la Francophonie « au moment où le dialogue des cultures est plus nécessaire que jamais. »

« Face à la tentation de diviser le monde en blocs ethniques, religieux ou culturels, les francophones défendent l'idée d'une communauté de cœur et d'esprit, fondée sur des valeurs partagées : la liberté, l'égalité, la tolérance », a déclaré Kofi Annan, lors du toast qu'il a porté au cours du dîner des francophones auquel participaient hier soir le ministre des Affaires étrangères de la France, Michel Barnier et le Président de l'Assemblée générale, Jean Ping, et leurs épouses.

« Plus qu'une tradition, ce dîner est le signe du plaisir que les francophones du monde entier éprouvent à resserrer leurs liens d'amitié. Des liens tissés au fil de l'histoire, mais aussi tournés vers l'avenir », a poursuivi le Secrétaire général de l'ONU* qui a rendu hommage au « combat que la Francophonie mène en faveur de la diversité linguistique et culturelle » et à sa « volonté d'ouverture au moment où le dialogue des cultures est plus nécessaire que jamais. »

« Dans deux mois, le Sommet de Ouagadougou doit fixer les orientations de la Francophonie pour les dix ans à venir », a rappelé Kofi Annan qui a ajouté que « l'ONU appuyait sans réserve un mouvement qui sert la cause de la démocratie, des droits de l'homme, de la paix et du progrès. »

Qualifiant de trésor la langue que les francophones ont en partage, il a affirmé ne pas lui rendre toujours justice mais avoir trouvé un moyen à remédier à cela en apprenant la gastronomie.

« Celui qui maîtrise le vocabulaire culinaire peut savourer n'importe quelle conversation, y compris le jargon diplomatique », a-t-il affirmé.

Kofi Annan a affirmé avoir eu l'occasion de vérifier cela en écoutant un diplomate lui répondre « mi-figue, mi-raisin » à l'issue d'une négociation : « On fait monter la mayonnaise. Chacun veut mettre son grain de sel. Si les choses tournent au vinaigre, on pourrait se retrouver dans le pétrin. »

Et le Secrétaire général d'enchaîner : « Craignant que la presse n'en fasse ses choux gras, j'ai tout de suite mis la main à la pâte. J'ai conseillé à chacun de mettre de l'eau dans son vin. Ils ont fini par couper la poire en deux. Mais ce ne fut pas du gâteau ! ».

Avant de conclure : « Il y a encore du pain sur la planche ! »

Article du Service d'information des Nations Unies.

* Organisation des Nations Unies.

1. Ce document est :
- ▢ une lettre.
- ▢ un article de presse.
- ▢ un discours.
- ▢ un compte rendu.

2. À qui Kofi Annan s'adresse-t-il et à quelle occasion ?

3. Quelles personnalités françaises étaient présentes ?

4. Que va-t-il se passer à Ougadougou ?

5. Qu'est-ce que les expressions imagées utilisées par Kofi Annan ont en commun ?

6. Trouvez-vous ce texte amusant ? Pourquoi ?

15 Lisez à nouveau le texte, sélectionnez les phrases inexactes et corrigez-les.

1	Les francophones...	• cherchent à diviser le monde en blocs ethniques, religieux ou culturels. • défendent l'idée d'une communauté de valeurs partagées.
2	Le Secrétaire général...	• regrette que les liens entre les francophones ne soient pas tournés vers l'avenir. • s'inquiète du manque d'ouverture de la Francophonie.
3	La Francophonie...	• contribue à la diversité linguistique et culturelle. • ne peut pas être soutenue par l'ONU.
4	Kofi Annan dit que...	• la gastronomie l'a aidé à mieux comprendre le français. • le vocabulaire culinaire n'est d'aucune utilité pour comprendre le jargon diplomatique.

16 Associez un élément de chaque colonne pour retrouver des expressions imagées.

Mettre son	•	• du gâteau
Ce n'est pas	•	• dans son vin
Mettre la main	•	• grain de sel
Mettre de l'eau	•	• de pain
Être mi-figue	•	• à la pâte
Avoir la moutarde	•	• mi-raisin
Tourner	•	• qui monte au nez
Ça ne mange pas	•	• au vinaigre

17 Écoutez les situations et retrouvez à quelle définition chacune d'elle correspond.

	situation n°
1. Se mêler de tout, intervenir dans tout.	
2. Modérer ses propos, ses actions. Être moins entier.	
3. Se dit d'une situation qui n'est pas facile à gérer.	
4. Sentir la colère ou l'énervement monter en soi.	
5. Situation qui tourne mal, qui empire.	
6. Participer, aider.	
7. Attitude ambiguë. Mélange de sérieux et de plaisant, ou de satisfaction et de mécontentement.	
8. Ça n'engage à rien, ça ne coûte pas un gros effort.	

18 Complétez les phrases avec une des expressions proposées.

être dans le pétrin • faire ses choux gras (de quelque chose) • avoir du pain sur la planche • faire monter la mayonnaise • couper la poire en deux

1. Aucun des deux ne voulait travailler samedi. Il a fallu .... ; Paul travaillera samedi matin et Lucie samedi après-midi.

2. Cette entreprise a profité du passage à l'euro pour augmenter ses prix. Elle a fait .... de ce changement de monnaie.

3. Les travaux de la maison ont bien avancé mais on .... si on veut s'installer au printemps.

4. Marie est allée leur parler pour les calmer, mais finalement ça n'a rien arrangé, j'ai au contraire l'impression que ça a fait ....

5. Le fournisseur n'a pas fait la livraison de machines et les clients attendent leur commande. Je ne sais pas quoi faire, cette fois-ci, vraiment, nous ....

Les verbes pronominaux au passé

19 **Lisez les phrases et cochez la case qui convient.**

	Le sujet fait l'action sur lui-même (sens réfléchi)	Deux personnes minimum font l'action ensemble (sens réciproque)	Le verbe pronominal a un sens passif	Le verbe est toujours pronominal (se fait partie du verbe)
1. Cette affiche s'est vendue un prix fou.				
2. Yvan et Marina se sont rencontrés à Moscou.				
3. Les oiseaux se sont envolés d'un coup.				
4. Aïe! je me suis coupée.				
5. Elle s'est coupé les cheveux.				
6. Ils ne se sont pas parlé.				

20 **Observez les phrases de l'activité 19 et répondez.**

1. Dans quelles phrases les verbes ont-ils un complément direct ?

2. Dans quelle phrase le verbe a-t-il un complément indirect ?

3. Dans quelles phrases les verbes n'ont-ils ni complément direct, ni complément indirect ?

21 **Observez encore une fois les phrases de l'activité 19 et cochez la case qui convient.**

	phrases n°					
	1	**2**	**3**	**4**	**5**	**6**
Le participe passé s'accorde avec le sujet.						
Le participe passé s'accorde avec le complément direct placé devant le verbe.						
Le participe passé reste invariable car le complément direct est placé derrière le verbe.						
Le participe passé reste invariable car le pronom *se* est complément indirect.						

22 **Mettez les verbes entre parenthèses au passé composé.**

1. L'année dernière, les films français (s'exporter) .... bien.

2. Les enfants (se coucher) .... très tôt mais ils (ne pas se laver les dents) ....

3. Marilyne (se souvenir) .... de cet homme mais lui (ne pas se rappeler) .... d'elle.

4. Les employés (ne pas se parler) .... mais ils (se contacter) .... par la suite.

5. Après l'opération, la patiente (s'évanouir) .... et (ne se réveiller) .... que bien plus tard.

6. Une nouvelle maison ainsi qu'un supermarché (se construire) .... derrière chez moi.

23 **Utilisez les éléments proposés pour écrire de courtes histoires au passé composé.**

1. Se rencontrer, se voir souvent puis se disputer et enfin se réconcilier.

2. Se téléphoner, se parler des projets de l'entreprise, se poser des questions, s'expliquer et enfin se fixer un rendez-vous pour la semaine suivante.

3. Se lever, s'occuper des enfants, se laver, se préparer et s'en aller au travail.

4. S'intéresser à l'art, s'inscrire au conservatoire, se passionner pour la peinture et se battre pour créer un nouveau musée.

Grammaire

L'accord des verbes pronominaux au passé composé

• **Le participe passé s'accorde avec le sujet :**	Verbes toujours pronominaux : *Elle s'est évanouie.*
	Sens passif : *L'équipe de direction s'est réunie à dix-sept heures.*
	Le verbe n'a pas de complément direct : *Elles se sont lavées.*
• **Le participe passé s'accorde avec le complément direct placé devant le verbe :**	*Se* est complément direct : *Ils se sont toujours beaucoup aimés.*
	Autre complément direct : *Mes dents ? Oui, je me les suis lavées.*
• **Le participe passé ne s'accorde pas :**	Le complément direct est un nom placé derrière le verbe : *Elles se sont lavé les dents.*
	Le pronom *se* est complément indirect : *Ils ne se sont pas encore parlé (parler à quelqu'un).*

La musique de la langue
Les accents francophones

A Écoutez les trois personnes qui parlent et dites de quelle zone géographique elles viennent.

B Écoutez à nouveau les phrases prononcées par un Sénégalais et un Louisianais et cochez les cases qui conviennent.

• **Accent sénégalais**

1. Les *e* : ▢ sont prononcés *é*.
   ▢ sont prononcés *è*.

2. L'accent rythmique est placé :
   ▢ sur la première syllabe des mots.
   ▢ sur la dernière syllabe des mots.

3. ▢ Les *r* sont très prononcés.
   ▢ Les *r* sont peu prononcés

• **Accent louisianais**

1. Les voyelles sont :
   ▢ longues et très ouvertes.
   ▢ courtes et fermées.

2. L'accent rythmique est placé :
   ▢ sur la première syllabe des mots
   ▢ sur la dernière syllabe des mots.

3. ▢ Les *r* sont très prononcés.
   ▢ Les *r* sont peu prononcés.

C Comparez les phrases prononcées en français standard et en français du Québec. Soulignez les parties de mots prononcées différemment.

1. J'aime, j'aime la France.

2. J'aime les Français.

3. Je vois les défauts aussi.

4. Je pense que ça fait partie de l'amour.

D Écoutez ces trois personnes et essayez de reconnaître leur accent.

Accent français standard : n°.....   Accent québécois : n°.....   Accent louisianais : n°.....

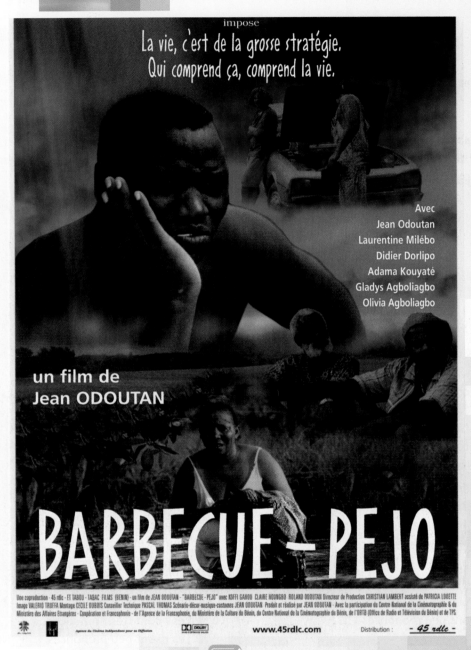

24 **Regardez cette affiche de film de Jean Odoutan** (le paysage, les couleurs, les personnages...) et notez dix mots qui vous viennent à l'esprit. Comparez cette liste avec celle de votre voisin.

25 **Quelle histoire imaginez-vous ?** Racontez-la à votre voisin.

26 **Regardez à nouveau l'affiche et répondez.**

1. Comment cette affiche est-elle organisée ? Quel effet cela produit-il ?

2. À quoi les différents plans de l'image servent-ils ?

3. Quelle impression l'effet de profondeur donne-t-il ?

4. Les personnages regardent au loin, en dehors de l'affiche. Quel effet cela produit-il ?

5. Classez les personnages du plus net ou plus flou.

6. Quels sont, d'après vous, les personnages principaux de ce film ? Expliquez votre réponse.

27 **Lisez les documents et répondez.**

[...] Sinon, Ouidah, c'est un coin paradisiaque. Le calme, la volupté, les palmiers, les plages immenses, les cases en bambou, des gens simples sans chichis et falbalas et pas la moindre pollution. Tout est encore à l'état sauvage. C'est un coin idéal pour passer des vacances, pour finir allègrement ses jours ou pour tourner un film.

Pourquoi Barbecue-Pejo ? *Et pas* Barbecue-Reno *ou* Barbecue-Touyota *ou* Barbecue-Datsounne ?

Jean ODOUTAN : Dans pratiquement tous les pays d'Afrique noire dont j'ai foulé la terre, c'est la marque Peugeot qui domine. Et puis Peugeot voyez-vous, c'est la force. Le Lion qui Rugit.

Et puis, il est où le ...édien ? Mécontent de ... cachet, le Monsieur ...ande deux millions de ...cs français, pratique-...nt le budget de départ ... film. Alors Odoutan se ...rouve également comé-...n. D'aucuns appellent ... de la mégalomanie, ...autres de l'inconscience. ... moi, c'est le destin.

En 1997, il obtient l'avance sur recette pour réaliser son premier long métrage, *Barbecue-Pejo*. C'est la fin des vaches maigres. Le film sort en 2000, la même année que *Djib*, son second long-métrage. Puis Jean réalise deux films avec 30 000 euros du ministère des Affaires étrangères : *Mama Aloko* (sorti en janvier 2001) et *La Valse des Gros Derrières* (2003).

Porto Novo, au Bénin.

1. Quelle est la marque de la voiture sur l'affiche ? Pourquoi a-t-elle été choisie ?

2. Où le film a-t-il été tourné et pourquoi ?

3. Comment s'appelle l'acteur principal au centre de l'affiche ?

4. Comment Jean Odoutan a-t-il réussi à produire son film ?

5. De quelle manière le gouvernement aide-t-il les jeunes réalisateurs ?

28 **À partir de votre liste de mots (activité 24), de l'histoire que vous avez imaginée (activité 25) et de ce que vous savez sur le film et son réalisateur, rédigez un synopsis (résumé de l'histoire) pour *Barbecue-Pejo*.**

1   Complétez les phrases avec un verbe de la famille de *porter*.   ➭ **5 points**

1. Beaucoup de vêtements qu'on trouve dans les supermarchés français sont .... de Chine.

2. La réunion à la mairie a été .... au 17 avril.

3. La maison .... trois chambres au rez-de-chaussée et deux à l'étage.

4. Je ne peux pas .... toutes les émissions stupides qu'on nous propose à la télévision.

5. Nous sommes en concurrence avec une entreprise allemande et c'est elle qui va .... si on ne peut pas améliorer la qualité du produit.

2   Écrivez un minidialogue avec chacun de ces deux verbes.   ➭ **4 points**

1. revendiquer : ....   **2.** contribuer : ....

3   Écoutez et relevez les mots utilisés pour :   ➭ **5 points**

• prendre la parole : ....   • organiser le discours : .... ; ....

• empêcher quelqu'un de parler : .... ; ....

4   Associez les éléments.   ➭ **4 points**

1. L'association n'a pas seulement reçu des subventions départementales,   •

2. L'association n'a jamais été oubliée par la mairie   •

3. L'association avait été choisie pour l'élaboration d'un projet de l'UE,   •

4. L'association n'a pas pu obtenir de subventions nationales,   •

• au contraire, elle a souvent reçu des subventions de la ville.

• de ce fait, elle a reçu des subventions de l'Union européenne.

• mais elle a aussi reçu des subventions municipales.

• toutefois, elle a reçu des subventions municipales

5   Remplacez les mots en gras par *quelqu'un, quelque chose, personne, rien.*   ➭ **4 points**

1. Tu n'as trouvé **aucun étudiant** intéressé par le projet ?

2. Avez-vous, dans vos services, **un technicien** compétent en ce domaine ?

3. Il n'y a pas **de** nouvelle **information**.

4. Alors, tu nous as préparé **un** bon **repas** ?

6   Complétez avec *aucun , certain, chaque, même, nul, quelque, tel.*   ➭ **4 points**

1. Oh, il y a déjà un .... temps qu'il a quitté Bruxelles.

2. Excusez-moi, mais il me semble que je vous ai déjà rencontré .... part.

3. Non, tout s'est très bien passé pour moi, je n'ai eu .... problème.

4. Il y avait longtemps que nous n'avions pas connu un .... scandale politique.

7   Remplacez les mots en gras par *tous* ou *toutes.*   ➭ **4 points**

1. Nous avons les meilleurs produits. Nous importons **nos produits** du Maroc.

2. Pouvez-vous libérer ces places ? **Ces places** sont réservées.

3. Non, je n'ai pas les documents ici, j'ai laissé **les documents** à mon bureau.

4. Il n'y a plus aucun étudiant. **Les étudiants** sont partis.

1 Complétez chaque phrase avec un des mots de la liste à la forme qui convient.   ➔ **4 points**

indépendant • imaginatif • travailleur • paresseux • original • énergique • négatif

1. Il a toujours la forme et il ne s'arrête pas souvent de travailler. Il est très ....
2. Ne soyez pas toujours ...., regardez la vie du bon côté !
3. L'architecture de Jean Nouvel est très .... Ses immeubles sont parfois tout en verre, d'autres fois, ils ressemblent à des bateaux.
4. Léa est très .... ; elle aime agir seule et déteste qu'on lui dise ce qu'elle a à faire.

2 Écoutez et cochez dans quel dialogue on exprime une concession ou une opposition.   ➔ **8 points**
Relevez ensuite dans le tableau comment la concession ou l'opposition sont exprimées.

dialogue	concession/opposition	expressions utilisées
1	☐	....
2	☐	....
3	☐	....
4	☐	....
5	☐	....

3 Complétez ces phrases avec l'expression qui convient.   ➔ **5 points**

1. Il est parti deux semaines en voyage (pourtant – sans) le dire à son personnel.
2. (En dépit de – Contrairement à) sa sœur qui est plutôt timide, Salomé est drôle et très gaie.
3. À l'heure qu'il est, il est arrivé à Lyon, (encore que – même si) je n'en sois pas sûr.
4. L'euro reste fort face au dollar (néanmoins – au contraire) cela ne profite pas beaucoup à l'UE.
5. Je crois qu'il faut (au lieu de – quand même) prévenir vos collègues.

4 Écrivez une phrase avec *avoir beau*.   ➔ **2 points**

5 Lisez ces phrases et remplacez l'expression soulignée par une autre si nécessaire.   ➔ **5 points**

1. Je ne sais pas combien on va être. Commande huit cafés, ça ne mange pas de pain.
2. Pas de problème, le déménagement se fera vite si tout le monde met son grain de sel.
3. Luc était moins calme quand il était plus jeune ; avec l'âge, il tourne au vinaigre.
4. L'entreprise va mal et la banque se manifeste ; ça ne mange pas de pain.
5. Pour mardi, il faut revoir tout le conditionnel et le subjonctif ; ce n'est pas de la tarte !

6 Écrivez les verbes entre parenthèses au passé composé.   ➔ **6 points**

1. Quand Marion a vu que du sang coulait de ma main, elle (s'évanouir) ....
2. La direction et les syndicats (se rencontrer) ...... à plusieurs reprises au mois de mars.
3. L'entreprise (se construire) ...... une solide réputation dans le commerce international.
4. Ils ne se connaissent pas vraiment, ils (se parler) ...... au téléphone uniquement.
5. Plusieurs personnes compétentes (se succéder) ...... à ce poste, mais rien n'a changé.
6. Je crois qu'elle (ne pas se rendre compte) ...... de ce qu'elle répondait au contrôleur.

Autoévaluation 4 Cadre européen niveau B1

JE PEUX EMPÊCHER QUELQU'UN DE PARLER

1 Parmi ces expressions, cochez celles qui servent à empêcher quelqu'un de parler.

☐ Bof !
☐ Chut !
☐ Chiche !

☐ Tais-toi !
☐ S'il vous plaît !
☐ Dépêche-toi !

☐ Ça ne vaut pas le coup !
☐ Vous n'avez pas la parole !

Comptez 1 point par bonne réponse.
Vous avez...
• 4 points : félicitations !
• moins de 4 points, revoyez les pages 102, 103 de votre livre et les exercices de votre cahier.

JE PEUX UTILISER LES INDÉFINIS

2 Complétez les phrases avec le mot qui convient.

aucune • autres • chacun • chaque • nulle • plusieurs • quelque chose • quelques • quelques-unes

1. Oh ! là, là ! j'ai plein de cerises dans mon jardin, est-ce que tu en veux ...... ?
2. Non, je vous ai montré tous nos modèles, je n'en ai pas de ...... à vous proposer.
3. C'est vrai, beaucoup d'étudiants n'étaient pas intéressés, mais ...... sont venus me voir.
4. Non, vous ne vous mettez pas en groupes aujourd'hui, ... doit travailler seul.

Comptez 1 point par bonne réponse.
Vous avez...
• 4 points : félicitations !
• moins de 4 points, revoyez les pages 108, 109 de votre livre et les exercices de votre cahier.

JE PEUX EXPRIMER L'OPPOSITION ET LA CONCESSION

3 Rayez les formes qui ne conviennent pas.

1. (Bien que – Même si – Tandis que) très compétent, il n'a pas assez confiance en lui-même.
2. Le cours de l'euro progresse par rapport au dollar, (encore que – en revanche – malgré) il chute face au yen.
3. D'accord, je ne participerai pas à la réunion, (à l'opposé – malgré – seulement) je voudrais que tu m'en fasses un compte rendu.
4. Nos exportations ont progressé (au contraire – en dépit de – quand même) la situation internationale.

Comptez 1 point par bonne réponse.
Vous avez...
• 4 points : félicitations !
• moins de 4 points, revoyez les pages 114, 115, 116, 117 de votre livre et les exercices de votre cahier.

JE PEUX UTILISER DES EXPRESSIONS IMAGÉES

4 Remplacez les mots soulignés par une des expressions proposées.

Avoir du pain sur la planche • Ne pas être de la tarte • Mettre la pain à la pâte • Tourner au vinaigre • Se retrouver dans le pétrin • Mettre son grain de sel

1. Si la situation ne s'arrange pas, on pourrait avoir des problèmes.
2. Pour que le projet réussisse, tout le monde doit travailler.
3. Si personne ne fait d'effort, il est certain que la situation va aller de plus en plus mal.
4. Ce genre de débat est toujours difficile parce que chacun veut intervenir.

Comptez 1 point par bonne réponse.
Vous avez...
• 4 points : félicitations !
• moins de 4 points, revoyez les pages 118, 119 de votre livre et les exercices de votre cahier.

JE PEUX FAIRE L'ACCORD DES VERBES PRONOMINAUX AU PASSÉ

5 Écrivez les verbes entre parenthèses au passé composé.

1. Tout s'est bloqué quand les étudiants (se connecter) ....
2. Elle (se rendre compte) .... de son erreur en sortant du bureau.
3. Dès qu'ils (se voir) ...., ils (se plaire) ....

Comptez 1 point par bonne réponse.
Vous avez...
• 4 points : félicitations !
• moins de 4 points, revoyez les pages 120, 121 de votre livre et les exercices de votre cahier.

➡ RÉSULTATS : .... points sur 20 points = ... %

Préparation au DELF B1 (module 4)

COMPRÉHENSION DE L'ORAL

 Écoutez et cochez la réponse qui convient.

1. Conversation

	vrai	faux	?
1. Le débat se passe dans une université.			
2. Madame Benhamou a parlé avant monsieur Cristin.			
3. Les deux personnes ont le même avis sur la concurrence libre.			
4. Monsieur Cristin regrette que la concurrence libre ne soit pas réglementée.			
5. Il pense que les partenaires les moins puissants seront rapidement éliminés.			
6. Pour lui, il est impossible que le système puisse faire baisser les prix.			
7. Une conséquence positive pourrait être la diminution du taux de chômage.			
8. M. Cristin estime que les peuples doivent pouvoir maîtriser leur avenir.			

 Écoutez, puis cochez la réponse qui convient ou écrivez la réponse demandée.

2. Émission de radio

1. Ce document est extrait :
- [ ] d'une conversation entre amis.
- [ ] d'une émission de radio.
- [ ] d'un documentaire télévisé.
- [ ] d'un débat politique.

2. Combien de questions la première personne va-t-elle poser ? ....

3. Richard aime beaucoup la course à pied.
- [ ] vrai [ ] faux

4. La réponse à la première question sur la course à pied est « second ». Pourquoi est-on second ?
....

5. À la question qui lui a été posée, madame Christian :
- [ ] trouve la bonne réponse.
- [ ] ne trouve pas la bonne réponse.

6. Comment s'appelle la sœur de Chacha, Cheche, Chichi et Chocho ? ....

7. Quel est le bon résultat du calcul ? ....

COMPRÉHENSION DES ÉCRITS

Lisez le texte, puis cochez la réponse qui convient ou écrivez la réponse demandée.

Le duo malien produit par Manu Chao entame une tournée dans l'ouest

Amadou et Mariam, couple messager

Avec Amadou et Mariam, c'est tous les jours dimanche. Ce duo de musiciens maliens, dont le dernier album a été produit par et avec Manu Chao, débute en mars une tournée dans l'Ouest. Échange avec le couple d'artistes entre Bamako et Paris, en attendant leur venue en juillet au festival des Vieilles Charrues.

« Je les ai entendus à la radio sur le périphérique en débarquant d'Espagne. J'ai pris une baffe, sans savoir qu'ils avaient fait un tube trois ans plus tôt. », dit Manu Chao en parlant d'Amadou et Mariam, le couple d'aveugles maliens dont il a produit le dernier album en novembre et sur lequel l'ex-leader de la Mano Negra a posé sa guitare et ses sirènes sud-américaines.

Avant d'être une histoire de musique, Amadou et Mariam est une *love story*. Les deux Maliens se sont rencontrés en 1975 à l'institut des jeunes aveugles de Bamako. Amadou Bagayoko est un guitariste issu de la déferlante des années 70, il joue dans les Ambassadeurs, le groupe phare de l'Ouest africain que rejoindra plus tard Salif Keïta : « *Mon oncle avait une guitare à la maison, il m'a donné les premières notions.* » Mariam Doumbia chante depuis son plus jeune âge dans les mariages et les cérémonies traditionnelles maliennes. « *Quand on s'est rencontré ça a tout de suite été le coup de foudre* », confie Amadou. « *On s'est donné la main et depuis on ne se quitte plus* » glisse Mariam entre deux rires. Ces deux-là sont tendres, humains, comme leur musique qui confronte le balafon et les instruments traditionnels à la guitare électriques et aux samplers. Candides, parfois naïfs, ils sont à l'image de leurs textes qui chantent l'amitié, les rapports humains et le quotidien. [...]

Pierre Fontanier
Ouest France, 8 février 2005.

1. De quel pays Amadou et Mariam viennent-ils ?
....

2. Quel peut être le sens de : « j'ai pris une baffe » ?
▩ J'ai compris que c'était un succès.
▩ J'ai été très agréablement surpris.
▩ Je n'ai pas tellement aimé.

3. De quel instrument Manu Chao joue-t-il ?
....

4. Comment Amadou et Mariam se sont-ils rencontrés ?
....

5. Amadou a débuté sa carrière de musicien avec :
▩ Manu Chao.   ▩ la Mano Negra.
▩ les Ambassadeurs.   ▩ Salif Keïta.

6. De quoi la musique d'Amadou et Mariam est-elle faite ? ....

PRODUCTION ÉCRITE

Courrier
Vous lisez, dans un magazine, une critique excellente sur une émission de télévision que vous n'avez pas du tout aimée. Vous écrivez au magazine pour dire que vous n'êtes pas d'accord avec son point de vue. Précisez le titre de l'émission et exprimez votre jugement en faisant des oppositions plus ou moins marquées entre les avis du magazine et les vôtres.

PRODUCTION ORALE

1. Entretien informel (2 à 3 minutes)
Aimez-vous aller au cinéma ? Si oui, quel type de films aimez-vous ? Pourquoi ? Faites une critique rapide du dernier film que vous avez vu.
ou
Aimez-vous regarder la télévision ? Pourquoi ? Si oui, quel type d'émissions aimez-vous regarder ? Que vous apportent-elles ?

2. Exercice en interaction
Vous discutez de la construction de l'Europe avec un ami. L'un est pour une Constitution commune à tous les pays, l'autre contre. Vous exposez vos arguments pour ou contre, afin d'essayer de convaincre votre ami. L'examinateur joue le rôle de votre ami.

3. Monologue suivi (préparation : 10 minutes)
Dégagez le thème du texte ci-contre puis donnez votre opinion.

Le CSA ne kiffe pas l'anglais

Le CSA (Ze Conseil superior of ze audiovisuel) ne goûte pas l'emploi abusif de l'anglais par les télévisions et les radios et leur a demandé hier de « s'efforcer d'utiliser le français dans le titre de leurs émissions » (speak français, plize). Le sourcil (eyebrow) du CSA s'est particulièrement froncé face à *Star Academy* (notre recommandation : « L'école des vedettes »), *Fear Factor* (« La peur du facteur » ou l'inverse) ou encore *Loft Story* (« Une histoire de local à usage commercial ou industriel aménagé en local d'habitation »). Il s'agit, souligne le CSA, de « garder à la communication audiovisuelle son intelligibilité et à notre culture son identité ». Ah, OK...

R. G., *Libération*, 28 janvier 2005.

Structurer son discours

module 5

UNITÉ 9 — page 130

- Annoncer un plan, un développement
- Résumer
- Interagir en situation professionnelle
- La lettre de motivation

UNITÉ 10 — page 142

- Qualifier l'humour
- S'assurer qu'on bien compris/
  qu'on a bien été compris
- Préciser/illustrer des propos
- Chercher ses mots/remplacer
  un mot oublié

ÉVALUATION — page 154

- Test Unité 9
- Test Unité 10
- Autoévaluation
- Préparation au DELF B1

Le travail

Société *L'exception française: mythe ou réalité ?*
Les Françaises sur le marché du travail

Les Françaises figurent parmi les Européennes les plus présentes sur le marché du travail. Mais elles sont aussi parmi celles qui rencontrent le plus d'obstacles au déroulement de leur carrière.

Depuis le début des années 70, les femmes sont plus nombreuses que les hommes à l'université. Ce qui leur délivre un passeport pour un exercice plus intéressant qu'avant d'une activité professionnelle. On les rencontre dans l'armée, dans la police, au volant des poids lourds qui assurent les transports internationaux, aux commandes des avions, en bref dans des professions qui ont longtemps été cataloguées comme masculines. Elles forment 46 % de la population active et un tiers de la catégorie dite des cadres supérieurs / professions intellectuelles / professions libérales.

Mais ces quelques traits ne doivent pas masquer les discriminations qui les frappent. On compte ainsi 7 % de chômeurs mais, 10,7 % de chômeuses, l'écart étant particulièrement important chez les jeunes entre 15 et 24 ans, 13,9 % des hommes et 18,6 % des femmes sont au chômage. Jacqueline Laufer souligne que les femmes sont toujours perçues par l'employeur comme potentiellement enceintes et que l'on donnera, à qualification égale, le poste demandé à un garçon qui ne court pas ce risque [1].

La très grosse majorité des *working poors*

Elles sont aussi beaucoup plus souvent que les hommes contraintes de travailler à temps partiel. Car, si le temps partiel choisi concerne certaines catégories bien particulières de femmes (comme les fonctionnaires qui veulent avoir leur mercredi libre), la plupart (comme les caissières de supermarchés par exemple) doivent se résoudre à l'accepter pour ne pas se retrouver au chômage. Les femmes forment aussi la très grosse majorité de ceux que l'on appelle les *working poors* et qui travaillent pour un salaire inférieur au smic*. Et, quel que soit leur emploi, elles reçoivent, toutes

choses égales par ailleurs, un salaire inférieur de 10 % à 15 % à celui des hommes.

Tous ces éléments montrent que subsiste encore la position idéo-logique selon laquelle "pour une femme, c'est toujours suffisant" car après tout, elle ne serait pas totalement équivalente à l'homme et devrait, dans nombre de cas pouvoir se contenter d'un salaire d'appoint. Le genre du travail est bien une réalité.

La France toutefois est l'un des pays de l'Union européenne qu comporte en proportion le plus de femmes dans sa population active, venant ainsi juste après la Finlande (47,9 %), la Suède (47,7 % et le Danemark (46,8 %). Ceux qui en comptent le moins sont l'Itali (38,6 %) et le Luxembourg (39,7 %) [2]. Mais les Françaises so plus touchées par le chômage que dans la plupart des autres pay mis à part l'Espagne (20,6 %), la Grèce (16,7 %), l'Italie (14,4 % Les Françaises veulent travailler, ce qui traduit leur aspiration l'autonomie, mais en sont bien souvent empêchées, compare à certaines de leur consœurs européennes.

Janine Mossuz-Lavau. Directrice de recherche au CN

Notes :
[1] J. Laufer "Travail, carrières et organisation : du constat des inégalités
la production de l'égalité" in J. Laufer, C. Marry et M. Maruani (dir.),
Masculin-féminin : questions pour les sciences de l'homme, Puf, 2001.
[2] Chiffres de 2000 pris dans M. Maruani, *Travail et emploi des femme*
La Découverte, coll. "Repères", 2003.
*Salaire minimum interprofessionnel de croissance : salaire minimum
employé doit recevoir. Le SMIC est au 1/01/05 de 1 154,18 € (brut me
pour 35 heures hebdomadaires).

Sciences Humaines, hors-série n° 46, sept.-oct.-nov.

Relisez le texte et cochez les réponses qui conviennent.

	vrai	faux	on ne sait pas
1. Selon le texte, les études supérieures permettent aux femmes d'exercer de meilleures activités professionnelles.			
2. Environ 30 % des femmes qui travaillent occupent un poste de cadre supérieur ou exercent une profession intellectuelle ou libérale.			
3. Les femmes qui ont un diplôme d'études supérieures ont plus de mal à trouver du travail que les hommes qui ont le même diplôme.			
4. Les femmes sont, en moyenne, plus souvent en arrêt de travail que les hommes.			
5. Beaucoup d'hommes préfèrent que leur épouse travaille à temps partiel.			
6. Beaucoup de femmes aimeraient pouvoir travailler plus.			
7. Il y a, proportionnellement, plus de femmes qui veulent travailler en France que dans la majorité des pays de l'Union européenne.			
8. En France, moins de 20 % des chômeurs sont des femmes.			

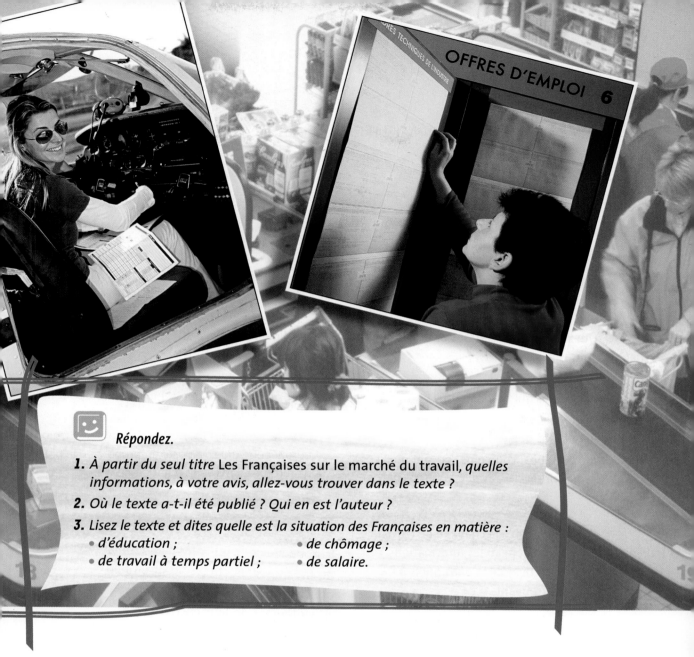

Répondez.

1. *À partir du seul titre* Les Françaises sur le marché du travail, *quelles informations, à votre avis, allez-vous trouver dans le texte ?*

2. *Où le texte a-t-il été publié ? Qui en est l'auteur ?*

3. *Lisez le texte et dites quelle est la situation des Françaises en matière :*
- *d'éducation ;*
- *de chômage ;*
- *de travail à temps partiel ;*
- *de salaire.*

 2a **Lisez et cochez la phrase qui a le même sens.**

Quel que soit leur emploi, elles reçoivent un salaire inférieur de 10 %.

☐ Pour être sûres d'obtenir un emploi, elles doivent accepter un salaire inférieur de 10 %.

☐ Le type d'emploi n'est pas important, elles reçoivent toujours un salaire inférieur de 10 %.

2b **Observez ces phrases puis complétez avec** *qui, quoi, où, quel, quels, quelle ou quelles.*

a) **Qui que vous soyez,** je ne peux pas vous laisser entrer sans carton d'invitation.

b) **Quoi que tu fasses,** elle refusera de te rencontrer.

c) **Où que tu ailles,** je te retrouverai.

1. Il ne m'écoute jamais, ... que je dise.

2. ...... qu'elle vive, elle arrive toujours à se faire beaucoup d'amis.

3. Je dois absolument trouver un travail rapidement, ... que soient les conditions offertes.

4. Si vous ne pouvez pas venir travailler, vous devez nous contacter, ... que soit la raison de votre absence.

5. Vous ne devez pas parler de ce projet à ...... que ce soit.

3 Relisez le texte et indiquez quelle est l'idée présentée dans chaque paragraphe.

paragraphe	idée présentée
1. Depuis le début des années 70...	→ ....
2. Mais ces quelques traits...	→ ....
3. Elles sont aussi beaucoup...	→ ....
4. Tous ces éléments montrent...	→ ....
5. La France toutefois est...	→ ....

4 Quelles sont les relations entre les paragraphes ? Expliquez la présence des mots en gras dans ces phrases.

- Mais **ces quelques traits** ne doivent pas masquer les discriminations qui les frappent.
- **Mais** ces quelques traits ne doivent pas masquer les discriminations qui les frappent.
- Elles sont **aussi** beaucoup plus souvent que les hommes contraintes de travailler à temps partiel.
- Tous **ces éléments** montrent que subsiste encore la position idéologique selon laquelle « pour une femme, c'est toujours suffisant » [...].
- La France **toutefois** est l'un des pays de l'Union européenne qui comporte en proportion le plus de femmes dans sa population active.

5 Relisez ci-contre le chapeau de l'article. Soulignez dans ce chapeau les informations essentielles du texte et dites dans quels paragraphes elles se trouvent.

« Les Françaises figurent parmi les Européennes les plus présentes sur le marché du travail. Mais elles sont aussi parmi celles qui rencontrent le plus d'obstacles au déroulement de leur carrière. »

6 La dernière phrase de ce texte est une conclusion de la situation présentée. Dites dans quel paragraphe a été présentée chaque partie de la phrase.

	paragraphe
Les Françaises veulent travailler,	*1*
ce qui traduit leur aspiration à l'autonomie,	
mais en sont bien souvent empêchées,	
comparées à certaines de leur consœurs européennes.	

7 Lisez le chapeau ci-contre puis imaginez les paragraphes que vous pourriez écrire pour un article sur le télétravail (travail à distance avec le téléphone et l'internet). Dites quelles idées vous présenteriez dans chaque paragraphe.

« Beaucoup y songent, mais ils sont encore peu nombreux à sauter le pas. Associé à des idées de liberté, d'autonomie et de responsabilité, le télétravail possède des armes efficaces pour séduire. Et si vous travailliez autrement ? »

Rebondir, janvier-février 2005.

8 Un magazine vous demande d'écrire un article sur les avantages qu'il existe à travailler en Suisse. À partir des phrases suivantes, écrivez le chapeau de votre article.

- Un niveau de vie et des salaires attrayants.
- Un besoin permanent de main-d'œuvre.
- Une économie en expansion continue.
- Une ouverture vers l'Europe.

9 Lisez les phrases et relevez les verbes qui annoncent le contenu d'un développement.

1. Dans ce dossier, nous explorons les différentes sources d'épanouissement des 0-12 ans ainsi que les obstacles à leur croissance.

2. À partir des dernières données sur l'emploi en France, je traiterai des aspects suivants : le taux de chômage selon le diplôme, la disparité homme-femme et la durée du chômage en fonction des qualifications.

3. J'aborderai ici en premier lieu les raisons de l'émergence des salariés pauvres, en second lieu leurs conditions de vie, et je terminerai en présentant les systèmes d'aide mis en place en leur faveur.

4. Pour mieux comprendre son fonctionnement, nous verrons ici que la parole n'est qu'une forme parmi d'autres modes de communication et que la logique de la langue relève d'un long processus.

10 Associez les éléments.

Je traiterai en premier lieu •

Nous verrons, d'abord, •

Je terminerai en •

Je terminerai par •

En conclusion, •

• présentant les perspectives pour les dix années à venir.

• un dernier point : les conséquences écologiques de ces nouvelles constructions.

• que l'éducation est la base essentielle d'une société moderne.

• je commenterai les mesures mises en place par le gouvernement.

• des causes de la hausse du cours de l'euro par rapport au dollar.

11 Écoutez cet extrait de l'émission radiophonique *Interception* sur les salariés pauvres. Relevez les informations les plus importantes puis écrivez un paragraphe qui annonce le contenu de l'émission (utilisez le pronom *nous*).

Communication

Annoncer un plan, un développement

> Nous verrons que...   > Je vais montrer que...   > L'article montre que...

> J'aborderai/examinerai/présenterai
> Nous voyons/explorons/présentons   } les points/problèmes/aspects... suivants : ...
> Je parlerai de/traiterai de...

> Je terminerai par/en...   > En conclusion,...   > Pour finir/conclure/terminer,...

Résumer

12 Observez et répondez.

1. On les rencontre dans l'armée, dans la police, au volant des poids lourds qui assurent les transports internationaux, aux commandes des avions, **en bref dans des professions qui ont longtemps été cataloguées comme masculines.**

2. On compte ainsi 7 % de chômeurs mais 10,7 % de chômeuses. Chez les jeunes entre 15 et 24 ans, 13,9 % des hommes et 18,6 % des femmes sont au chômage et après 50 ans, on compte 7,1 % de femmes au chômage contre 6,2 % d'hommes. **En résumé, les femmes sont plus touchées par le chômage que les hommes quel que soit leur âge.**

a) Quel est le rôle des extraits en gras ?
b) Quels mots trouve-t-on au début de chaque extrait en gras ?

13 Écoutez ces extraits d'émissions de radio et dites comment les personnes résument leurs propos.

document 1 : ....
document 2 : ....
document 3 : ....
document 4 : ....

14 Reformulez les propos de ces personnes en les résumant.

Exemple :
Le ministère de l'Économie et des Finances a annoncé une baisse des impôts de 2,5 % en 2005, de 3 % en 2006 et les contribuables français devraient voir leurs impôts diminués de 17 % d'ici 2010.
→ En deux mots, en 2010, les Français devraient payer beaucoup moins d'impôts que maintenant.

1. Vendredi soir, nous sommes allés, mon épouse et moi, dîner au restaurant La Provence. Le cadre est chaleureux, il y a de l'espace, le service est rapide, attentionné et courtois, et la carte riche et savoureuse.

2. Notre nouveau service « Banque directe » vous permet de gérer vos comptes facilement et en totale liberté. Le service de banque en ligne fonctionne 24 heures sur 24 et 7 jours sur 7, partout dans le monde. Avec l'offre « Banque directe » vous avez la possibilité de vous connecter à votre banque selon vos envies : par téléphone, Minitel, ou internet. De plus, à l'adhésion du service « Banque directe », nous vous offrons gratuitement un logiciel de gestion des comptes.

3. Trois repas permettent de répartir sur la journée l'apport énergétique nécessaire à l'activité du cerveau, des muscles et de tous les organes. De plus, essayez de manger varié : l'organisme tire, des aliments, différents éléments (glucides, lipides, protéines, vitamines, minéraux...) afin d'assurer le bon fonctionnement des organes. Il n'y a pas d'aliment qui soit parfaitement équilibré, ce sont les associations qui permettent d'arriver à la notion d'équilibre.

4. Bon, si je comprends bien, pour ton ordinateur, tu voudrais changer le disque dur, ajouter un graveur, avoir un écran plus large, installer une connexion sans fil et plusieurs nouveaux logiciels.

Vocabulaire

Résumer
> En résumé
> Pour résumer/
Pour reprendre
> Bref
> En bref

> Pour tout dire
> En un mot
> En deux mots
> Je résume en quelques mots.

Les pronoms relatifs composés

15 Lisez les phrases et répondez.

1. Tous ces éléments montrent que subsiste encore la position idéologique selon laquelle « pour une femme, c'est toujours suffisant ».

2. Le Chili est un pays avec lequel l'UE voudrait développer ses relations commerciales.

3. Le Conseil doit contacter les États avec lesquels des accords vont être négociés.

4. La privatisation des services hospitaliers est une question à laquelle le Premier ministre n'a pas encore répondu.

a) Que remplacent les pronoms *lequel, laquelle, lesquels* ?
b) Quels mots y a-t-il immédiatement avant ces pronoms ? Pourquoi ?

16 Lisez les phrases et répondez.

1. La privatisation des services hospitaliers est une question à laquelle le Premier ministre n'a pas encore répondu.

2. Cinq pays d'Europe centrale, auxquels s'est ajoutée la principauté de Monaco, ont signé la convention.

3. L'Union européenne a décidé de créer des « stages industriels » grâce auxquels de futurs ingénieurs pourront se rendre à l'étranger.

4. Pendant la réunion a été présenté un texte à propos duquel les représentants syndicaux ont exprimé d'importantes critiques.

a) Regardez la phrase 1, et expliquez la construction avec *auxquels* dans la phrase 2 et la phrase 3.
b) Comment peut-on expliquer la construction de *duquel* dans la phrase 4 ?

17 Transformez les phrases de l'activité 16 comme dans l'exemple.

Exemple : La privatisation des services hospitaliers est une question à laquelle le Premier ministre n'a pas encore répondu. → *Le Premier ministre n'a pas encore répondu à la question.*

1. La principauté de Monaco...   **2.** De futurs ingénieurs...   **3.** Les représentants syndicaux...

18 Lisez le tableau puis écrivez une phrase avec un pronom relatif, comme dans l'exemple.

Exemple : Erasmus *est un programme de l'UE. On peut étudier à l'étranger* **grâce à ce programme**.
→ Erasmus *est un programme de l'UE* **grâce auquel** *on peut étudier à l'étranger.*

1. Le candidat doit déposer un dossier présentant le projet. Une subvention peut être accordée pour ce projet.

2. L'élargissement de l'Union européenne est une question importante. Un débat sera organisé sur cette question la semaine prochaine.

3. Nous vous offrons un numéro de participation. Vous pouvez être l'heureux gagnant de 100 000 euros grâce à ce numéro de participation.

4. Je souhaiterais que nous parlions de certaines pollutions. On ne se bat pas suffisamment contre ces pollutions.

Grammaire

Les pronoms relatifs composés

Ils sont formés :

d'une préposition ou d'une expression	et	d'un pronom	
pour, avec, sur, à*, etc.	**+**	*lequel*	*lesquels*
grâce à*, à propos de*, au sujet de*, etc.		*laquelle*	*lesquelles*

*à + le = au → auquel	de + le = du → duquel
à + les = aux → auxquels – auxquelles	de + les = des → desquels – desquelles

N.B. : Quand le pronom remplace une personne, on utilise généralement *qui* :
  • *Je me souviens très bien de l'homme à qui nous avons demandé notre chemin.*

 19 Écoutez l'extrait d'un entretien d'embauche et répondez.

1. Dans quel type d'entreprise Karine veut-elle travailler ?

2. Dans quel domaine a-t-elle fait des études ?

3. Quelles expériences de travail a-t-elle déjà eues ?

 20 Écoutez à nouveau l'enregistrement et répondez.

1. Lorsqu'elle a travaillé au magasin Auchan, quel poste Karine voulait-elle occuper ?
▢ Caissière. ▢ Adjointe du chef de rayon. ▢ Chef de rayon.

2. Pour quel poste peut-on penser qu'elle se présente ce jour-là au magasin Leclerc ?

3. Quel poste a-t-elle finalement occupé chez Auchan ?

4. Pourquoi Karine a-t-elle rompu son contrat chez Auchan ?

5. Quel poste a-t-elle occupé chez Casino ?

6. Quelles sont les différences établies par Karine pour ces trois Brevets de technicien supérieur :
• BTS Action commerciale = ... • BTS Force de vente = ... • BTS Commerce international = ...

21 Lisez les phrases et expliquez le sens des mots en gras.

1. Je fais aussi bien de la manutention, j'ai fait un peu de secrétariat, en fait, euh... je suis vraiment **polyvalente**.

2. Bien, d'accord. Donc, là vous avez bien entendu ce que j'ai dit sur le poste ? Vous **êtes** bien **au fait de** ce qu'on vous propose ?

3. Et puis, un moment, comme c'était la période des fêtes, je me suis retrouvée... comme j'avais déjà fait de la caisse... ils m'ont proposé de les **dépanner** et puis finalement, j'y étais tout le temps.

4. Ce magasin va **démarrer** vendredi.

5. Et on peut vous **joindre** ce soir ou demain matin, sans problème ?

6. La candidature de Karine n'a pas été **retenue**.

22 Complétez le curriculum vitæ (CV) de Karine avec les informations que vous possédez.

Karine SOUMAH
117, av. du Colonel Fabien
77190 Dammarie-les-Lys

Karine.soumah@laposte.net
06.72.89.96.33

Née le 17 avril 1979
Célibataire
Nationalité française

Expérience professionnelle

À ce jour : Employée de bureau, société ...., Courbevoie
2004 : Employée de bureau, société Grandjean, Courbevoie
          Caissière, supermarché Carrefour, Courbevoie
2003 : Employée ...., supermarché Casino, Massy
2002 : Caissière, supermarché ...., La Défense, Paris
2001 : Caissière, supermarché Carrefour, Courbevoie

Formation

2003 : BTS ...., École supérieure de commerce, Nanterre
2000 : Baccalauréat, section S, Lycée Victor Hugo, Dammarie

Langues

Espagnol, niveau B1
Anglais, niveau A2

Informatique

Logiciels de bureautique : *Word, Excel*
Logiciel de création de page html : *Frontpage*

Divers

Sports : natation synchronisée, plongée sous-marine
Brevet de secourisme
Permis B

23 Par deux, essayez de trouver pourquoi, à votre avis, la candidature de Karine n'a pas été retenue pour le poste de chef de rayon chez Leclerc.

24 Composez votre CV avec vos informations personnelles en prenant comme modèle celui de Karine.

25 Observez la lettre de motivation que Karine a envoyée à la société Leclerc et répondez.

Karine SOUMAH
117, av. du Colonel Fabien
77190 Dammarie-les-Lys
Karine.soumah@laposte.net

Dammarie-les-Lys, le 22 juin 2005

M. le Directeur
Société Leclerc
70, avenue du Général de Gaulle
92058 Paris-La Défense Cedex

Objet : Poste de chef de rayon – annonce n°1478-77

Monsieur le Directeur,

La société Leclerc est, avec son réseau de supermarchés et son implantation dans de nombreux pays, une référence en matière de grande distribution. De plus, les combats de Michel-Édouard Leclerc pour offrir une gamme toujours plus large dans un respect de la qualité sont preuve d'un réel engagement auprès des clients.

Dans ce principe de service aux clients, je souhaiterais offrir mes compétences en qualité de chef de rayon pour le magasin que vous ouvrirez prochainement à Dammarie-les-Lys.

Titulaire d'un BTS d'Action commerciale, j'ai eu l'occasion, durant ces dernières années, de découvrir le monde de la vente en grande distribution. J'ai, en effet, réalisé plusieurs stages dans des supermarchés de la région parisienne (Auchan, Casino) qui m'ont permis de connaître d'une part différents postes de travail, d'autre part les responsabilités qui incombent à un chef de rayon. Par ailleurs, j'ai pu élargir mes connaissances au cours des derniers mois dans des emplois de bureau (contrats par intérim).

Dans ma vie professionnelle et dans mes activités sportives, je suis habituée à fonctionner au sein d'une équipe. En outre, j'ai su faire preuve, au cours de ma formation et de mes emplois, d'un sens de l'organisation et d'une capacité de gestion utiles à ces fonctions.

Je serais heureuse de pouvoir vous apporter plus d'informations lors d'un entretien.

Veuillez agréer, Monsieur le Directeur, l'expression de mes salutations distinguées.

Karine Soumah

Pièce jointe : mon curriculum vitae

Dans quelle partie de la lettre, Karine indique-t-elle :
– la raison pour laquelle elle écrit ?
– ce qu'elle recherche ?
– ses qualités et ses connaissances ?

– ce qu'elle pense de l'entreprise Leclerc ?
– qu'elle voudrait rencontrer le directeur ou un responsable de l'entreprise Leclerc ?

26 Remettez dans l'ordre les phrases suivantes pour reconstituer une lettre de motivation.

• Veuillez agréer, Madame, l'expression de mes salutations distinguées.

• Mon père étant d'origine allemande, j'ai l'avantage d'être bilingue et de bien connaître l'Allemagne.

• Les connaissances que j'ai acquises lors de ma formation pour le BTS Commerce international m'ont permis d'assurer mes fonctions d'assistante dans deux entreprises : la société Codirel et la SNE.

• L'UE a permis à de nombreuses entreprises françaises d'accroître leurs échanges dans les pays de l'Union. La croissance de votre entreprise en Allemagne est un exemple pour beaucoup de sociétés.

• Je souhaiterais pouvoir participer au développement de vos filiales et vous présente ma candidature au poste que vous proposez.

• Je serais heureuse de vous exposer de façon plus complète mes compétences lors d'un entretien.

• Mes connaissances personnelles feront de moi une interlocutrice privilégiée entre vos services et vos clients en Allemagne. Par ailleurs, le savoir-faire que m'ont apporté ma formation et mes emplois me permet d'être directement opérationnelle.

• En plus de mes deux langues maternelles, je parle également le russe et l'anglais.

• Ces emplois dans des entreprises reconnues venaient compléter l'expérience que j'avais tirée de mes stages de BTS, en France et en Allemagne (Volker, Munich).

27 **Écrivez une lettre de motivation.**

1. Choisissez un des sujets suivants.
– Vous avez vu une offre d'emploi comme « volontaire international » dans un pays francophone.
– Vous voulez poser votre candidature pour un stage dans une entreprise française.

2. Cherchez les informations.
– Qui écrit : quels sont les renseignements que vous devez donner sur vous-même ?

– À qui : que savez-vous de l'établissement auquel vous écrivez ou du lieu où vous devrez travailler ?
– Quelle information : que souhaitez-vous obtenir de l'établissement ? Que pourrez-vous apporter à l'établissement ?

3. Classez les informations selon ce plan :
– l'établissement ;
– vos connaissances et compétences ;
– ce que vous pourrez faire dans l'entreprise.

4. Écrivez la lettre.

La musique de la langue
Les ruptures de phrases

Écoutez des extraits de l'entretien d'embauche, marquez d'une barre oblique les interruptions de phrase, puis indiquez la cause de l'interruption.

	La personne interrompt sa phrase pour	
	chercher ce qu'elle va dire	reconstruire et modifier sa phrase
1. *Bien, d'accord. Donc, euh là/vous avez bien entendu ce que je/ce que j'ai dit sur le poste. Vous êtes bien au fait de/de ce qu'on vous propose ?*	X	
2. Euh... vu que c'est tout ce que je toujours ce que j'ai voulu faire parce que, en fait, je voulais être chef de rayon et puis euh donc...		
3. Et puis un moment, comme c'était la période des fêtes, je me suis retrouvée comme j'avais déjà fait de la caisse ils m'ont proposé de les dépanner et puis finalement, j'y étais tout le temps.		
4. Ben, sinon, au niveau de j'ai fait euh pendant mon stage de mon BTS je travaillais à Casino.		
5. J'étais aussi dans le rayon charcuterie-fromage où là j'ai eu un peu de responsabilité, si on veut... si on peut dire puis, ça s'est très bien passé.		

Arrêt sur image

Fernand Léger (1881-1955).

28 Observez le tableau de Fernand Léger et répondez.

1. Que voit-on dans le tableau ?

2. Comment le trouvez-vous ?

3. Aimez-vous ce tableau ? Pourquoi ?

4. Quel nom pourriez-vous lui donner ?

29 Répondez.

1. Quelle est la couleur du sol dans le tableau ?
   À quel environnement fait-il penser ?

2. Quelle est la position des hommes et comment sont-ils habillés ?

3. Qu'en est-il pour les femmes et les enfants ?
   À votre avis, pourquoi les femmes et les enfants n'ont-ils pas de chaussures ?

4. Que tiennent les enfants dans leur main ?
   Pourquoi, selon vous ?

5. Quelles peuvent être les relations entre les hommes, les femmes et les enfants ?

6. Les bicyclettes ne sont pas des équipements souvent présents dans les tableaux. Pourquoi, à votre avis, Fernand Léger a-t-il inclus des bicyclettes dans son tableau ?

7. Quels oiseaux trouve-t-on dans le tableau ? Que symbolisent-ils souvent ? Comment peut-on expliquer leur présence ?

30 Observez les documents puis écoutez l'extrait d'émission radiophonique. Quelles informations tous ces documents apportent-ils pour mieux comprendre le tableau de Fernand Léger ?

Sables d'Olonne, 1937.

Deauville, 1936.

FRONT POPULAIRE, gouvernement de gauche qui dirigea la France en 1936-1937. [...] Hormis quelques réformes de structure touchant à la Banque de France ou aux chemins de fer (nationalisés en 1937), l'œuvre du Front populaire fut surtout sociale ; les *accords Matignon* (juin 1936), entre la C.G.T. et le patronat, instituèrent les *conventions collectives*, la reconnaissance de délégués ouvriers, la semaine de quarante heures, les congés payés.

Dictionnaire Hachette encyclopédique.

Manifestation du Front populaire, Paris, 14 Juillet 1936.

10 Humour

Si rire est le propre de l'homme, alors tous les hommes de la planète doive
rire. C'est bien le cas, le rire est universel, en effet. Mais chacun rit à sa faço
selon sa culture, son climat, sa place dans la société et la mode du momer
Il y a autant de sortes de rires que d'êtres humains, certes, mais l'humour e
façonné par les caractéristiques de chaque peuple. L'homme est aussi
produit de son environnement. Il ne rit pas tout seul, mais en société, et
société lui dicte souvent ce qui est risible ou non.
[...]
Parmi les facteurs qui aident à comprendre l'humour pratiqué par les d
férents peuples, un des plus importants est celui de la cohésion socia
L'humour national sert d'abord à renforcer l'identité d'un peuple face à cel
des peuples voisins. On se moque des étrangers pour renforcer les liens
sa propre famille. [...]
C'est un rire à la fois défensif et agressif, qui fait partie d'une stratégie – bie
qu'inconsciente – belliqueuse réciproque. [...]
Les Français [...] réservent l'essentiel de leur malice pour le voisin belge, [...
pour les Anglais, ce sont les Irlandais, pour les Américains les Polonais, po
les Autrichiens les Allemands, pour les Allemands les habitants de la Frise o
entale (ils parlent même de Ostfriesenwitze), pour les Suisses romands l
Suisses alémaniques, pour les Serbes les Bosniaques, pour les Indiens l
Sikhs. [...]
Les peuples rient pour se protéger des princes, des prélats et des politicien
qui les gouvernent, mais aussi pour s'affirmer face aux peuples environnan

Alain Woodrow, *Et ça vous fait rire !*, © Éditions du Félin, 2001.

Les Français vus par les Suisses…
Un Français débarque dans une gare suisse. À la sortie de celle-ci, il voit "Café de la marine". Il rentre aussitôt dans ce café et demande :
– Comment se fait-il que vous ayez un Café de la marine alors que vous n'avez pas de mer, ni d'océan ?
– Et alors, en France vous avez bien un ministère de la Culture !

1a

Relisez le texte puis classez les mots suivants dans la colonne qui convient.

la malice • une attaque • le rire • l'humour • une blague • une plaisanterie • la méchanceté • une moquerie

connotation positive	connotation négative
....	....

Les Irlandais vus par les Anglais...

Le docteur est en train d'expliquer à Paddy Mac Millan comment la nature est capable de compenser certaines déficiences physiques :

– Par exemple, un aveugle développera beaucoup plus ses sens de l'ouïe et du toucher qu'un homme non-aveugle ! Une personne sourde va elle aussi accroître le développement de ses autres sens qui ne sont pas déficients.

Et Paddy répond :

– Je vois ce que vous voulez dire, j'ai remarqué que quand un homme avait une jambe plus courte, l'autre était toujours un peu plus longue.

Les Suisses vus par les Français...

Un soldat suisse doit sauter en parachute pour la première fois. Son supérieur le rassure :

– Il n'y a aucun danger. Une simple règle à observer. Quand tu auras sauté de l'avion, tu compteras jusqu'à trois. Alors tu appuieras sur le déclencheur automatique et ton parachute s'ouvrira.

Le Suisse saute. Mais, sous les yeux horrifiés de l'équipage et du personnel de l'aérodrome, son parachute ne s'ouvre pas. Il s'écrase au sol.

On court vers lui. L'ambulance arrive. Le médecin se penche vers lui et l'entend murmurer :

–Trois...

Lisez cet extrait de Et ça vous fait rire ! *puis les trois blagues l'illustrant. Répondez.*

1. *Est-ce que les gens rient de la même manière partout dans le monde ? Pourquoi ?*
2. *Quel rôle l'humour joue-t-il dans la société ?*
3. *Pourquoi est-ce qu'on se moque souvent des étrangers ?*
4. *Dans votre culture, se moque-t-on aussi d'étrangers, comme les Français se moquent des Belges ou les Anglais des Irlandais ?*
5. *Expliquez ce qui est drôle dans chacune des trois histoires.*

1b

Dans la liste de l'activité précédente, classez deux par deux les mots de sens proche.

Qualifier l'humour

 2a Écoutez ces dialogues puis soulignez ci-dessous les adjectifs que vous y avez entendus.

drôle • fastidieux • ordinaire • impayable • insipide • hilarant • comique • désopilant • ennuyeux • tordant • sinistre • amusant • risible

2b Classez dans le tableau ci-dessous les adjectifs que vous avez soulignés.

connotation positive	connotation négative
....	....

3 Regardez ces situations et complétez le tableau de l'activité précédente.

4 Lisez le tableau ci-contre et complétez les phrases avec un adjectif qui peut convenir.

1. – Elle est un peu spéciale, ta voisine, non ?
– Oui, elle est un peu ...., mais elle est très sympa !

2. – Elle est marrante, cette robe. Tu ne l'aimes pas ?
– Bof… Je la trouve un peu ...., elle n'a rien d'original.

3. – Alors, c'était .... ce spectacle ?
– Ah ! oui, elle est ...., Muriel Robin, on a ri toute la soirée.

4. – Pas trop .... ce dîner avec tous tes collègues ?
– Si, un peu .... Certains sont tellement .... !

Vocabulaire

> risible
> drôle – amusant
> comique
> désopilant
> farfelu
> hilarant
> impayable
> marrant (fam.) – rigolo (fam.)
> bidonnant (fam.) – tordant (fam.)

> ennuyeux – monotone
> triste – terne
> ordinaire
> insipide
> sérieux

Le futur antérieur

5 Observez les phrases et répondez aux questions.

a) Quand tu auras sauté de l'avion, tu compteras jusqu'à trois.
b) Le port, après que nous l'aurons aménagé, pourra recevoir les bateaux de plaisance.
c) La visite commencera dès que le directeur sera arrivé.

1. À quel temps sont les verbes en vert ?

2. Les actions en rouge :
☐ sont des actions passées. ☐ sont des actions futures.

3. Les actions en rouge :
☐ commencent après les actions en vert. ☐ sont terminées avant les actions en vert.

4. Quels mots y a-t-il avant les verbes en rouge ?

5. Les verbes en rouge sont au *futur antérieur*. Comment construit-on le *futur antérieur* ?

6 Lisez les phrases puis complétez le tableau.

	1re action	2e action
Dès que vous aurez terminé, on pourra partir.	*terminer*	*partir*
Tu me montreras l'article quand tu l'auras lu ?	....	....
Dès qu'elle sera arrivée, elle téléphonera à Luigi et Laura.	....	....
J'en serai sûr quand je l'aurai vu.	....	....
Je reprendrai toutes mes activités après qu'on m'aura opéré.	....	....

7 Mettez les verbes entre parenthèses au futur antérieur ou au futur.

1. Je te (téléphoner) .... aussitôt que l'avion (atterrir) ....

2. On (quitter) .... la salle après que le directeur (faire) .... son discours.

3. Dès que tu (écrire) .... la lettre, tu (aller) .... à la poste.

4. Quand je (répondre) .... à toutes les questions, je (pouvoir) .... sortir ?

5. Nous (prendre) .... le petit déjeuner après que tu (s'habiller) ....

8 Imaginez la fin des phrases.

1. Quand vous aurez fait l'exercice, est-ce que .... ?

2. Tu pourras me parler quand ....

3. Dès que vous aurez fini de travailler, est-ce que .... ?

4. On ira prendre un café après que ....

Grammaire

Le futur antérieur

Formation :
Avoir ou être au futur + participe passé du verbe
• *On pourra signer le contrat quand la banque aura donné son avis.*
• *Je t'expliquerai après qu'elle sera partie.*

Emploi :
Pour décrire une action future terminée avant une autre action future.
Le verbe au futur antérieur est précédé d'un indicateur de temps : *quand, après que, dès que, aussitôt que.*

9 Écoutez ce sketch de Muriel Robin puis cochez les affirmations qui conviennent.

1. Quand elle reçoit la lettre, elle est :
☐ en colère.   ☐ heureuse.   ☐ troublée.

2. Elle reçoit :
☐ une lettre de rupture.
☐ une lettre d'amour.
☐ une invitation.

3. Quand elle lit la lettre,
☐ elle ne comprend rien.
☐ elle trouve que tout est clair.
☐ elle ne comprend pas tout.

4. Les mots de son fiancé sont :
☐ très poétiques.   ☐ très durs.   ☐ très drôles.

Muriel Robin.

5. Finalement,
☐ elle ne quittera certainement pas son fiancé.
☐ elle ne va pas le quitter.
☐ elle va le quitter quand même.

10 Écoutez la chanson *Ne me quitte pas* de Jacques Brel, puis réécoutez le sketch de Muriel Robin. Qu'est-ce qui est comique tout au long du sketch et particulièrement à la fin ?

1 *Ne me quitte pas*
  Il faut oublier
  Tout peut s'oublier
  Qui s'enfuit déjà
5 *Oublier le temps*
  Des malentendus
  Et le temps perdu
  À savoir comment
  Oublier ces heures
10 *Qui tuaient parfois*
  À coups de pourquoi
  Le cœur du bonheur
  Ne me quitte pas (x 4)

  Moi je t'offrirai
15 *Des perles de pluie*
  Venues de pays
  Où il ne pleut pas
  Je creuserai la terre
  Jusqu'après ma mort
20 *Pour couvrir ton corps*
  D'or et de lumière
  Je ferai un domaine

  Où l'amour sera roi
  Où l'amour sera loi
25 *Où tu seras reine*
  Ne me quitte pas (x 4)

  Ne me quitte pas
  Je t'inventerai
  Des mots insensés
30 *Que tu comprendras*
  Je te parlerai
  De ces amants-là
  Qui ont vu deux fois
  Leurs cœurs s'embraser
35 *Je te raconterai*
  L'histoire de ce roi
  Mort de n'avoir pas
  Pu te rencontrer
  Ne me quitte pas (x 4)

40 *On a vu souvent*
  Rejaillir le feu
  De l'ancien volcan
  Qu'on croyait trop vieux
  Il est paraît-il

45 *Des terres brûlées*
  Donnant plus de blé
  Qu'un meilleur avril
  Et quand vient le soir
  Pour qu'un ciel flamboie
50 *Le rouge et le noir*
  Ne s'épousent-ils pas
  Ne me quitte pas (x 4)

  Ne me quitte pas
  Je ne vais plus pleurer
55 *Je ne vais plus parler*
  Je me cacherai là
  À te regarder
  Danser et sourire
  Et à t'écouter
60 *Chanter et puis rire*
  Laisse-moi devenir
  L'ombre de ton ombre
  L'ombre de ta main
  L'ombre de ton chien
65 *Ne me quitte pas (x 4)*

  Ne me quitte pas, Jacques Brel.

Jacques

11 Dans les phrases ci-dessous, Muriel Robin dit qu'elle n'a pas compris ou elle s'assure qu'elle a bien compris. Après avoir lu ces phrases, écoutez l'enregistrement et, dans le tableau, cochez les cases qui conviennent.

– Quoi, qui s'enfuit déjà ? Je ne comprends pas ce que ça veut dire.

– Pour moi, ça ne veut rien dire, hein !

– Je sais pas euh...

– ... vois pas du tout pourquoi il me met ça.

– Comment je dois le prendre, ça, à votre avis ?

La personne...	s'assure qu'elle a bien compris	s'assure qu'elle a bien été comprise
phrase 1		
phrase 2		
phrase 3		
phrase 4		
phrase 5		
phrase 6		
phrase 7		
phrase 8		

12 Lisez les tableaux, puis par deux, jouez la situation.

Vous interrogez des amis français sur un sujet qui concerne la société française, comme la politique, l'environnement, l'emploi... Le sujet étant difficile, vous vous assurez régulièrement que vous avez bien compris et vos amis s'assurent que vous comprenez bien leurs explications.

Communication

S'assurer qu'on a bien compris
> Je n'ai pas bien compris/suivi/saisi.
> Qu'est-ce que vous voulez dire par là ?
> Vous voulez dire que... ?
> Quel sens donnez-vous à... ?
> Qu'entendez-vous par... ?
> Vous voulez faire référence à... ?
> C'est bien... que... ?

S'assurer qu'on a bien été compris
> Ça revient à dire que...
> Si vous voulez...
> Tu y es ?
> Ce que je veux dire, c'est que...
> Je voulais dire par là que...
> Autrement dit.../En d'autres termes...
> Je me suis bien fait comprendre ?
> ..., ce qui revient à dire que...

Préciser/illustrer des propos

13 Dans ces phrases, soulignez les six expressions utilisées pour préciser des propos ou les illustrer.

1. Ne me quitte pas, ne me quitte pas... ça me rappelle une chanson, moi, ça !

2. C'est pas clair, son truc, hein !

3. Il a l'air de dire que c'est dans les vieux pots qu'on fait les meilleures soupes...

4. Admettons que nous ayons l'argent nécessaire pour acheter cette maison...

5. C'est pas un garçon comme ça qu'il me faut !

6. Plus précisément, on arrivera à 20 h 17 en gare d'Angers.

7. Mardi. Ah ! non, pardon, lundi, je préfère.

8. J'ai tout compris, enfin, presque tout !

14 Associez les éléments pour reconstituer des phrases correctes.

1. C'est comme ces gens

2. Imaginons

3. Nous serons 12 adultes et 7 enfants,

4. Ça me fait penser

5. Pour être plus clair,

6. Je vais m'asseoir,

a. qui pensent que tout est difficile.

b. je dois préciser plusieurs choses encore.

c. pour être plus précis.

d. à mon voyage en Amérique du Sud.

e. tiens, je serai beaucoup mieux.

f. que tout le monde soit d'accord.

15 Imaginez les répliques manquantes. Reformuler les propos en apportant des précisions ou des illustrations.

1. – ....
  – Non, je n'ai pas tout à fait dit ça. Vous ne m'avez pas bien compris.

2. – Je n'ai pas vraiment saisi son opinion.
  – ....

3. – Euh... oui, enfin... Tu ne pourrais pas m'expliquer un peux mieux ?
  – ....

4. – ....
  – Ah ! merci, c'est beaucoup plus clair maintenant.

5. – ....
  – Ah ! bon ? Moi pas du tout. Ça ne me rappelle rien, d'ailleurs.

6. – Vous voulez parler de Véronique Leduc, c'est ça ?
  – ....

Communication

Préciser des propos
> Vous avez l'air de dire que...
> Pour être plus précis.../Plus précisément...
> Pour être plus clair.../plus exact...
> Pas Lucie, pardon, Louise, sa sœur.
> On était nombreux... enfin... au moins sept.
> Tu vois ce que je veux dire, quoi.
> Ce qu'il veut dire, c'est que...

Illustrer des propos
> Ça me rappelle quelque chose.
> Ça me fait penser à ce roman de Duras.
> Admettons que.../Imaginons que...
> C'est comme... qui...
> Pour mieux me faire comprendre...
> Je vais prendre comme exemple le texte 2.

Chercher ses mots/remplacer un mot oublié

16 Trouvez dans ces phrases l'élément utilisé par Muriel Robin pour chercher ses mots.

• Bon, qui s'enfuit déjà, on le saura pas, euh... je sais pas euh... il y a pas plus, il y a rien, alors euh...
• Eh ben, c'est pas ma faute !
• Ben on va faire comme ça, il y a pas de raison, non plus, hein !

17 Écoutez ces personnes et relevez ce qu'elles disent pour chercher un mot ou une phrase qu'elles ont du mal à trouver.

1. *Ça va me revenir...*　　　　**3.** ....　　　**5.** ....

2. ....　　　**4.** ....

18 Dans les phrases suivantes, soulignez les mots qui servent à remplacer un mot difficile ou oublié, puis remplacez ce mot par un terme plus précis.

Exemple : J'ai été soigné par des... euh... <u>des personnes</u> charmantes à l'hôpital Saint-Louis.
　　　→ J'ai été soigné par des... euh... <u>des infirmières</u> charmantes/<u>des médecins</u> charmants à l'hôpital Saint-Louis.

1. Je voudrais quelque chose pour allumer cette bougie.
2. Il nous faudrait un machin pour réparer le lavabo de la cuisine.
3. Tu n'aurais pas un truc pour démêler les cheveux ?
4. On a besoin de cette chose qui sert à transporter des données informatiques.

19 Remplacez les verbes de chacune de ces phrases par un verbe plus précis.

1. Nous allons vous dire une nouvelle très surprenante.
2. Je vais faire une lettre à notre directeur des ventes.
3. Ce film a eu un énorme succès international.
4. Il n'a pas vu les qualités de ce tableau contemporain.
5. Il va certainement faire un très bon informaticien.
6. Cette entreprise a plus de 100 salariés.

20 Lisez ces phrases et remplacez les mots soulignés par un mot « passe-partout ».

1. Pourquoi tu ne vas pas <u>consulter</u> un médecin ?
2. Passe-moi <u>cette manivelle</u>, s'il te plaît, il faut que je répare la roue.
3. Le commissaire de police n'a rien <u>décelé</u> de bizarre dans les propos du suspect.
4. Cet après-midi, j'ai croisé <u>l'avocat</u> qui habite au 2ᵉ étage.
5. Je crois qu'on <u>s'est</u> déjà <u>rencontrés</u> chez des amis commun.
6. On va acheter <u>un petit cadeau</u> pour Pascale et Yoshio ; ils viennent d'avoir un bébé.

Communication

Chercher ses mots
> Euh...
> (Eh bien) disons...
> Comment on dit.../Comment ça s'appelle...
> Ça va me revenir...
> Je l'ai sur le bout de la langue.
> Vous voyez.../Tu sais bien...

Remplacer un mot oublié ou inconnu
> *chose/personne* : J'ai acheté ces bonnes choses à manger pour ce soir.
> *quelque chose* : Il a besoin de quelque chose de beaucoup plus clair que ça.
> *truc, machin, bidule* : Donne-moi ce machin, s'il te plaît. C'est quoi ce drôle de bidule ?

21a Lisez cet extrait du sketch de Muriel Robin. Que signifie-t-il ? Que cherche-t-elle à vérifier ?

> « Je ne vais plus pleurer... (mmm, m'étonnerait ça !... Je ne vais plus prendre, je ne vais plus faire... mais si, « -er », c'est bon !) »

21b Utilisez la technique de Muriel Robin pour écrire correctement ces terminaisons qui se prononcent toutes [e].

1. Je sens la colère mont... .
2. Après être arriv..., elle a pleur... .
3. Ils acceptent de recommenc... .
4. Elles n'avaient pas imagin... ça.
5. Elle est partie sans m'écout... .

6. Il serait all... chez toi.
7. Ne laisse pas pass... ta chance.
8. Tu peux m'aid..., s'il te plaît ?
9. On entendait les mouches vol... .
10. Paul souhaitait en parl... .

22 Relisez les phrases de l'activité 21b puis cochez les réponses qui conviennent.

Le verbe est à l'infinitif après :

☐ *être* et *avoir*. ☐ un autre verbe. ☐ une préposition (*à, de, par, sans*...).

23 Lisez ces phrases puis répondez.

J'entends la pluie tomber.
Je sentais Philippe s'énerver.
Ils regarderont leurs enfants grandir.

J'ai entendu rentrer Antoine à 4 heures du matin.
Je sentais arriver les problèmes.
Elle a regardé passer les coureurs.

1. Que remarquez-vous dans la construction de ces phrases ?
2. Qu'exprime chacun des verbes conjugués ?
3. Retrouvez deux phrases du même type dans l'activité 21b et transformez-les en leur conservant leur sens.

24 Remplacez les éléments soulignés par une construction infinitive quand cela est possible.

Exemple : J'ai entendu Claude et Corinne qui se disputaient.
→ J'ai entendu Claude et Corinne se disputer ou
J'ai entendu se disputer Claude et Corinne.

1. Il pense qu'il n'a pas réussi ses examens.
2. J'aimerais beaucoup que vous fassiez ça pour nous.
3. Ce matin, j'ai vu des tonnes de livres qui sortaient de l'imprimerie.
4. J'admets que je n'ai pas été assez rapide dans ce travail.
5. Nous avons longuement observé la mer qui se déchaînait.
6. Ses parents n'ont pas accepté qu'elle parte sans leur expliquer pourquoi.

25 Lisez le tableau récapitulatif et remettez les éléments dans l'ordre.

1. avions/senti/nous/vent/tourner/le.

2. pays/il/ne/avoué/plus/retourner/vouloir/avait/dans/ce.

3. se/ils/remercier/sont/professeurs/fait/par/leurs/sans/aider/les.

4. s'est/Christine/influencer/sans/laissée/réagir.

Grammaire

La construction infinitive/la place de l'infinitif

Quand deux verbes se suivent, le deuxième est toujours à l'infinitif.

• Derrière certains verbes qui ont le sens de *dire* ou de *croire* (*déclarer, affirmer, estimer, penser...*), on peut utiliser l'infinitif quand le sujet est le même dans les deux parties de la phrase.

> *Je pense pouvoir partir. = Je pense que je peux partir.*
>
> mais *Je pense qu'elle peut partir.*

• Derrière une préposition : *à, de, pour...*

• Deux constructions sont possibles avec les verbes de perception et le verbe *laisser* :

> *J'entends le téléphone sonner. = J'entends sonner le téléphone.*
>
> *Elle a laissé tomber ses clés. = Elle a laissé ses clés tomber.*

La musique de la langue
Le rôle des interjections

 A Écoutez l'enregistrement et soulignez ci-dessous les interjections que vous entendez.

Bah – Oh ! là, là ! – Hou la ! – Ah ! – Hein – Bon ! – Ah ben – Mais bon – Bon... alors ! – Ben quoi ! – Euh...

 B Écoutez ces minidialogues puis dites à quoi peut servir chacune des interjections. Associez.

• Pour être sûr d'être bien compris.

hein •   • Pour chercher ses mots, en signe d'hésitation.

alors •   • Pour interroger quelqu'un.

euh •   • Pour demander l'approbation de quelqu'un.

bon •   • Pour (s')encourager.

• Pour récapituler les éléments ou les faits.

C Indiquez dans quelle phrase de l'enregistrement vous avez entendu chacune de vos réponses.

D Par deux imaginez des répliques dans lesquelles vous utiliserez quelques interjections. Donnez la fonction de l'interjection dans chacune des phrases.

Arrêt sur image

On est né comme on est né, Quino, Glénat.

26 Observez cet extrait de *On est né comme on est né* de Quino, dessinateur argentin. Répondez.

1. Quelles personnes cette situation met-elle en scène ?

2. Quelles différences essentielles notez-vous entre le premier dessin et le second ? Que s'est-il passé entre les deux scènes ?

3. Qu'est-ce que ce changement entraîne de comique :
– dans certains éléments du salon ?

– dans l'expression des visages des deux femmes ?

4. Connaissez-vous le tableau qui est au mur du salon (dessin **1**) ? Quel type de scène représente-t-il ?

5. À votre avis, quel est le milieu social de la maîtresse de maison ? Qu'est-ce qui vous le montre ?

6. D'après vous, qu'est-ce que Quino a voulu montrer dans cette scène ?

27 Lisez cette critique de *On est né comme on est né* de Quino et répondez.

Politiquement incorrect

« Ce recueil comprend des dessins ou bandes dessinées d'une page essentiellement consacrés à la solitude de l'homme face à lui-même ou à la société [...]

Au milieu de ces dessins politiques ou sociaux, prennent place quelques saynettes animalières : une dame promène dans une rivière son poisson rouge qu'elle tient en laisse, un mulot asiatique urine sur un bonzaï... Voici bien longtemps que Quino – le Sempé argentin ? – a laissé sa petite Mafalda de côté pour s'atteler à la réalisation de dessins d'humour. Qu'il s'agisse de la description de scènes politiques ou de situations poétiques et tendres, Quino choisit toujours la voie/voix de l'absurde. Avec son défilé de personnages seuls sur une île déserte ou confrontés aux murs humains que sont certains fonctionnaires, cet album reflète très

2

On est né comme on est né, Quino, Glénat.

justement les difficultés que l'être humain rencontre dans sa vie quotidienne, surtout lorsqu'elle repose entre les mains d'hommes qui ne s'attardent pas sur le bien-être de leurs concitoyens.

Même s'il contient quelques gags difficiles à comprendre – pour des questions de culture ? –, cet album très riche suscite rires et reflexion, bonne humeur et questionnements existentiels... Ce qui est somme toute assez rare pour être pleinement apprécié. ≫

Boris, © BD Sélection.

1. Quels type de dessins Quino crée-t-il le plus souvent ?

2. Qu'est-ce qu'il aime montrer de la vie quotidienne ? Pourquoi ?

3. Comment expliquez-vous cet extrait : « Même s'il contient quelques gags difficiles à comprendre – pour des questions de culture » ?

4. Quels éléments de cette critique retrouve-t-on dans ces dessins ?

28 Regardez attentivement le tableau de Picasso sur le dessin 1, lisez l'information ci-dessous, puis répondez.

Picasso, qui est espagnol, a peint *Guernica* car, en 1937 il était choqué par le bombardement de *Guernica*, village du pays basque espagnol.

1. Picasso a peint ce tableau en noir et blanc. Pourquoi, à votre avis ?

2. Que voit-on sur ce tableau ?

3. À votre avis, que symbolise l'épée que tient l'homme allongé ? Pourquoi une fleur a-t-elle poussé sur cette épée ?

4. On voit aussi un taureau, une colombe. Que peuvent représenter ces animaux ?
Quel message Picasso a-t-il voulu faire passer par ce tableau ?

29 Par groupes de deux, amusez-vous à trouver une interprétation du tableau que l'on voit sur le dessin 2. Écrivez votre explication du tableau.

30 Lisez cette citation de Quino. Que signifie-t-elle ? Comment pouvez-vous la rapprocher de ces dessins ? Que pensez-vous de cette citation ?

≪ *J'ai décidé d'affronter la réalité, alors dès qu'elle se présente bien, prévenez-moi.* ≫

(Quino)

Rayez le mot qui ne convient pas.

5 points

1. Lequel de ces deux candidats est le plus compétent pour (ce poste – cette profession) ?

2. À quelle heure tu pars (à ton emploi – au travail) le matin ?

3. Avant de démissionner, vous devez penser à l'évolution de votre (carrière – profession).

4. Le chômage baisse et la situation (du boulot – de l'emploi) en France s'améliore un peu.

5. Vous aimeriez exercer quel type (d'activité professionnelle – de poste) ?

2 **Complétez les phrases avec *qui, quoi, où, quel, quels, quelle* ou *quelles*.**

5 points

1. De toute façon, avec lui, ... que tu fasses, ce n'est jamais bien.

2. Je suis navré mais, ... que vous soyez, vous ne pouvez pas entrer sans invitation.

3. Nous avons décidé de ne pas suivre vos conseils, ... qu'en soient les conséquences.

4. C'est incroyable : .... qu'elle se trouve, il faut toujours qu'elle soit le centre du monde !

5. Quand je suis sûr de pouvoir revendre un objet, j'achète .... que soit le prix !

3 **Transformez les phrases avec un pronom relatif, comme dans l'exemple.**

5 points

Exemple : *Il a fait de brillantes études. Il a pu obtenir un bon travail grâce à ces études.*
→ *Il a fait de brillantes études grâce auxquelles il a pu obtenir un bon travail.*

1. Je voudrais des informations sur les services. Je pourrais avoir accès à ces services.

2. L'entreprise se trouve dans quelle ville ? Vous travaillez en Italie avec cette entreprise.

3. Tu ne peux pas imaginer les conditions. Il vivait dans ces conditions.

4. Le problème est l'accès à l'eau potable. Je voudrais revenir sur ce problème.

 4 **Associez les éléments.**

5 points

En conclusion •	• examinant les solutions les plus envisageables.
Je finirai en •	• un dernier aspect, l'aspect économique.
Je terminerai par •	• comment il est possible d'améliorer la qualité.
Je parlerai en premier lieu •	• je vous présenterai nos études de marché.
Nous verrons, d'abord, •	• de l'évolution du contexte économique.

 5 **Écoutez l'entretien d'embauche et cochez les cases qui conviennent.**

5 points

	vrai	faux	on ne sait pas
Il a déjà travaillé dans plusieurs entreprises auparavant.			
Il n'a pas de problème de transport parce qu'il a une voiture.			
Pour ce travail, il devra arriver au magasin à cinq heures.			
Le jeune homme est candidat à un poste de chef de rayon.			
Il a obtenu le poste.			

6 **Complétez cet extrait de lettre de motivation.**

5 points

J'ai pris connaissance, sur le site de l'ANPE, de votre .... pour un .... de chef de rayon (réf. 91-2123-073) pour lequel je vous présente ma ....
Les connaissances que j'ai .... lors de ma formation pour le BTS Commerce international m'ont permis d'assurer des fonctions d'assistante dans plusieurs ....
en France et à l'étranger.

UNITÉ 10

Test

---

1 Choisissez le mot qui a le même sens que l'adjectif souligné.

⟳ 4 points

1. Cette blague est vraiment <u>hilarante,</u> elle me fera toujours rire.
(insipide – tordante – sinistre)
2. Les couleurs de la pièce sont un peu <u>ternes</u> mais cet endroit est quand même agréable. (sérieuses – désopilantes – monotones)
3. On ne doit pas avoir le même humour ; je ne trouve pas ça très <u>risible</u>.
(impayable – sinistre – marrant)
4. Un peu <u>insipide</u> ce spectacle, mais bon... (bidonnant – ennuyeux – farfelu)

2 Complétez les phrases avec les verbes proposés au futur ou au futur antérieur.

⟳ 8 points

1. (quitter – trouver) Je .... Paris dès que je .... un travail en province.
2. (boire – pouvoir) Quand on .... un peu d'eau, on .... repartir.
3. (manger – prendre) Merci. Je .... juste un fruit après que je .... ma douche.
4. (appeler – apprendre) Je suis sûr qu'il me .... aussitôt qu'il .... la nouvelle.

3 Lisez ces phrases et soulignez les expressions utilisées pour exprimer ce qui est demandé.

⟳ 6 points

S'assurer qu'on a bien compris
1. Là, vous voulez faire référence à l'article d'Alain Duhamel ?
2. C'est bien à 7 h 40 que le train part ?
3. En somme, c'est sa sœur qui a tout organisé ?

S'assurer qu'on a bien été compris
4. Son patron l'a remerciée. Autrement dit, elle a été renvoyée.
5. Ça va ? Je me suis bien fait comprendre ? Sinon, je reprends.
6. Il est encore très malade, ce qui revient à dire qu'il ne sera pas avec nous demain soir.

4 Écrivez un minidialogue avec ces expressions.

⟳ 3 points

• Tu vois ce que je veux dire : ....   • Pour mieux me faire comprendre : ....

5 Écoutez ces personnes et relevez ce qu'elles disent pour chercher un mot ou une phrase.

⟳ 5 points

1. ....   **3.** ....   **5.** ....
2. ....   **4.** ....

6 Remplacez les éléments soulignés par une construction infinitive.

⟳ 4 points

1. J'ai aperçu Coline qui <u>discutait</u> devant la salle Gauguin.
2. Je crois <u>que je peux</u> envoyer mon CV à cette entreprise pour le poste qu'ils recherchent.
3. Il admet volontiers <u>qu'il n'a pas assez travaillé</u> sur le projet.
4. Tu as entendu les jeunes <u>qui chantaient</u> dans la rue cette nuit ?

JE PEUX ANNONCER UN PLAN, UN DÉVELOPPEMENT

 Associez les éléments pour construire cinq phrases correctes.

En premier lieu, j'aborderai •

Je parlerai ensuite •

Je montrerai que •

Ensemble nous explorerons •

J'essaierai également de montrer, à travers diverses expériences, •

Je terminerai par •

Je terminerai en •

• que le sommeil a une place essentielle à cet âge-là.

• des problèmes relatifs à la mauvaise alimentation.

• montrant quelques films courts pour illustrer mes propos.

• la question générale du développement psychomoteur de l'enfant de 3 à 4 ans.

• les aspects plus particuliers du développement psychologique.

Comptez 1 point par bonne réponse.

Vous avez...
• 5 points : félicitations !
• moins de 5 points, revoyez les pages 132, 133 de votre livre et les exercices de votre cahier.

JE PEUX UTILISER LES RELATIFS COMPOSÉS

2 **Écrivez une seule phrase en utilisant un relatif composé (*auquel*, *de laquelle*, etc.).**

1. Les logements sociaux sont tous à l'extérieur de la ville. Ils vivent dans ces logements sociaux.

2. Les deux entreprises se trouvent près d'Osaka. Nous travaillons avec ces deux entreprises.

3. Je n'ai pas encore reçu la lettre. Je devrais pourtant répondre à cette lettre avant le 22 mai.

4. Nous avons reçu 125 000 euros. Nous pourrons aménager une infirmerie grâce à ces 125 000 euros.

5. On a gravi un sommet de 3 000 mètres. On avait une vue magnifique du haut de ce sommet.

Comptez 1 point par bonne réponse.

Vous avez...
• 5 points : félicitations !
• moins de 5 points, revoyez la page 135 de votre livre et les exercices de votre cahier.

JE PEUX UTILISER LE FUTUR ANTÉRIEUR

3 **Mettez les verbes entre parenthèses au futur ou au futur antérieur.**

1. Je (partir) .... courir au bord de la Loire dès que je (finir) .... de ranger mon bureau.

2. Après que vous (lire) .... ce livre, vous ne (penser) .... plus comme ça.

3. Tu (pouvoir) .... m'appeler quand tu (discuter) .... avec Nicolas ?

Comptez 1 point par bonne réponse.

Vous avez...
• 6 points : félicitations !
• moins de 6 points, revoyez la page 145 de votre livre et les exercices de votre cahier.

JE PEUX PRÉCISER MES PROPOS

 Associez un élément de chaque colonne pour reconstituer quatre phrases correctes.

1. Ce que je voudrais vous montrer,

2. Vous avez l'air de dire que

3. Pour mieux me faire comprendre,

4. J'espère que vous voyez bien

a. je vais vous lire un extrait du livre.

b. c'est que tout n'a pas pu être vérifié.

c. mes exemples ne sont pas clairs.

d. ce que je veux dire.

Comptez 1 point par bonne réponse.

Vous avez...
• 4 points : félicitations !
• moins de 4 points, revoyez la page 148 de votre livre et les exercices de votre cahier.

→ RÉSULTATS : .... points sur 20 points = ... %

Préparation au DELF B1 (module 5)

COMPRÉHENSION DE L'ORAL

Émission de radio

 Écoutez, puis répondez.

1. De quelle radio ce document est-il extrait ?
....

2. Quel est le poste recherché ? ....

3. Le futur salarié devra-t-il travailler seul ou avec d'autres personnes ? ....

4. Quelles sont les deux fonctions principales que le salarié devra assumer ? ....

5. Quelle aide le salarié devra-t-il apporter aux entreprises de tourisme ?

6. Combien de langues la personne recherchée devra-t-elle parler ? Laquelle/Lesquelles ?
....

7. Quel profil doit-elle avoir ?
....
....

8. Quel est le salaire minimum proposé ? ....
Peut-il varier ? .... Pourquoi ? ....

9. Comment peut-on retrouver toutes les informations données ? ....

COMPRÉHENSION DES ÉCRITS

I. Remettez ces éléments dans l'ordre afin de reconstituer la lettre de motivation de cette candidate.

a) Durant quatre années, en effet, j'ai fait partie de l'équipe de commerciaux du groupe Sanofi-Aventis, au sein de laquelle, outre mon travail de commerciale, j'ai participé à de nombreux séminaires de formation et à divers congrès.

b) Le dynamisme et l'essor du groupe Pfizer n'est plus à prouver et j'ai eu l'occasion d'y participer modestement par le biais d'un stage de fin d'études en juin 2004.

c) Veuillez agréer, Monsieur, l'expression de mes salutations distinguées.

d) Je serais ravie de pouvoir vous exposer plus amplement mes connaissances et mes motivations lors d'un entretien.

e) Pour toutes ces raisons, je souhaiterais vivement rejoindre votre équipe et mettre au service de votre société mes connaissances de votre secteur d'activité, mes diverses expériences, mes qualités relationnelles et mon dynamisme.

f) Je suis titulaire d'un BTS Action commerciale et d'un BEP de vente. Une année comme jeune fille au pair à Londres m'a donné l'occasion de parfaire ma pratique de l'anglais que je maîtrise parfaitement.

g) Cette toute première expérience professionnelle, d'autres stages divers, et une expérience plus conséquente m'ont permis de mettre à profit mes connaissances, d'acquérir un savoir-faire dans le métier de technico-commercial et c'est pour ce poste que je m'adresse à vous aujourd'hui.

2. Lisez ce document puis cochez la réponse qui convient.

Le projet de loi sur l'école adopté « dans l'urgence »

Le Sénat a adopté dans la nuit de samedi à dimanche le projet de loi d'orientation pour l'avenir de l'école, instaurant notamment un « socle commun de connaissances et de compétences » que tout élève est censé maîtriser au terme de sa scolarité obligatoire.

Au terme d'un débat marathon plus long qu'à l'Assemblée nationale – près de 45 heures – le texte de 62 articles proposé par le ministre de l'Éducation nationale François Fillon a recueilli 201 voix de droite contre 124 voix de gauche. Le « socle » défini par la loi comprend la maîtrise de la langue française, des principaux éléments de mathématiques, d'une culture humaniste et scientifique, la pratique d'au moins une langue étrangère, ainsi que la maîtrise des techniques de l'information et de la communication.

Selon un « rapport annexé » qui n'a pas force de loi, l'objectif du système éducatif est de « *garantir que 100 % des élèves aient acquis un diplôme ou une qualification reconnus, d'assurer que 80 % d'une classe d'âge accède au niveau du bac et de conduire 50 % d'une classe d'âge à un diplôme de l'enseignement supérieur* ».

Le projet développe le concept des « bourses au mérite » pour les bons élèves en difficulté sociale, il crée un Haut Conseil de l'éducation, met en place des programmes personnalisés de réussite scolaire pour les élèves en difficulté, et installe dans chaque établissement un « conseil pédagogique ». Il prévoit que la délivrance de diplôme peut tenir compte des résultats des examens terminaux, des contrôles continus ou en cours de formation, ainsi que de la validation des acquis de l'expérience, et institue un nouveau brevet remanié en fin de 3e comprenant une note de « vie scolaire ». [...]

La Nouvelle République du Centre-Ouest, 22 mars 2005.

1. Le débat de 45 heures sur l'avenir de l'école a eu lieu :
- ☐ à l'Assemblée nationale.   ☐ au Sénat.
- ☐ au ministère de l'Éducation nationale.

2. Le « socle » comprend :
- ☐ des matières à choisir par les élèves.
- ☐ des matières communes à tous les élèves.

3. Le « rapport annexé » est :
- ☐ un texte qui n'est pas une loi.
- ☐ un texte de loi supplémentaire.

4. Le projet propose d'aider :
- ☐ les élèves qui ont des difficultés scolaires.
- ☐ les meilleurs élèves qui ont des problèmes d'ordre social.

5. Dans ce projet, les élèves en difficulté :
- ☐ auront des programmes adaptés.
- ☐ devront rattraper le niveau moyen des élèves.

PRODUCTION ÉCRITE

Courrier

**Vous voulez poser votre candidature pour suivre une formation dans une école en France.
Après avoir imaginé et organisé les diverses informations, vous rédigerez une lettre de motivation, sans oublier de demander un entretien au directeur de l'école.**

PRODUCTION ORALE

1. Entretien informel (2 à 3 minutes)

Parlez de vos goûts en matière d'humour. Qu'est-ce qui vous fait le plus rire, en général ? Pourquoi ? Aimez-vous les sketchs comiques ? Quelle est la dernière fois où vous avez vraiment beaucoup ri ? Pourquoi ? Quel genre d'humour ne vous plaît pas ou vous agace ? Pourquoi ?

2. Exercice en interaction

Vous êtes en entretien avec le directeur de l'école dans laquelle vous avez fait une demande de formation en France. Celui-ci essaie de vous impressionner en vous posant des questions difficiles et inattendues. Vous répondez le mieux possible au directeur de l'école dont le rôle sera tenu par l'examinateur.

3. Monologue suivi (préparation : 10 minutes)

Dégagez le thème du texte puis donnez votre opinion.

Le débat fait rage outre-Atlantique et commence à débarquer en Europe [...]
Depuis dix ans, deux mouvements américains se déchirent autour des progrès de la science : partisans d'un développement technologique sans limites, les Extropiens s'opposent aux Néo-Luddites qui voient, à terme, une humanité devenue trop dépendante des machines et donc vouée à la décadence. Deux fondamentalismes aussi pertinents l'un que l'autre.

France TGV, n° 71, février 2005.

Mémento

page

● **Portfolio** 160

● **Corrigés des autoévaluations** 167

● **Lexique plurilingue** 168

● **Précis de grammaire** 180

● **Transcriptions** 186

Grille pour l'autoévaluation

COUNCIL CONSEIL
OF EUROPE DE L'EUROPE
European Language Portfolio
Portfolio européen des langues

B1

Comprendre	
→👤 Ecouter	Je peux comprendre les points essentiels quand un langage clair et standard est utilisé et s'il s'agit de sujets familiers concernant le travail, l'école, les loisirs, etc. Je peux comprendre l'essentiel de nombreuses émissions de radio ou de télévision sur l'actualité ou sur des sujets qui m'intéressent à titre personnel ou professionnel si l'on parle d'une façon relativement lente et distincte.
👤← Lire	Je peux comprendre des textes rédigés essentiellement dans une langue courante ou relative à mon travail. Je peux comprendre la description d'événements, l'expression de sentiments et de souhaits dans des lettres personnelles.

Parler	
👤↔👤 Prendre part à une conversation	Je peux faire face à la majorité des situations que l'on peut rencontrer au cours d'un voyage dans une région où la langue est parlée. Je peux prendre part sans préparation à une conversation sur des sujets familiers ou d'intérêt personnel ou qui concernent la vie quotidienne (par exemple famille, loisirs, travail, voyage et actualité).
👤→ S'exprimer oralement en continu	Je peux articuler des expressions de manière simple afin de raconter des expériences et des événements, mes rêves, mes espoirs ou mes buts. Je peux brièvement donner les raisons et explications de mes opinions ou projets. Je peux raconter une histoire ou l'intrigue d'un livre ou d'un film et exprimer mes réactions.

Écrire	
✍ Ecrire	Je peux écrire un texte simple et cohérent sur des sujets familiers ou qui m'intéressent personnellement. Je peux écrire des lettres personnelles pour décrire expériences et impressions.

Le **Niveau B1** correspond aux spécifications du **Niveau seuil** pour un visiteur en pays étranger. Deux traits le caractérisent particulièrement. Le premier est la capacité à **poursuivre** une **interaction** et à obtenir ce que l'on veut dans des situations différentes, par exemple : *en règle générale, suit les points principaux d'une discussion assez longue à son sujet, à condition que la diction soit claire et la langue standard ; donne ou sollicite des avis et opinions dans une discussion informelle entre amis ; fait passer de manière compréhensible l'opinion principale qu'il veut transmettre ; puise avec souplesse dans un large éventail de formes simples pour dire l'essentiel de ce qu'il veut ; peut poursuivre une conversation ou une discussion même si il/elle est quelquefois difficile à comprendre lorsqu'il/elle essaie de dire exactement ce qu'il/elle souhaite ; reste compréhensible, même si la recherche des mots et des formes grammaticales ainsi que la remédiation sont évidentes, notamment au cours de longs énoncés.* Le deuxième trait est la capacité de **faire face** habilement aux problèmes de la vie quotidienne, par exemple : *se débrouiller dans une situation imprévue dans les transports en commun ; faire face à l'essentiel de ce qui peut arriver lors de l'organisation d'un voyage chez un voyagiste ou au cours du voyage ; intervenir sans préparation dans des conversations sur des sujets familiers ; faire une réclamation ; prendre des initiatives lors d'un entretien ou d'une consultation (par exemple, aborder un sujet nouveau) encore que l'on reste très dépendant de l'interlocuteur dans l'interaction ; demander à quelqu'un d'éclaircir ou de préciser ce qu'il/elle vient de dire.*

Le **Niveau B1+** correspond à un degré élevé du **Niveau seuil.** On y retrouve les deux mêmes traits caractéristiques auxquels s'ajoute un certain nombre de descripteurs qui se concentrent sur la quantité d'information échangée, par exemple : *prend des messages sur des demandes de renseignements ou explique une difficulté ; apporte l'information concrète exigée dans un entretien ou une consultation (par exemple, décrit des symptômes à un médecin) mais avec une précision limitée ; explique pourquoi quelque chose pose problème ; donne son opinion sur une nouvelle, un article, un exposé, une discussion, un entretien, un documentaire et répond à des questions de détail complémentaires – les résume ; mène à bien un entretien préparé en vérifiant et confirmant l'information même s'il fait parfois répéter l'interlocuteur dans le cas où sa réponse est longue ou rapidement énoncée ; décrit comment faire quelque chose et donne des instructions détaillées ; échange avec une certaine assurance une grande quantité d'informations factuelles sur des questions habituelles ou non dans son domaine.*

Cadre européen commun de référence pour les langues,
Éditions Didier, 2001.

ÉCOUTER ET COMPRENDRE

	pas encore	parfois	souvent	toujours

Je peux...

> comprendre les idées essentielles d'une conversation sur un sujet familier (travail, loisirs...), y compris dans des monologues courts.

> comprendre une information sur des faits précis de la vie quotidienne.

> suivre les idées essentielles d'une longue conversation si la langue est standard et bien articulée.

> suivre un exposé dans ma spécialité si le sujet est familier et si la présentation est simple et bien structurée.

> suivre la structure générale d'un exposé sur un sujet familier si la langue est standard et que les personnes parlent clairement.

> suivre une conversation téléphonique si elle porte sur des sujets quotidiens.

> comprendre l'information contenue dans la plupart des documents enregistrés si le sujet est un de mes intérêts personnels et si la langue est claire.

> comprendre les idées essentielles des bulletins d'informations radiophoniques et de documents enregistrés simples, sur un sujet familier, si la personne ne parle pas trop vite et utilise une langue claire et articulée.

> comprendre une grande partie des programmes télévisés sur des sujets d'intérêt personnel tels que des brèves, des interviews, des courts métrages... si les personnes parlent lentement et clairement.

> Je peux aussi : ....

Astuces et stratégies :

> Je peux deviner le sens de mots inconnus grâce à la ressemblance avec ma langue ou avec d'autres langues que je connais.

> Je peux comprendre des mots inconnus grâce au sens général du document.

> Je peux comprendre le thème général d'une conversation ou d'un récit en repérant seulement quelques phrases.

PARLER	pas encore	parfois	souvent	toujours
Je peux...				
> décrire des lieux, des personnes, des objets ou des événements familiers en présentant des caractéristiques.				
> raconter en détail mes expériences en décrivant mes sentiments et mes réactions.				
> raconter en détail un événement inattendu comme un accident, par exemple.				
> raconter l'histoire d'un livre, d'un film, d'une pièce et décrire mes propres réactions.				
> décrire un rêve, un espoir, un projet.				
> décrire un événement réel ou imaginaire.				
> raconter une histoire personnelle.				
> développer des idées pour être compris la plupart du temps.				
> donner brièvement les raisons et les explications sur mes opinions, mes projets ou mes actions.				
> faire un exposé préparé devant un public en étant précis et compris par la plupart.				
> donner des explications supplémentaires après l'exposé réalisé et répondre aux questions posées.				
> résumer et faire le point dans une conversation.				
> Je peux aussi :				
Astuces et stratégies :				
> Je peux faire des gestes pour appuyer mes propos afin d'être sûr de bien me faire comprendre.				
> Je peux décrire un objet si je ne connais pas son nom exact.				
> Quand un mot me manque, je peux trouver d'autres formulations pour dire la même chose.				
> Je peux dire autrement ce que quelqu'un vient de dire pour vérifier si j'ai bien compris.				
> Si je peux préparer mon intervention, je peux essayer de nouvelles expressions et demander ensuite si c'est correct.				

INTERAGIR

	pas encore	parfois	souvent	toujours

Je peux...

> échanger, vérifier et confirmer des informations.

> faire face à une situation peu familière et expliquer pourquoi j'ai des difficultés.

> exprimer ma pensée sur un sujet culturel ou plutôt abstrait comme un film, des livres, des tableaux, de la musique...

> grâce à une langue simple, faire face à la plupart des situations que je pourrais rencontrer au cours d'un voyage.

> participer, sans préparation, à une conversation sur un sujet familier.

> suivre une conversation quotidienne si l'autre s'exprime clairement et si je peux faire parfois répéter quelques mots ou expressions.

> continuer une conversation même si je suis difficile à comprendre parce que j'ai des problèmes pour présenter mes idées comme je le voudrais.

> exprimer des sentiments tels que la surprise, la joie, la déception, l'indifférence, la colère, la tristesse...

> réagir à des sentiments tels que la surprise, la joie, la déception, l'indifférence, la colère, la tristesse...

> inviter quelqu'un à donner son opinion.

> commenter brièvement l'opinion de quelqu'un.

> comparer et opposer des choix en discutant de ce qu'il faut faire, ce qu'il faut choisir, etc.

> faire comprendre mes opinions et réactions pour trouver une solution à un problème ou à des questions pratiques (où aller, comment faire...).

> demander des informations supplémentaires.

> exprimer poliment mon accord, mon désaccord, mon opinion.

> faire face à une situation peu habituelle dans un magasin, une banque, par exemple, et faire une réclamation.

> participer à un entretien (professionnel, par exemple) et donner des renseignements concrets et précis.

> intervenir dans une discussion sur un sujet familier en utilisant une expression pour prendre la parole.

> commencer, poursuivre et terminer une conversation à deux sur des sujets familiers ou d'intérêt personnel.

> reformuler les propos d'une autre personne pour rendre la compréhension plus facile et faciliter le développement des idées.

> corriger les erreurs de temps ou d'expressions si la personne à qui je parle ne me comprend pas et me le dit.

Je peux aussi : ....

Astuces et stratégies :

> Je peux dire que je n'ai pas compris quelque chose et demander de répéter ou d'expliquer.

> Je peux demander de répéter avec des mots simples.

> Quand je ne connais pas un mot, je peux essayer de l'inventer et demander si on peut dire ça.

> Je peux essayer une autre formulation si la personne à qui je parle ne me comprend pas.

LIRE ET COMPRENDRE	pas encore	parfois	souvent	toujours
Je peux...				
> lire des textes sur des sujets liés à ma spécialité ou à mes intérêts et les comprendre globalement.				
> comprendre la description d'événements, de sentiments ou de souhaits suffisamment bien pour pouvoir avoir une correspondance régulière avec un ami (lettres, messages électroniques).				
> parcourir un texte assez long pour y repérer des informations dans différentes parties en vue d'effectuer une tâche précise.				
> trouver et comprendre l'information essentielle dans des écrits quotidiens tels des lettres, des prospectus, de courts documents officiels.				
> identifier les principales conclusions d'un texte clairement structuré.				
> reconnaître la structure d'un texte et son schéma argumentatif sans nécessairement comprendre le détail.				
> reconnaître les idées essentielles d'un article de journal ou de magazine sur un sujet familier.				
> Je peux aussi :				
Astuces et stratégies :				
> Je peux identifier des mots inconnus grâce au contexte sur des sujets liés à ma spécialité ou à mes intérêts.				
> Je peux, de temps en temps, dégager du contexte le sens de plusieurs mots inconnus et deviner alors le sens de la phrase si le sujet est familier.				

ÉCRIRE

	pas encore	parfois	souvent	toujours

Je peux...

❯ écrire des textes avec une structure simple sur des sujets variés liés à ma spécialité ou à mes intérêts en enchaînant correctement mes idées.

❯ apporter de l'information sur des sujets concrets ou abstraits, contrôler l'information.

❯ interroger sur un problème ou l'exposer clairement.

❯ écrire des lettres ou des messages pour demander ou donner des informations et faire comprendre les idées que je trouve importantes.

❯ écrire des lettres personnelles pour donner des nouvelles.

❯ écrire des descriptions détaillées simples sur divers sujets familiers.

❯ raconter des expériences en décrivant mes sentiments et mes réactions dans un texte simple et bien articulé.

❯ raconter un événement réel ou imaginaire, comme un voyage, par exemple.

❯ raconter une histoire personnelle ou un événement arrivé à une autre personne.

❯ exprimer mon opinion sur un sujet culturel comme un film, une pièce, un livre, de la musique...

❯ apporter de l'information sur des sujets concrets ou abstraits, contrôler l'information.

❯ écrire une lettre personnelle pour raconter en détail des expériences et des événements et décrire mes sentiments.

❯ noter un message concernant une demande d'information ou l'explication d'un problème.

❯ laisser des notes qui donnent une information simple à des amis, des collègues, des professeurs, en donnant clairement les points qui me semblent importants.

❯ résumer clairement des informations sur des sujets familiers, en faire le rapport et donner mon opinion.

❯ écrire de courts rapports pour donner des informations et justifier des actions.

❯ Je peux aussi : ....

Astuces et stratégies :

❯ Je peux reproduire à l'écrit des phrases que je connais à l'oral.

❯ Quand je relis ce que j'ai écrit, je peux repérer et corriger la plupart de mes erreurs.

❯ Je peux prendre des notes quand j'écoute un enregistrement pour pouvoir répondre ensuite à une demande précise.

COMPÉTENCES SOCIOCULTURELLES

	pas encore	parfois	souvent	toujours

Je peux...

> utiliser *tu* ou *vous* selon la personne à qui je m'adresse, avec son prénom, son nom de famille ou un titre (monsieur, madame, docteur...).

> reconnaître et utiliser les règles de politesse.

> comprendre si la situation de communication est amicale ou formelle et si les personnes utilisent un niveau de langue familier ou soutenu.

> utiliser le niveau de langue (familier, soutenu) qui correspond à la situation de communication (amicale ou formelle).

> modifier ma manière de communiquer selon la personne à qui je m'adresse et selon la situation de communication.

> modifier ma manière de communiquer pour montrer mon affection ou pour plaisanter.

> reconnaître et utiliser les attitudes et les gestes les plus courants dans la communication orale pour exprimer une opinion ou un sentiment.

> reconnaître les habitudes, les comportements et les valeurs propres à la société dont j'apprends la langue.

> prendre en compte les habitudes, les comportements et les valeurs propre à la société dont j'apprends la langue dans ma communication avec les personnes de cette société.

> prendre en compte les habitudes, les comportements et les valeurs de la société dont j'apprends la langue dans une traduction ou dans une explication à des personnes qui ont la même langue maternelle que moi.

> Je peux aussi : ....

EXPÉRIENCES SOCIOCULTURELLES

> Voyages en pays francophone : type (tourisme, études...), lieu, date, durée. ....

> Actions réalisées dans un pays francophone ou en relation avec un pays francophone. ....

> Lectures d'œuvres littéraires, scientifiques ou documentaires : auteur, titre, nombre de pages. ....

> Lectures de journaux et magazines : titre, fréquence (quotidien, mensuel...). ....

> Écoute de média audiovisuels (radio, télévision, disques...) ou de spectacles en français (théâtre, spectacle d'humour...) : types, titres, auteurs ou réalisateurs. ....

> Échanges avec des locuteurs francophones (par téléphone, courrier postal, courrier électronique, dans un club francophone...). ....

> Participation à des présentations, expositions ou publications (thèmes, médias utilisés, formes de présentation...). ....

> Autres ....

Corrigés des autoévaluations

Autoévaluation 1 > page 36

1. 1. allure **2.** chétif **3.** expressifs **4.** moqueur **2. 1.** altitude **2.** L'atmosphère **3.** climat **4.** relief **3. 1.** la semaine prochaine **2.** notre ancienne maison **3.** une femme très chic **4. 1.** Il me dit qu'il a oublié de me rappeler lundi soir. **2.** L'agent de police lui demande ce qu'il fait dans les rues si tard. **3.** Christine me demande où je pars en vacances cette année. **4.** Il me demande ce qui me déplaît dans cet appartement. **5. 1.** n'avait pas voulu **2.** pouvait/pourrait **3.** confirme **4.** était/serait **5.** allait/irait

Autoévaluation 2 > page 66

1. Je connais quelqu'un qui connaît bien la langue coréenne. ; Tout le monde sait que Luis est le seul ici qui connaît bien la langue coréenne. ; Je voudrais trouver quelqu'un qui connaisse bien la langue coréenne. ; Je ne suis pas certaine qu'il connaisse bien la langue coréenne. Bien sûr qu'il connaît bien la langue coréenne. **2. 1.** examiner **2.** m'exerce **3.** éprouvez **4.** j'ai touché **5.** sécurisée **3. 1.** L'économie du pays est perturbée du fait d'une vague de grand froid. **2.** Elle a réussi tous ses examens grâce à Jean-Louis/grâce à l'aide de Jean-Louis. **3.** Il y a de la neige sur Paris, par conséquent les avions ne peuvent pas atterrir à Roissy ni à Orly. **4.** Elle ne supportait plus la vie en France, d'où son départ pour l'étranger. **5.** On pourrait aller à la montagne cette année, comme on va toujours à la mer depuis 10 ans. **4. 1.** Ça m'est égal. **3.** Quelle importance ? **4.** Je m'en fiche. **5.** Qu'est-ce que ça fait ? **6.** Peu importe.

Autoévaluation 3 > page 96

1. 1. Nous sommes désolés de **2.** Ce n'est pas possible **3.** On n'a qu'à **2. 1.** ~~retournons~~ – ~~nous retournerons~~ **2.** ~~à supposer que~~ – ~~à condition que~~ **3.** ~~partirais~~ – pars **4.** ~~diront rien~~ – ~~avaient rien dit~~ **5.** ~~refuserions~~ – ~~aurions refusé~~ **3.** Vous n'avez qu'à en parler avec lui. ; Si j'ai un conseil à te donner, n'y va pas ! ; Il vaudrait mieux rester un peu dehors. ; Pourquoi ne pas avouer ton erreur ? **4.** *Phrase exprimant le regret :* J'ai

eu tort de faire ça. ; *phrases exprimant le reproche :* Vous auriez dû partir plus tôt. ; C'est stupide de ne pas l'avoir appelée. ; Vous auriez pu m'avertir, quand même... **5. 1.** En voyant mon chapeau, elle a éclaté de rire. **2.** En travaillant un peu moins, vous serez plus en forme. **3.** L'ordinateur cherche la meilleure solution en comparant toutes les informations. **4.** En ne faisant aucun effort, tu n'auras pas tes examens.

Autoévaluation 4 > page 126

1. Chut ! - Tais-toi ! - S'il vous plaît ! - Vous n'avez pas la parole ! **2. 1.** quelques-unes **2.** autres **3.** plusieurs **4.** chacun **3. 1.** Même si - ~~Tandis que~~ **2.** ~~encore que~~ - malgré **3.** à l'opposé - ~~malgré~~ **4.** ~~au contraire~~ - quand même **4. 1.** se retrouver dans le pétrin **2.** mettre la pain à la pâte **3.** tourner au vinaigre **4.** mettre son grain de sel **5. 1.** se sont connectés **2.** s'est rendu compte **3.** se sont vus ; se sont plu

Autoévaluation 5 > page 156

1. En premier lieu, j'aborderai la question générale du développement psychomoteur de l'enfant de 3 à 4 ans. Je parlerai ensuite des problèmes relatifs à la mauvaise alimentation. Ensemble nous explorerons les aspects plus particuliers du développement psychologique. J'essaierai également de montrer, à travers diverses expériences, que le sommeil a une place essentielle à cet âge là. Je terminerai en montrant quelques films courts pour illustrer mes propos. **2. 1.** Les logements sociaux dans lesquels ils vivent sont tous à l'extérieur de la ville. **2.** Les deux entreprises avec lesquelles nous travaillons se trouvent près d'Osaka. **3.** Je n'ai pas encore reçu la lettre à laquelle je devrais pourtant répondre avant le 22 mai. **4.** Nous avons reçu 125 000 euros grâce auxquels nous pourrons aménager une infirmerie. **5.** On a gravi un sommet de 3 000 mètres du haut duquel on avait une vue magnifique. **3. 1.** partirai – aurai fini **2.** aurez lu – penserez **3.** pourras – auras discuté **4. 1.** b ; **2.** c ; **3.** a ; **4.** d

Lexique plurilingue

FRANÇAIS	ANGLAIS	ESPAGNOL	ALLEMAND	CHINOIS	ARABE
Aborder	to approach	abordar	ansprechen	搭讪	واجه
accélérer	to accelerate	acelerar	beschleunigen	加速，加快	أسرع
accentuer	to emphasize	acentuar	betonen	强调	شدّد
accès	access	acceso	Zugang	进入，到达	الوصول إلى
accompagner	to accompany	acompañar	begleiten	陪同，伴随	صاحب
accroître	to increase	incrementar	zunehmen	增长，扩大	زاد
accusé	defendant	reo	Angeklagter	被告人	متّهم
acquérir	to acquire	adquirir	erwerben	获得，取得	اقتنى
admettre	to admit	admitir	einräumen	接纳	قبل بـ، وافق
en admettant que	admitting that	admitiendo que	angenommen, dass	假设	إذا اعتبرنا أن
aérodrome	aerodrome	aeródromo	Flugplatz	飞机场	مطار
affirmer	to maintain	afirmar	behaupten	保证	أكّد
agacement	irritation	irritación	Verärgerung	厌烦，不快	انزعاج
agacer	to irritate	irritar	verärgern	刺激	أزعج
ainsi	thus	así	so	因此	هكذا
alarme	alarm	alarma	Alarm	警报	إنذار
alerte	alert	alerta	Warn-	警报	إنذار
alléger	to reduce	aliviar	mildern	减轻	خفف
allègrement	joyfully	alegremente	munter	活泼地	بمرح،
allocation	benefit	subsidio	Beihilfe	配置	إعانة
allure	style	garbo	Stil	样子	هيبة
altitude	altitude	altitud	Höhe	海拔	ارتفاع
amant	lover	amante	Liebhaber	情夫	عشيق
ambitieuse	ambitious	ambiciosa	ehrgeizig	野心勃勃的	طموحة
amener	to bring	traer	mitbringen	带来	اقتاد
amoindrir	to reduce	amenguar	verringern	减少	تخفيف
amusant	funny	distraído	amüsant	有趣的	ظريف
âne	donkey	burro	Esel	驴子	حمار
angoisser	to worry	angustiar	ängstigen	使焦虑	أقلق
animé	busy	animado	belebt	热闹	مزدحم
annuler	to cancel	cancelar	annullieren	取消	ألغى
apercevoir	to see	percibir	wahrnehmen	看到	رأى
s'apercevoir	to notice	reparar	bemerken	意识到	لاحظ، اكتشف
apeuré	frightened	amedrentado	verängstigt	受惊的	خائف
apothéose	high point	apoteosis	Höhepunkt	最高峰	تمجيد
d'appoint	supplementary	adicional	Neben-	辅助的	ثانوي، مكمّل
apport	contribution	aporte	Beitrag	投资	تقدمة
appréciable	considerable	apreciable	nennenswert	可观的	ذو قيمة
apprivoiser	to overcome	amansar	bändigen	驯养	دجّن، طوّع
s'approcher de	to go up to	acercarse de	näher kommen	靠近	اقترب من، دنا من
s'appuyer sur	to rely on	respaldarse en	sich stützen auf	依靠	ارتكز على
araignée	spider	araña	Spinne	蜘蛛	عنكبوت
arc	bow	arco	Bogen	弓；拱形结构	قوس
s'arranger	to improve	mejorar	besser werden	想办法	تحسّن
article	article	artículo	Artikel	条款	صنف، مادة
aspiration	aspiration	aspiración	Bestreben	渴望	تطلّع، طموح
en avoir assez	to be fed up	estar harto	von etw. genug haben	受够了	ملّ
assister à	to attend	asistir a	teilnehmen an	参加	حضر
assumer	to take	asumir	übernehmen	担当	تحمّل المسؤولية
assurer	to assure	asegurar	versichern	保证	ضمن، أكّد
athlète	athlete	atleta	Athlet	运动员	رياضي
s'attarder	to linger	rezagarse	sich aufhalten mit	耽搁	ركّز على، تأخّر
attribuer	to grant	atribuir	gewähren	给予	أعطى، منح
attrister	to sadden	entristecer	traurig machen	使悲伤	أحزن
autonome	independent	autónomo	unabhängig	独立	مستقلّ
autonomie	autonomy	autonomía	Unabhängigkeit	自治	استقلالية

FRANÇAIS	ANGLAIS	ESPAGNOL	ALLEMAND	CHINOIS	ARABE
autrement	differently	de otro modo	anders	换言之	بشكل مختلف
avancer	to move forward	avanzar	vorankommen	前进	تقدّم
avertir	to inform	comunicar	verständigen	通知	أبلغ
avoir confiance en	to trust	confiar en	Vertrauen haben in	对...有信心	وثق بـ
avoir du ventre	to have a belly	tener barriga	Bauch haben	勇敢	كان له كرش
avoir la pêche	to feel great	tener marcha	in Form sein	感到精力充沛	كان نشطًا
d'aucuns	some	algunos	einige, etliche	某些人	بعضهم، البعض
Bac	ferry	barcaza	Fähre	渡轮	مُعدِّية
bâiller	to yawn	bostezar	gähnen	打呵欠	تشاءب
baisse	fall, drop	baja	Rückgang	下降，降低	انخفاض، تراجع
se balader	to go for a walk	pasearse	spazieren gehen	闲逛	تنزّه
balustrade	railing	barandilla	Balustrade	栏杆	درابزين
banc	bench	banco	Bank	长凳	مقعد
barrière	fence	barrera	Absperrung	栅栏	حاجز
bataille	battle	batalla	Schlacht	战役	معركة
beauf	yokel	hortera	kleinkariert	可恶的男人	سخيف، مبتذل
belliqueuse	aggressive	belicosa	kriegerisch	热衷于战争的	شرسة، مشاكسة
belote	belote (card game)	juego de naipes	frz. Kartenspiel	勃洛特纸牌游戏	بيلوت
bidonnant	hilarious	la mar de gracioso	lustig	非常好笑的	مضحك جدا
bidule	thingy	chisme	Dingsda	东西	شيء
blé	wheat	trigo	Weizen, Korn	小麦	قمح
bof	(expression of indifference)	¡hombre!	na	啵！	هيهات
bonhomme	chap	tío	Kerl	家伙	رجل، شخص
à bord de	on board	a bordo de	an Bord	在船上	على متن
au bord de	at the edge of	al borde de	am Rande	在...边上	على وشك، على حافة
bordé de	lined with	cercado de	gesäumt von	旁边有.....上	محاط بـ
boulet	ball and chain	hierros	Eisenkugel	犯人脚镣上的铁球	كرة حديدية
boulotte	tubby	regordeta	pummelig	矮胖的人	دحداحة
bout	piece	trozo	Stück	端部，末端	طرف
branche	branch	ramo	Branche	科目	فرع
brasserie	pub	cervecería	Gaststätte	啤酒馆	مقهى
bref	brief	breve	kurz	简短的	باختصار
brillant	bright	brillante	brillant	才华横溢的	لامع
briller	to shine	brillar	glänzen	闪耀	لمع، تألّق
bruyant	noisy	ruidoso	laut	大声喧哗的	ضاج، صاخب
bureautique	office automation	ofimática	Bürotik	办公室自动化	بيروتيك
se **C**acher	to hide	esconderse	sich verstecken	躲藏	اختبأ
cachet	fee	sueldo	Gage	演出的酬金	راتب، أتعاب
cadre	setting	entorno	Rahmen	环境	إطار، جوّ
cadre supérieur	senior executive	alto cargo	Leitender Angestellter	高干	موظف إداري عال
caissière	cashier	cajera	Kassiererin	出纳员	مسؤولة صندوق
se calmer	to calm down	calmarse	sich beruhigen	冷静	هدأ
cancre	dunce	mal estudiante	Faulpelz	又懒又笨的学生	كسول، غبيّ
canon	hot	estupendo	toll	很美	وسيم
car	because	pues	denn	因为	لأن
caractériser	to characterise	caracterizar	kennzeichnen	显示...特征或特点	ميّز
carré	square	cuadrado	quadratisch	正方形	مربّع
carreau	window-pane	cristal	Scheibe	门窗玻璃	زجاج
carrément	completely	francamente	glatt	干脆	بتاتًا، بشكل كامل
carrière	career	carrera	Karriere	职业	سيرة مهنية
carton	box	cartón	Pappe	纸板	صندوق كرتون
case	cabin	cabaña	Hütte	茅屋	بيت، كوخ
casseur	rioting demonstrator	camorrista	Randalierer	闹事者	مكسّر، مشاغب
cataloguer	to catalogue	catalogar	katalogisieren	编成目录	صنف
catégorie	category	categoría	Kategorie	种类	فئة
cependant	however	no obstante	jedoch, dennoch	然而	إنما، ولكن
céramique	ceramic	cerámica	Keramik	陶器	سيراميك، خزف
cercle	circle	círculo	Kreis	圆形	حلقة
certain	certain	cierto	gewiss	肯定的，一定的	أكيد، مؤكد
cerveau	brain	cerebro	Gehirn	头脑	دماغ
chagrin	grief	pena	Kummer	悲伤	حزن
chaleureux	warm	caluroso	herzlich	热情的	دافئ
chameau	camel	camello	Kamel	双峰驼	جمل

FRANÇAIS	ANGLAIS	ESPAGNOL	ALLEMAND	CHINOIS	ARABE
chantage	blackmail	chantaje	Erpressung	勒索	ابتزاز
charte	charter	carta	Charta	宪章	ميثاق
chasser	to chase away	echar	verjagen	驱逐	طرد
chef de rayon	dept. manager	jefe de departamento	Abteilungsleiter	售货部主任	رئيس جناح
chétif[ive]	puny	enclenque	schwächlich	虚弱的	هزيل (هزيلة)
chic	smart, chic	distinguido	schick	优美的	أنيق
chiche	dare you!	¡vale!	wetten dass	就是敢	أتحدّاك
chômage	unemployment	paro	Arbeitslosigkeit	失业	بطالة
choper	to catch	coger	erwischen	抓住	التقط
cil	eyelash	pestaña	Wimper	睫毛	رمش
circulation	traffic	circulación	Verkehr	交通	سير
citoyen	citizen	cívico	staatsbürgerlich	公民的	مواطن
claquer	to slam	dar un portazo	zuschlagen	用力关上	صفق
clientèle	customers	clientela	Kundschaft	顾客	زبائن، عملاء
clochard	derelict	vagabundo	Penner	流浪者	متسكع
cogner	to beat up	golpear	schlagen	打	ضرَب
cohésion	cohesion	cohesión	Zusammenhalt	统一	تماسُك
sans chichis	straightforward	sin cursilerías	ohne viel Umstände	不装模作样	بلا تكلف
se coiffer	to do one's hair	peinarse	sich frisieren	梳头	رتب شعره
collaborer	to collaborate	colaborar	mitwirken	合作	تعاون
colonial	colonial	colonial	kolonial	殖民地的	استعماري
colonne vertébrale	spinal column	columna vertebral	Wirbelsäule	脊柱	عمود فقري
comédien	actor	comediante	Schauspieler	演员	ممثل
comique	comedian	cómico	Komiker	滑稽的	ممثل هزلي
compagnie	company	compañía	Gesellschaft	公司	شركة
compétence	ability	competencia	Kompetenz	能力	كفاءة، جدارة
compétent	competent	competente	kompetent	有能力的	كفؤ، جدير
compliment	compliment	cumplido	Kompliment	赞扬	تهنئة
comporter	to include	comportar	beinhalten	具有	شمل
en fin de compte	when all is said and done	en resumidas cuentas	schließlich	终究	شمل، اشتمل على، في نهاية الأمر
comptoir	trading post	factoría	Handelskontor	海外商行	كونتوار، وكالة
con	bloody stupid	jilipolla	blöd	笨蛋，傻瓜	غبي
concerner	to concern	afectar	betreffen	涉及	تعلق بـ
concession	concession	concesión	Zugeständnis	让步	تنازُل
conclure	to conclude	concluir	folgern	结束	استنتج، خلص إلى
concours	competitive exam	concurso	Auswahlverfahren	考试	مباراة، مسابقة
concurrence	competition	competencia	Konkurrenz	竞争	منافسة
concurrentiel	competitive	competitivo	wettbewerbsfähig	竞争的	تنافسي
condamner	to sentence	condenar	verurteilen	定罪	حكم على
à condition de	provided that	siempre que	unter der Bedingung dass	如果	سائق
confiance	trust, confidence	confianza	Vertrauen	信心	ثقة
confirmer	to confirm	confirmar	bestätigen	证实	أكد
se confronter à	to be confronted with sth	enfrentarse a	konfrontiert sein	面对	واجه، جابه
congés payés	paid holidays	vacaciones pagadas	bezahlter Urlaub	带薪假期	العُطل المدفوعة
se connecter	to connect	conectarse con	sich in Verbindung setzen	连接到	ارتبط، اتصل
se contenter de	to content oneself with	contentarse con	sich zufrieden geben	满足于	تعليمة
consœurs	female colleagues	colegas	Kollegin	女同事，女同行	زميلات
contraint	forced	forzado	gezwungen	被迫的，受限制的	مجبر
contrairement à	contrary to	a la inversa de	im Gegensatz zu	与……相反	على عكس ما
contrarier	to upset	contrariar	widersprechen	阻碍	عاكس
contrasté	sharply contrasted	contrastado	kontrastreich	对比的	مخالفة
contrepoids	counterbalance	contrapeso	Gegengewicht	平衡力量	ثقالة، موازن
contribuable	taxpayer	contribuyente	Steuerzahler	纳税人	مكلف، دافع الضريبة
contribuer	to contribute	contribuir	Beitrag leisten	协助	ساهم
convaincu	convinced	convencido	überzeugt	确信的	مقتنع
convenir	to be suitable	acordar	sich eignen	适合	لاءم، ناسب
convention	agreement	convenio	Vertrag	协议	اتفاقية جماعية
conventionné	registered	colaborador	anerkannt	特约的	متعاقد اجتماعياً، باتفاقية
coopération	cooperation	cooperación	Mitarbeit	合作	تعاون
copieusement	a lot	copiosamente	reichlich	丰盛地	بوفرة
corde	rope	cuerda	Seil	绳子	حبل
costaud	strong	forzudo	robust, stämmig	强壮的	قوي
coup d'œil	glance	mirada	kurzer Blick	瞟一眼	

FRANÇAIS	ANGLAIS	ESPAGNOL	ALLEMAND	CHINOIS	ARABE
courbé	bent	encorvado	gebeugt, gekrümmt	弯曲	نظرة سريعة
courtois	courteous	cortés	höflich	有礼貌的	منحن
couture	sewing	costura	Nähen	缝纫	مؤدَّب، لائق
couvent	convent	convento	Klosterschule	修道院	خياطة
craindre	to fear	temer	(be)fürchten	担心	هيَّأ
craintif	timid	temeroso	furchtsam	胆怯的	غطاء، لحاف
créatif	creative	creativo	kreativ	有创意的	خشي
crétin	moronic	cretino	dumm	傻子	فزع
croissance	growth	crecimiento	Wachstum	增长	أبله، سخيف
croûte	crust	corteza	Kruste	面包皮	تمساح
cru	raw	crudo	roh	生的	نموَّ
culinaire	culinary	culinario	kulinarisch	烹饪的	قشرة
cupide	grasping	codicioso	habsüchtig	贪财的	نيء
Danger	danger	peligro	Gefahr	危险	مطبخي، طبخي
déboucher sur	to lead to	desembocar sobre	führen zu	通向	جشع
se débrouiller	to manage	apañárselas	sich zu helfen wissen	设法应付	خطر
déceler	to detect	detectar	feststellen	识破	نفذ، صبَّ في
décevoir	to disappoint	decepcionar	enttäuschen	辜负	تدبَّر أمره
déclencheur	trigger	disparador	Auslöser	快门	كشف
décrire	to describe	describir	beschreiben	描述	خيَّب الأمل
défi	challenge	desafío	Herausforderung	挑战	مشغل، مُطلق
défoncer	to break down	hundir	einschlagen	捅破	وصف
dégager	to bring out	sacar	aufzeigen	指出	تحدَّ
dégager	to clear	despejar	Platz machen	使脱离	كسر، حطَم
délicatesse	delicacy	delicadeza	Feinheit	柔和	أبرز، أظهر
délivrer	to issue	entregar	geben	办法，提供	زاح
démarrer	to start	arrancar	starten	启动	رقة، لطف
démêler	to untangle	desenredar	entwirren	梳理	منح، أعطى
démocratie	democracy	democracia	Demokratie	民主	أقلع
dépanner	to help out	ayudar	helfen	排除故障	فرَّق، مشَّط
dépasser les bornes	to pass the markers	extralimitarse	die Grenzen überschreiten	过分	ديمقراطية
en dépit de	despite	pese a	trotz	尽管	ساعد
déprimer	to depress	deprimir	deprimieren	使沮丧	أبعد، أزاح
dérailler	to derail	descarrilar	entgleisen	脱轨	انهيار، إحباط
déroulement	progression	desarrollo	Verlauf	展开	أحبط، أحزن
désastre	disaster	desastre	Katastrophe	灾难	خرج عن السكة
désert	deserted	desierto	verlassen	荒无人烟的	تسلسل، مجرى
désopilant	hilarious	jocoso	lustig	惹人发笑的	كارثة
digne	dignified	digno	würdig	自重的	خال
disparité	disparity	disparidad	Diskrepanz	不同等	وقور
disque dur	hard drive	disco duro	Festplatte	硬盘	دبلوماسي
distingué	distinguished	distinguido	vornehm	杰出的	تباين
distributeur	ATM	distribuidor	(Geld)automat	自动取款机	متميَّز، لبق، أنيق
divers	various	diverso	verschiedenes	各种各样的	وزَّع
doucement	gently, slowly	despacio	langsam	轻轻地	موزَّع
douter	to doubt	dudar	zweifeln	怀疑	مختلف، متنوَّع
drame	tragedy	drama	Drama	悲惨事件	بلطف، بهدوء
un drôle de	odd	un extraño	ein komischer …	滑稽可笑的	سكَ
dune	dune	duna	Düne	沙丘	غريب
duvet	down	plumón	Daunen	羽绒	بشكل غريب
Écart	difference	diferencia	Abweichung	差距	كثيب
écarter	to move apart	apartar	jdn fernhalten	分开	زغب
échapper	to escape	escapar	entkommen	逃跑	فارق
échéance	deadline	vencimiento	Fälligkeit(sdatum)	期限	أبعد، أزاح
éclairer	to light up	aclarar	erleuchten	照亮	أفلت من
éclater	to break out	estallar	ausbrechen	爆发	استحقاق، قسط
écraser	to run over	aplastar	überfahren	压碎	انفجر، اندلع
s'écraser	to crash	estrellarse	abstürzen	坠毁	شاشة
éduquer	to educate	educar	erziehen	教育	هرس، سحق
effectuer	to carry out	efectuar	vornehmen	执行	انهرس، تحطم
efficace	effective	eficiente	wirksam	有效的	رتى
effrayant	frightening	pavoroso	schrecklich	吓人的	أنجز، قام بـ
également	also	igualmente	auch	一样地	فعَّال

FRANÇAIS	ANGLAIS	ESPAGNOL	ALLEMAND	CHINOIS	ARABE
égarer	to mislay	extraviar	verlieren	丢失	مخيف
s'élargir	to expand	ampliarse	breiter werden	变大	أيضًا، كذلك
élever	to bring up	criar	aufziehen	培养	أضاع
éliminer	to eliminate	eliminar	entfernen	排除	توسَّع
embarrassé	embarrassed	confuso	verlegen	尴尬的	ربَى
embêté	embarrassed	fastidiado	verstimmt	恼火的	قضى على
emblématique	symbolic	emblemático	sinnbildlich	象征性的	مُحرَج
s'embraser	to catch fire	abrasarse	sich rot färben	着火	منزعج، متضايق
éméché	tipsy	achispado	angeheitert	微醉的	رمزي،
émergence	emergence	emergencia	Auftauchen	出现	اشتعل
émerveillé	filled with wonder	maravillado	entzückt	令人惊叹的	ثمل، سكران
émouvoir	to move	conmover	rühren, bewegen	使感动	انبثاق، ظهور
empêcher	to prevent	impedir	hindern	阻止	منبهر
employeur	employer	empleador	Arbeitgeber	雇主	أثر بـ، حرّك الشعور
l'emporter	to win	prevalecer	sich durchsetzen	赢得	منع من
ému	moved, touched	conmovido	gerührt	激动的	ربَ عمل، مستخدِم
enchaîner	to put together	encadenar	verknüpfen	使连贯	منفعل، متأثر
encore	still, yet, again	todavía	noch	尚	حامل، حبلى
encourager	to encourage	alentar	ermutigen	鼓舞	ربَط، نسَق
endroit	place	lugar	Ort, Stelle	地方	بعد
énergétique	energy	energético	energetisch	能量的	شجَع
énergique	energetic	enérgico	energisch	刚毅的	مكان
énervant	irritating	irritante	entnervend	恼人的	طاقي
enfance	childhood	niñez	Kindheit	孩提时代	نشط
engagement	commitment	compromiso	Verpflichtung	聘用	مُزعج
engendrer	to engender	engendrar	(er)zeugen	产生	طفولة
engloutir	to engulf	engullir	verschlingen	贪婪地吞下	التزام
engraisser	to fatten	engordar	mästen	使肥沃	أولد
enneigé	snowy	nevado	verschneit	被雪覆盖的	بلع، ابتلع
énorme	huge	enorme	enorm	极大的	تسمين
entêté	stubborn	testarudo	dickköpfig	固执的	مغطى بالثلج
entretien	interview	entrevista	Gespräch	面试	ضخم
envahir	to invade	invadir	eindringen	侵入	عنيد
épais	thick	espeso	dick	厚的	مقابلة
épanouissement	development	regocijo	Entfaltung	成熟	اجتاح
épater	to impress	asombrar	verblüffen	使惊讶	سميك
époustouflant	amazing, incredible	asombroso	erstaunlich	惊人的	أدهش، أذهل
épuisé	exhausted	agotado	erschöpft	疲惫不堪的	زمن، عصر
équipage	crew	tripulación	Besatzung	机组	مذهل
espèce de	sort of	especie de	eine Art …	某种	منهوك، خائر القوى
essentiel	essential	básico	wesentlich	基本的	نوع من
essoufflé	breathless	ahogado	außer Atem kommen	气喘吁吁的	أمل
essuyer	to wipe	limpiar	abwischen	擦	أساسيّ، جوهري
états généraux	convention	estados generales	Leitung	总集会	ملهوث
étendre	to stretch	extender	erweitern	扩展	مسح
étendre	to hang out	tender	ausbreiten	晒	جمعيات عامة
éternuer	to sneeze	estornudar	niesen	打喷嚏	استفاض
ethnique	ethnic	étnico	ethnisch	民族的	بسط
étoile	star	estrella	Stern	星	عطس
étrange	strange	extraño	seltsam	奇怪的	أثني، عرقي
être	being	ser	Wesen	人	نجم
s'évanouir	to faint	desmallarse	ohnmächtig werden	晕倒	غريب
événement	event	acontecimiento	Ereignis	事件	كائن
éventuellement	possibly	eventualmente	vielleicht	或许	أغمي عليه
exception	exception	excepción	Ausnahme	例外	حدث
exercer	to practise	desempeñar	ausüben	从事	عند الاقتضاء، احتمالاً
s'exercer	to practise	adiestrarse	üben, trainieren	练习	استثناء
expédition	expedition	expedición	Expedition	探险	مارس
expert	expert	perito	Fachmann	专家	تمرّن
explorer	to explore	explorar	erforschen	勘察	رحلة، مغامرة
faire exprès	to do sth on purpose	hacer a propósito	absichtlich tun	故意	استكشف
expressif	expressive	expresivo	ausdrucksvoll	生动的	صدَر
Fabuleux	fabulous	fabuloso	phantastisch	令人惊异的	فعل عمدا

FRANÇAIS	ANGLAIS	ESPAGNOL	ALLEMAND	CHINOIS	ARABE
de cette façon	in this way	de esta forma	auf diese Weise	这样	معتبر
façonner	to manufacture	formar	formen, bearbeiten	陶冶	خرافي، مذهل
facteur	factor	factor	Faktor	因素	بهذا الشكل
faïence	earthenware	loza	Steingut, Fayence	上彩釉的陶器	صنع، فبرك
de ce fait	because of this	por esto	deshalb	因此	عامل، عنصر
du fait que	due to the fact that	debido a	wegen	由于	خزف
fan	fan	fan	Fan	狂热爱好者	من جرّاء ذلك
fantastique	fantastic	fantástico	phantastisch	难以置信的	نظرا لـ
farfelu	far-fetched	extravagante	sonderbar	古怪的	مُعجَب
fastidieux	tedious	pesado	mühsam	令人厌烦的	خيالي
fauché	broke	pelado	blank	身无分文的	غريب، عجيب
en faveur de	in favour of	a favor de	zugunsten	为了	مضجر، عقيم
fendre	to split	hender	spalten	劈开，剖开	محصود، معدوم
ferraille	scrap iron	chatarra	Schrott	废旧器材	لصالح
feutre	felt hat	fieltro	Filz	毡帽	شقّ
fiable	reliable	fiable	zuverlässig	可靠的	حديد، خردة
s'en ficher	to not give a damn	tomar a broma	auf etwas pfeifen	不在乎	قطعة
se fier à	to trust	confiar en	sich verlassen auf	相信	موثوق
fierté	pride	soberbia	Stolz	自豪	لا يبالي
figurer	to appear	figurar	erscheinen	列举	شهامة، إباء، عزة نفس
filiale	subsidiary	filial	Kindes-	子公司	تينة
finalement	in the end	finalmente	endlich	最终	ورد، ظهر في
finesse	fineness	fineza	Raffinesse	细	شركة تابعة
flambant [neuf]	brand new	flamante	ganz (neu)	崭新的，全新的	بالنهاية، أخيراً
flamboyer	to blaze	llamear	flackern	闪闪发光	نعومة، دقة
flâner	to stroll	vagar	bummeln	闲逛	(جديد) كلّيا
flic	cop	poli	Bulle	警察	توهّج، برق
flocon	flake	copo	Flocke	雪花	تنزّه، تسكع
flou	blurred	borroso	unscharf	模糊的	شرطي
foisonnement	proliferation	abundancia	Überfülle	丰富	نديفة
fonctionnaire	civil servant	funcionario	Beamter	官员	ضبابي، عديم الوضوح
fonctions	duties	funciones	Stellungen	职权	فيض، وفرة
fondateur	founder	fundador	Begründer	奠基人	موظف
fonderie	foundry	fundición	Gießerei	铸造厂	مهام
forcer	to break in	forzar	aufbrechen	撞开	مؤسّس
forcer le respect	to command respect	provocar el respeto	Respekt abnötigen	引起尊敬	مسبك
fouetter	to whip	azotar	schlagen	鞭打	فرض الاحترام
fouiller	to search	buscar	durchsuchen	搜寻	غابة كثيفة (استوائية)
fourmi	ant	hormiga	Ameise	蚂蚁	جلد
fournisseur	supplier	proveedor	Lieferant	供应者	نبش
s'en foutre	to not give a damn	pasar de	(scheiß)egal sein	毫不在乎	نملة
frais, fraîche	cool, fresh	fresco, fresca	frisch	新鲜的	مورّد
franchement	frankly	francamente	eindeutig	直接地	لا يبالي
frapper	to hit	pegar	schlagen	敲，打	نضر، نضرة
frayeur	fear, fright	espanto	Schrecken	恐惧	بصراحة
freiner	to slow down	frenar	bremsen	刹车	ضرب
frêle	frail, weak	débil	zierlich	脆的	خوف، ذعر
furieux	furious	furioso	wütend	暴怒的	كبَح
Gamin	kid	chiquillo	Göre	孩子	هزيل
gonflette	body building	sacar bola	Mucki-Training	练肌肉块	غاضب
graisse	fat	grasa	Fett	脂肪	صبيّ
gueuler	to yell	vocear	brüllen	高声说话	نفخ عضلات
guillemets	inverted commas	comillas	Anführungszeichen	引号	شحم، دسم
guider	to guide	guiar	führen	指导	زعق، صرخ
gaiement	cheerfully	alegremente	fröhlich	愉快地	هلالان
gentillet	sweetie	monín	ganz nett	相当和蔼的	وجه، أرشد
gourmandise	weakness for good food	golosina	Leckerbissen	贪吃	بفرح
garde-barrière	level-crossing keeper	guardabarrera	Schrankenwärter	道口看守	طيّب، لطيف
gêner	to bother	molestar	stören	忧虑	شراهة، نهم
gérer	to manage	gestionar	verwalten	经营	حارس ممرّ
gestion	management	gestión	Verwaltung	管理	أزعج
graveur	burner	grabador	Brenner	刻录机	سيّر، أدار
grange	barn	granero	Scheune	谷仓	تسيير، إدارة

FRANÇAIS	ANGLAIS	ESPAGNOL	ALLEMAND	CHINOIS	ARABE
grenouille	frog	rana	Frosch	青蛙	نقاش
d'Habitude	usually	de costumbre	gewöhnlich	通常	هريّ، مستودع غلال
haleine	breath	aliento	Atem	气息	ضفدع
herbe	grass	hierba	Gras, Kraut	草	عادة
héros	hero	héroe	Held	英雄	نفس
hésiter	to hesitate	vacilar	zögern	犹豫	حشيش
heurter	to collide with	chocar	anstoßen	碰撞	بطل
hilarant	hilarious	hilarante	zum Lachen	有趣的	تردّد
horrifié	horrify	horrificado	entsetzt	让人震惊的	صدم
être hors de soi	to be beside oneself	estar fuera de sí	außer sich sein	不能自制	مذعور
humeur	mood	humor	Laune	心情	مضيفة طيران
humour	humour	humor	Humor	幽默	استشاط غيظًا
Idée reçue	preconceived idea	idea recibida	Vorurteil	成见	مزاج، طبع
idéologique	ideological	ideológico	ideologisch	思想体系的	دعابة، روح النكتة
illettré	illiterate	iletrado	Analphabet	文盲	فكرة مسبقة
s'illuminer	to light up	iluminarse	aufleuchten	照亮	أيديولوجي
imaginaire	imaginary	imaginario	eingebildet	想象的	أُمّي
imaginatif	imaginative	imaginativo	einfallsreich	有创意的	برق، تألّق
immobilier	property	inmobiliario	Immobilien	地产	وهميّ، خيالي
impayable	priceless	impagable	unbezahlbar	非常滑稽可笑的	واسع الخيال
implantation	establishment	implantación	Niederlassung	安置	عقاري
implanté	established	implantado	niedergelassen	被安置的	مضحك
importer	to import	importar	einführen	进口	إقامة، تأسيس
impôt	tax	impuesto	Steuer	捐税	مؤسّس، مُقام
impressionner	to impress	impresionar	beeindrucken	给人深刻印象	ضريبة
imprévisible	unpredictable	imprevisible	unvorhersehbar	不可预见地	مؤثّر، مدهش
imprimerie	printing works	imprenta	Druckerei	印刷厂	أثر في، أدهش
inattendu	unexpected	inesperado	unerwartet	突然的	غير متوقع، طارئ
inclure	to include	incluir	einfügen	包括	مطبعة
inclusion	inclusion	inclusión	Aufnahme	纳入	غير منتظر
incomber	to lie with	incumbir	zufallen	负责	أدمج، أدخل
inconsciemment	unintentionally	inconscientemente	unbewusst	无意识地	إدخال
inconsolable	inconsolable	inconsolable	untröstlich	非常难过的	توجَب
incontestablement	unquestionably	indudablemente	unbestreitbar	无可争辩地	لا شعوريًا
indépendant	independent	independiente	unabhängig	独立的	لا عزاء له
indifférent	indifferent	indiferente	gleichgültig	毫无表态的	بلا شك
indigène	local	indígena	einheimisch	本地的	مستقل
influençable	impressionable	influenciable	beeinflussbar	易受影响地	غير مبال
initiative	initiative	iniciativa	Initiative	主动	وطني، محلّي
injuste	unfair	injusto	ungerecht	不公平的	قابل للتأثّر
innover	to innovate	innovar	innovieren	创新	مبادرة
inquiétant	disturbing	inquietante	beunruhigend	令人担忧的	غير عادل، ظالم
insensé	insane	insensato	unsinnig	愚蠢的	ابتكر، جدّد
insipide	dull	insípido	langweilig	平淡无味的	مقلق
insister	to stress	insistir	hervorheben	强调	أخرق، جنوني
insouciance	carefreeness	indiferencia	Sorglosigkeit	不考虑	بلا طعم، بلا رونق
inspirer	to inspire	inspirar	einflößen	引人（相信）	شدّد على
s'installer	to settle	instalarse	sich niederlassen	定居	عدم اكتراث، لا مبالاة
instituer	to institute	instituir	einführen	建立	أوحى
intendant	bursar	intendente	Verwaltungsdirektor	总务长	أقام
intensifier	to intensify	intensificar	intensivieren	增强	أسّس، أنشأ
intérim	interim	interino	Vertretung	临时的	كثّف
interpeller	to call out to	interpelar	überprüfen	逮捕	إنابة
interprétation	interpretation	interpretación	Interpretation	诠释	محاورة
interrompre	to interrupt	interrumpir	unterbrechen	中断	نادى، استجوب
intervenir	to speak	intervenir	teilnehmen	参预	قطع، قاطع
intimidé	intimidated	intimidado	eingeschüchtert	羞怯的	متدخّل، متكلّم
ivresse	drunkenness	embriaguez	Trunkenheit	酒醉	تدخّل
Jargon	jargon	jerga	Fachsprache	术语	مخجول، خائف
joindre	to reach	contactar con	beilegen	接合，连接	ثمالة، سكر
juger	to try	juzgar	urteilen	审判	لغة خاصة
jurer	to swear	jurar	schwören	发誓	اتصل بـ
Là-haut	up there	ahí arriba	Da oben	在那上面	حكم، قاضى

FRANÇAIS	ANGLAIS	ESPAGNOL	ALLEMAND	CHINOIS	ARABE
laisser	to allow	dejar	lassen	留下	شتم
lancer	to release	lanzar	einführen	推出	هناك في الأعالي
landau	pram, buggy	landó	Kinderwagen	儿童车	ترك، سمح
langage	language	idioma	Sprache	语言	رمى
lapin	rabbit	conejo	Kaninchen	兔子	لغة
large	wide	ancho	breit	宽的	لغة أَمَ
lentement	slowly	lentamente	langsam	缓慢地	أرنب
libéral	free-market	liberal	liberal	促进自由的	بطء
lié	tied	ligado	verbunden	连接的	ليبرالي، حرّ
en premier lieu	in the first place	en primer lugar	an erster Stelle	首先	حرّر
limite	limit	límite	Grenze	极限	مرتبط
logiciel	software	software	Software	软件	حدّ
lorsque	when	cuando	wenn	当......时候	ليموزينة
lumineux	luminous	luminoso	leuchtend	发光的	برنامج معلوماتي
Machin	thing, whatsit	fulano	Dingsda	东西	عندما
magique	magical	mágico	magisch	神奇的	ساطع، مضيء
maigre	thin, lean	flaco	mager	瘦的	شيء
malentendu	misunderstanding	malentendido	Missverständnis	误会	سحري، ساحر
malice	mischief, malice	malicia	Schalkhaftigkeit	小聪明	نحيل
malin, maligne	clever	travieso, traviesa	gewitzt	机灵的	سوء تفاهم
manège	merry-go-round	tiovivo	Karussell	旋转木马	مكر، دهاء، مزاح
manifestation	demonstration	manifestación	Kundgebung	示威游行	ماكر، ماكرة
manifeste	obvious	manifiesto	offenkundig	明显的	مظاهرة
manivelle	handle	manivela	Kurbel	手柄	متظاهر
manutention	handling	manipulación	Abfertigung	搬运	واضح
marrant	funny	divertido	drollig	滑稽的	مدوَّرة
se marrer	to have a good laugh	divertirse	sich schief lachen	捧腹大笑	مناولة، ميادة
masquer	to hide	disfrazar	verbergen	掩饰	مضحك، مسلّ
mate	olive	mate	matt	黑的	تسلى، ضحك
matérialiste	materialist	materialista	materialistisch	唯物主义的	قتع، غطّى
maugréer	to grumble	renegar	schimpfen	低声发牢骚	كاند، غير لامع
maussade	sullen	huraño	trüb	阴郁的	مادّي
mec	bloke	gachó	Typ	小伙子	كئيب، عبوس
méchanceté	nastiness	maldad	Boshaftigkeit	恶意	رجل
mèche	lock	mechón	Strähne	发绺	فني ميكانيك، ميكانيكي
se méfier de	to mistrust	desconfiar de	misstrauen	对......不信任	سوء نيّة، شرّ
mégalomanie	megalomania	megalomanía	Größenwahn	狂妄自大	حذر، ارتاب
mélancolique	melancholic	melancólico	Melancholie	忧郁的	حذر، ارتياب
mémoire	dissertation	memoria	Abhandlung	论文	جنون العظمة
au mépris de	without regard for	sin tener en cuenta	zum Trotz	不顾	سوداوي، حزين، كئيب
merveilleux	wonderful	maravilloso	wunderbar	绝妙的	بحث، دراسة
se mettre à	to start	ponerse a	beginnen mit	置身于	رائع
mettre en place	to establish	colocar	einführen	就位	عاصمة، حاضرة
meunier	miller	molinero	Müller	磨坊主人	شرع بـ، باشر
miche [de pain]	roll	hogaza	Laib	圆形大面包	وضع
mignon	cute	mono	reizend	漂亮的	طحّان
migraine	migraine	jaqueca	Migräne	偏头痛	رغيف
mince	damn	¡caramba!	verdammt	糟糕	ظريف، ناعم
mine	mine	mina	Mine	矿	صداع
mineur	minor	menor	minderjährig	未成年人	نحيف
minorité	minority	minoría	Minderheit	少数	منجم
mise en scène	production	escenificación	Inszenierung	导演	قاصر
mobile	mobile	móvil	mobil	移动电话	أقلّية
mode	way	medio	Art und Weise	方式	إخراج
moindre	lesser	menor	geringste(r)	较少的	متحرّك
monnaie	change	cambio	Geld	零钱	طريقة
monopole	monopoly	monopolio	Monopol	垄断	أقلّ
monstrueux	monstrous	monstruoso	abscheulich	极可怕的	نقد، نقود
moquerie	mocking remark	burla	Spott	愚弄	احتكار
moqueur	mocking	burlón	spöttisch	嘲弄地	هائل، وحشي
moral	morale	moral	Verfassung	道德的	تهكم
moralité	morality	moralidad	Moral	道德规范	متهكم
moratoire	moratorium	moratorio	Moratorium	暂停	متهكم
					معنويّات

FRANÇAIS	ANGLAIS	ESPAGNOL	ALLEMAND	CHINOIS	ARABE
un morceau de	a piece of	un pedazo de	ein Stück	一块	خلوقية
faire la moue	to pout	poner mala cara	schmollen	撅嘴	قطعة من
moutarde	mustard	mostaza	Senf	芥末	برطم
multiplier	to multiply	multiplicar	vervielfältigen	加倍	طاحون هواء
murmurer	to murmur	murmurar	murmeln	窃窃私语	خردل
mythe	myth	mito	Mythos	传说	همس، تمتم
Narine	nostril	narina	Nasenloch	鼻孔	عضل
narrateur	narrator	narrador	Erzähler	叙述者	أسطورة
natal	native	natal	geburts-	诞生的	منخر
néanmoins	nevertheless	con todo	nichtsdestoweniger	然而	راو
négligemment	carelessly	descuidadamente	lässig	粗心大意的	مولدي
négocier	to negotiate	negociar	verhandeln	商讨	بتهامل
noisette	hazelnut	avellana	Haselnuss	榛子	تفاوض، مفاوضة
nostalgique	nostalgic	nostálgico	wehmütig	思乡的	فاوض
noter	to note	apuntar	notieren	记录	بندقة
noué	tied	anudado	zugeschnürt	打结的	حنينيّ، وطانيّ
nourriture	food	comida	Nahrung	食物	دوّن
Objectif	objective	objetivo	Ziel	目标	معقود
ogre	ogre	ogro	Menschenfresser	食人魔	غذاء
ombre	shadow	sombra	Schatten	阴影	هدف
ordinaire	ordinary	ordinario	gewöhnlich	平常的	غول
en outre	in addition	además	außerdem	而且	ظلّ
Paillette	glitter	lentejuela	Paillette, Plättchen	片状金片	عادي
pâle	pale	pálido	blass	苍白的	علاوة على ذلك
palpitation	palpitation	palpitación	Herzklopfen	颤动	شذر
papiers	papers	documentación	Papiere	证件	شاحب اللون
paraître	to appear	parecer	scheinen	出现	أوراق
paranoïaque	paranoiac	paranoico	paranoisch	妄想狂的	مظلة
pardonner	to forgive	perdonar	vergeben	原谅	ظهر
parmi	among	entre	unter, zwischen	在......当中	ذهان
particulier	particular	particular	besondere (r s)	特殊的	سامح
paternel	paternal	paterno	väterlich	父亲般的	خاصّ
patronat	employers	empresariado	Unternehmerschaft	老板阶层	أبوي
pavé	cobblestone	adoquín	gepflastert	铺路石	ربّ عمل
peine	difficulty	pena	Mühe	痛苦	مرصوف، مبلّط
à peine	hardly, barely	a penas	kaum	刚刚	مشط
peiner	to sadden, upset	penar	sich plagen	努力	جهد
pénible	tiresome	pesado	schwierig	艰难的	بالكاد
pensivement	pensively	pensativamente	nachdenklich	沉思地	جهد
percevoir	to perceive	entender	wahrnehmen	领会	مزعج
perdre le nord	to get confused	perder la cabeza	den Kopf verlieren	迷失方向	بتفكر
perle	pearl, bead	perla	Perle	珍珠	فهم
permanent	permanent, final	permanente	ständig	经常的	فقد صوابه، جنّ
perspective	prospect	perspectiva	Perspektive	展望	لؤلؤة
persuasif	persuasive	persuasivo	überzeugend	有说服力的	مستمرّ، دائم
perte	loss	pérdida	Verlust	丧失	أفق، إمكانية
pétillant	sparkling	chispeante	funkelnd	发亮的	مُقنع
peu importe	it doesn't matter	¡qué más da!	nicht so wichtig	没有什么关系	فقدان
piège	trap	trampa	Falle	陷阱	مهما يكن، غير مهمّ
pilier	pillar	pilar	Pfeiler	砥柱	فوبيا، رُهاب
piquer	to steal	robar	klauen	偷	فخّ
plafond	ceiling	techo	Decke	天花板	ركيزة، دعامة
plaisanterie	joke	broma	Scherz	笑话	سرق، سلب
premier plan	leading	primer plan	Vordergrund	近景	سقف
plaque	plate	placa	Nummernschild	汽车牌照	نكتة، مزحة
[en avoir] plein le dos	to be fed up	estar harto	Nase voll haben	受不了	الجزء الأمامي
plutôt	rather, instead	antes bien	eher	更确切地说	صفيحة
poids lourd	heavy goods vehicle	camión	LKW	重型卡车	طفح الكيل
poing	fist	puño	Faust	拳头	بالأخرى
polyvalente	multifunctional	polivalente	vielseitig	多功能的	شاحنة كبيرة
population active	active population	población activa	Erwerbstätige	在业人口	قبضة
porche	porch	porche	Portalvorbau	门廊	متعددة المهارات
portail	gate	pórtico	Portal	大门	السكان العاملون

FRANÇAIS	ANGLAIS	ESPAGNOL	ALLEMAND	CHINOIS	ARABE
portière	door	portezuela	Tür	车门	رواق، كنّة
pot	pot	vasija	Topf	罐	بوّابة
potentiellement	potentially	potencialmente	potentiell	可能地	باب
pou	louse	piojo	Laus	虱子	حنجر، إناء
poumon	lung	pulmón	Lunge	肺	بالقوّة، على نحو كامن
préciser	to specify	precisar	angeben/klarstellen	确定	رنة
prélat	prelate	prelado	Prälat	高级神职人员	دقيق
prérogative	prerogative	prerrogativa	Vorrecht	特权	أوضح
présence	presence	presencia	Anwesenheit	出席	أسقف
presser	to squeeze	apretar	(aus)pressen	榨	صلاحية، سلطة
prestation	service	prestación	Dienstleistung	服务	حضور
preuve	proof	prueba	Beweis	证据	عصر
primordial	vital	primordial	wesentlich	首要的	خدمة
privatiser	to privatise	privatizar	privatisieren	私营化	إثبات، برهان
privilégié	privileged	privilegiado	privilegiert	享有特权的	أوّلي، أساسي
procédure	procedure	procedimiento	Verfahren	程序	خصخص
profond	penetrating	profundo	ausdrucksvoll	意味深长的	إجراءات
profondément	deeply	profundamente	tief	深深地	عملية، مسار
progrès	progress	progreso	Fortschritt	进步	عميق
prôner	to advocate	predicar	preisen	鼓吹	بعمق
en proportion	proportionately	en proporción	im Verhältnis	按比例地	تقدّم
propos	comments	palabras	Äußerungen	言论	أوصى بـ ، أطرى
propre	peculiar to	propio	eigen	特性	بالتناسب
prouver	to prove	probar	beweisen	证明	قول
psychiatre	psychiatrist	psiquiatra	Psychiater	精神病学专家	خاص بـ ،
publier	to publish	publicar	veröffentlichen	发表	أثبت، برهن
puissant	powerful	potente	mächtig	强有力的	طبيب نفس
se pencher	to look into	examinar	sich beschäftigen mit	关心	نشر
se plisser	to crease	plegarse	sich in Falten legen	起皱	قوي، صاحب نفوذ
se plonger dans	to plunge into	sumirse en	sich vertiefen in	专注	انكبّ على، تطرّق إلى
se poser	to settle	ponerse	sich niederlassen	著陆	انثنى
se prêter à	to take part in	prestarse a	mitmachen	赞同	انغمس في
Quai	quay	muelle	Quai	站台	حطّ، استقرّ
qualification	skill	calificación	Qualifikation	资格	وافق على، قبل بـ
quelque part	somewhere	algún lado	irgendwo	在某地	رصيف
quille	skittle	bolo	Kegel	瓶	تأهيل
quiproquo	misunderstanding	quid pro quo	Verwechslung	误会	في مكان ما
quoique	although	aunque	obwohl	尽管	وتد
Race	race, breed	raza	Rasse	竞赛	لبس
racines	roots	raíces	Ursprung	根	مع أن
racket	racketeering	extorsión	Erpressung	敲诈勒索	عرق
radieux	radiant	radiante	strahlend	喜气洋洋的	جذور
radin	stingy	tacaño	geizig	小气的	ابتزاز المال
raie	parting	raya	Scheitel	线条	مشرق، متألق
râler	to moan	refunfuñar	meckern	发牢骚	بخيل
ramener	to bring back	volver a traer	wieder mitbringen	带回来	فرق
rançon	ransom	rescate	Lösegeld	赎金	احتجّ، اعترض
rancunier	s.o. who holds grudges	rencoroso	nachtragend	记仇的	أعاد
rapiécé	to patch	remendado	flicken	修补过的	فدية
par rapport à	compared with	con relación a	in Bezug auf	相对于......来说	مرقع
rattraper	to make up for	subsanar	aufholen	追上	آلة حلاقة، موسى
ravin	ravine	barranco	Schlucht	沟壑	بالنسبة لـ
réciproque	reciprocal, mutual	reciproco	gegenseitig	相互的	ردّ فعل
recommander	to recommend	recomendar	empfehlen	推荐	مخرج
récompense	reward	recompensa	Belohnung	奖赏	متبادل
reconnaissance	recognition	reconocimiento	Erkennung	确认	أوصى بـ ، نصح بـ
recourbé	curved	encorvado	gekrümmt	弯曲的	مكافأة
recours	recourse	recurso	Inanspruchnahme	依赖	تعرّف
rédiger	to draft	redactar	abfassen	拟订	منحن، مثني
référence	reference	referencia	Bestellnummer	参考资料	رجوع، استعانة
rejaillir	to spurt	saltar	spritzen	影响于，涉及	حرّر، صاغ، كتب
remarque	comment	observación	Bemerkung	注意	إشارة، مرجع
remettre	to put back	entregar	übergeben	放回	ملاحظة

FRANÇAIS	ANGLAIS	ESPAGNOL	ALLEMAND	CHINOIS	ARABE
rendre hommage	to pay tribute	rendir homenaje	ehren	向......表示敬意	سدّد
renforcer	to strengthen	reforzar	verstärken	加强	سلم
renoncer	to give up	renunciar	verzichten	放弃	أثنى، حيّا
renverser	to knock over	invertir	umwerfen	推翻	عزّز
répliquer	to retort	replicar	entgegnen	辩驳	تخلّى عن
reporter	to postpone	aplazar	aufschieben	报道	قلب
réputation	reputation	fama	Ruf	名声	أجّل
réseau	network	red	Netz	网络	تمثيل
résoudre	to solve	solucionar	lösen	解决	صيت
resserrer	to strengthen	estrechar	enger knüpfen	使...收缩	شبكة
restaurer	to restore	restaurar	wiederherstellen	修复	حلّ
rester sur ses gardes	to stay on one's guard	desconfiar	auf der Hut bleiben	心有戒备	شدّ الأواصر
résumer	to summarise	resumir	zusammenfassen	概括	أعاد، أرجع
retenir	to remember	retener	behalten	记牢	بقي حذراً
revendiquer	to demand	reivindicar	fordern	请愿	حفظ
réviser	to revise (for)	revisar	durcharbeiten	复习	عند العودة
ride	wrinkle	arruga	Falte	皱纹	طالب
rieur	cheerful	reidor	fröhlich	喜欢打趣的	راجع، ذاكر
rigolo	funny	gracioso	lustig	滑稽的	تجعيد
rincer	to rinse	enjuagar	spülen	冲洗	ضحوك، مرح
risible	ridiculous	risible	lächerlich	引人发笑的	مضحك
rondelet[te]	plump	regordete (ta)	rundlich	矮胖的	شطف
ruelle	back street	callejuela	Gasse	小巷	مثير للضحك
se rappeler	to remember	recordar	sich erinnern	回想起	سمين (سمينة) قليلا
Sain	healthy	sano	gesund	健康的	زقاق
saliver	to salivate	salivar	Speichel absondern	流口水	سليم
faire un saut	to pop in	pegar un salto	Sprung machen	去一下	مأجور
sauter le pas	to take the plunge	saltar el paso	Entschluss fassen	下决心干	سال لعابه
savourer	to savour	saborear	genießen	享受	قام بزيارة خاطفة
scène	scene	escena	Szene	场面	قام بالخطوة
sécuriser	to reassure	tranquilizar	Sicherheit geben	使安全	مشهد
séduire	to appeal to	seducir	verführen	诱惑	تذكر
selle	saddle	sillín	Sattel	马鞍	أمّن، وطد الأمان
sensation	feeling	sensación	Gefühl	感觉	سحر، أغوى
sensuelle	sensual	sensual	sinnlich	色情的	سرج
sentir le roussi	to smell burnt	oler a chamusquina	brenzlig werden	变得不妙	شعور، إحساس
service public	public service	servicio público	öffentlicher Dienst	公用事业	في الأمر ما يُقلق
siffler	to whistle	pitar	pfeifen	吹口哨	ثعابين
sincère	sincere	sincero	ehrlich	真诚的	خدمة عامة، مرافق عامة
sinistre	sinister	sinistro	düster	不祥	صقر
sirène	siren	sirena	Sirene	汽笛	صادق
somme	summa	suma	Werk	概要	تزلج على الماء
songer	to think of	pensar en	nachdenken	考虑, 想起	علم الاجتماع
une sorte de	a sort of	una clase de	eine Art ...	一种......	مبلغ
souci	problem	preocupación	Sorge	忧虑	حلم، فكر
souligner	to underscore	subrayar	unterstreichen	强调指出	نوع من
soupirer	to sigh	suspirar	seufzen	叹气	همّ، قلق
sourcil	eyebrow	ceja	Augenbraue	眉毛	شدّد، ركز على، أبرز
sourire	smile	sonrisa	lächeln	微笑	حاجب (العين)
stage	professional training	prácticas	Praktikum	实习	أطرش
subir	to put up with	sufrir	ertragen	遭受	ابتسامة
subsister	to remain	subsistir	fortbestehen	继续存在	دورة تدريبية
successif	successive	sucesivo	aufeinander folgend	相继的	تحمّل، خضع لـ
sucre d'orge	barley sugar	pirulí	Lutschstange	麦芽糖	استمرّ
suffisant	sufficient	suficiente	ausreichend	足够的	متعاقب، متتال
suggérer	to suggest	sugerir	anregen	建议	سكر نبات
supplémentaire	additional	adicional	zusätzlich	附加的	كاف
supplier	to beg	suplicar	inständig bitten	哀求	اقترح، أوحى بـ
supporter	to put up with	soportar	ertragen	容忍	إضافي
surhomme	superman	superhombre	Übermensch	超人	توسّل
surmonter	to overcome	superar	überwinden	克服	تحمّل
susciter	to give rise to	suscitar	hervorrufen	使产生	إنسان أسمى، خارق
suspect	suspect	sospechoso	Verdächtigter	嫌疑犯	تخطى، تغلب على

FRANÇAIS	ANGLAIS	ESPAGNOL	ALLEMAND	CHINOIS	ARABE
syndicaliste	union activist	sindicalista	Gewerkschaftler	工会成员	أثار، أحدث
Tache	stain	mancha	Fleck	污点	مشتبه به، مشبوه
tacheté	speckled	moteado	gefleckt	有许多小斑点的	بقعة
se taire	to be silent	callarse	schweigen	沉默	نمش
talent	talent	talento	Talent	才能	مبقع
tamponner	to crash into	chocar	aufprallen	碰撞	صمت
tant pis	too bad	¡tanto peor!	schade	可惜	موهبة
taux d'intérêt	interest rate	tipo de interés	Zinssatz	利率	صدم
tel	such, like	tal	solche (r, s)	像这样的	فليكن
télétravail	telecommuting	tele-trabajo	Telearbeit	远程工作	سعر أو معدّل الفائدة
tempérament	disposition	temperamento	Temperament	温度	شبيه
tentation	temptation	tentación	Versuchung	诱惑	العمل عن بعد
tenter	to attempt	intentar	versuchen	尝试	طبع
à terme	eventually	a su vencimiento	fällig	最终	تجربة، إغراء
terrain d'entente	common ground	ponerse de acuerdo	Verständigungsgrundlage	共同点	حاول
terreur	terror	terror	Entsetzen	恐怖	لأجل
terrifier	to terrify	aterrorizar	Schrecken einjagen	使恐怖	أرضية تفاهم
têtu	stubborn	testarudo	dickköpfig	固执的	رعب
thérapie	treatment	terapia	Therapie	疗法	أرعب
un tiers de	one third of	un tercio de	ein Drittel von	……的三分之一	عنيد
tissé	woven	tejido	(ein)gewebt	编织的	حقّة نقود
tôle	sheet metal	chapa	Blech	板	جرّار، دُرج
tonneau	barrel	tonel	Fass	木桶	منسوج
tordant	hilarious	desternillante	zum Todlachen	使人笑破肚子的	صفيحة معدنية
toucher (qqu'un)	to affect	afectar	betreffen	涉及	مضحك، ظريف
toucher	to receive	cobrar	erhalten	领取	باكرا
touffu	bushy	tupido	dicht, üppig	茂盛的	همّ، عني
tousser	to cough	toser	husten	咳嗽	استلم
toutefois	however	sin embargo	jedoch	然而	كثيف، غضّ
trait	feature	rasgo	Zug	线条	سعل
traité	treaty	tratado	Vertrag	条约	غير أن، إنّما
traiter de	to deal with	tratar de	behandeln als	涉及	خاصية
à travers	through	a través	(hin)durch	穿过	معاهدة
trésor	treasure	tesoro	Schatz	宝藏	من خلال
triomphe	triumph	triunfo	Triumph	凯旋	ارتجف
en trompette	turned-up	respingona	Himmelfahrtsnase	翘起的	كنز
tronche	mug	jeta	Schädel, Birne	脸色	نصر
trou de mémoire	lapse of memory	lapsus de memoria	Gedächtnislücke	突然一下子想不起来了	بوقيّ الشكل
troublé	disturbed	turbado	verwirrt	使混乱的	مظهر، وجه
Ultérieurement	subsequently	posteriormente	später	之后	نسيان، فجوة ذاكرة
universel	universal	universal	universal	普遍的	مضطرب
usé	worn	usado	abgenutzt	破旧的	لاحقًا
Vache à lait	cash cow	mina	Melkkuh	摇钱树	كوني، عالمي
vachement	really	terriblemente	toll	非常	بال
vaincre	to defeat	vencer	besiegen	战胜	شخص يُستغلّ
vallonné	hilly	ondulado	hügelig	岗峦起伏的	بشدّة، بقوّة
valoir la peine	to be worth it	valer la pena	der Mühe wert	值得	انتصر، تغلّب على
valoir le coup	to be worth it	valer la pena	sich lohnen	值得	كثير الأودية
varié	varied	variado	verschiedenartig	多样化的	استأهل
veiller sur	to watch over	cuidar de	aufpassen	照顾	عربة، آليّة
verdoyant	green	verde	(satt)grün	青翠的	سهر
verger	orchard	huerto	Obstgarten	果园	سهر على
vieille fille	old maid	solterona	alte Jungfer	老姑娘	مخضوضر
vigne	vine	vid	Rebstock	葡萄园	بستان، روضة
vigoureusement	vigorously	vigorosamente	kräftig	茁壮地	عانس
vinaigre	vinegar	vinagre	Essig	醋	كرمة
visible	visible	visible	sichtbar	可见的	بقوّة
volant	steering wheel	volante	Steuer	方向盘	مرني
volcan	volcano	volcán	Vulkan	火山	كلها حيوية، كلها نشاط
volupté	voluptuousness	voluptuosidad	Lust, Genuss	感官的享乐	مقود
voter	to vote on	votar	wählen	选举	بركان
vulnérabilité	vulnerability	vulnerabilidad	Verletzlichkeit	容易受伤	سرعة الانجراح/العطب
Wagon	wagon	vagón	Waggon	火车车厢	عربة

Précis de grammaire

PRONOMS ET ADJECTIFS

1. Les indéfinis

Ils désignent de manière indéterminée des personnes ou des choses.

Ils peuvent être :

– adjectifs (avec le nom) :

   • *chaque jour*

– pronoms (à la place du nom) :

   • *chacun répondra à cette question.*

adjectifs
quelque(s), plusieurs, certain(e)(s), chaque, tout(e)(s), tous, aucun(e), autre(s), même(s), tel(le)(s), nul(le)(s)

pronoms
quelque chose, quelqu'un, rien, personne, quelques-uns/quelques-unes, plusieurs, certain(e)(s), chacun(e), tout(e)(s), tous, aucun(e), autre(s), même(s), tel(le)(s), nul(le)(s)

N.B. : *quelque chose, quelqu'un, rien, personne* peuvent être suivis de *de* + adjectif ou adverbe.

   • *Il n'y a personne de compétent.*
   • *On a acheté quelque chose de joli*
   • *Je n'ai rien fait d'intéressant.*

2. Les pronoms relatifs composés

Ils sont formés :

– d'une préposition : *à, de, par, sous, avec, sans, dans, grâce à, à cause de, au sujet de...* et d'un pronom : *lequel, laquelle, lesquels, lesquelles.*

N'oubliez pas :

– à + le = auquel

– de + le = duquel

– à + les = auxquels/auxquelles

– de + les = desquels/desquelles

   • *La route par laquelle nous sommes arrivés était très jolie.*
   • *Le parlement a voté une loi grâce à laquelle il sera plus facile de contrôler les échanges financiers.*
   • *Vingt-cinq députés de gauche, auxquels s'ajoutent quelques députés de droite, ont voté pour ce projet de loi.*

MODES ET TEMPS

1. Le futur antérieur

Il exprime :

– une action antérieure à une autre dans le futur :

   • *Je vous donnerai une réponse quand j'aurai parlé avec mon patron.*
   • *Dès que tu auras fini ton travail, on pourra dîner.*

– une action future terminée :

   • *Dans six mois, on aura économisé assez d'argent pour acheter un ordinateur.*

FORMATION :

   être ou *avoir* au futur + participe passé du verbe.

2. Le passé simple

C'est un temps utilisé surtout à l'écrit (romans, contes, journaux, récits historiques...), très rarement dans la conversation courante.

FORMATION :

– Pour les verbes en *-er* : *-ai, -as, -a, -âmes, -âtes, -èrent.*

– Pour la plupart des verbes en *-ir*, en *-re* et les verbes *voir, prévoir, asseoir* : *-is, -is, -it, -îmes, -îtes, -irent.*

– Pour les verbes en *-oir*, pour *courir, mourir* et quelques verbes en *-re* (*lire, boire, connaître*) : *-us, -us, -ut, -ûmes, -ûtes, -urent.*

– Pour *venir, tenir* et leurs dérivés : *-ins, -ins, -int, -înmes, -întes, -inrent.*

– *être* : *fus, fus, fut, fûmes, fûtes, furent.*

– *avoir* : *eus, eus, eut, eûmes, eûtes, eurent* :

   • *Ils se marièrent et eurent beaucoup d'enfants.*

3. Le conditionnel

a) Présent

Il est utilisé pour exprimer :

   • Une demande polie : *Est-ce que vous pourriez nous aider, s'il vous plaît ?*
   • Un souhait : *J'aimerais tellement partir au soleil...*

- Une proposition : *Ça te plairait une petite balade à la campagne ?*
- Un conseil, une suggestion : *On pourrait inviter les Dupont, samedi ?*
- Une information non confirmée : *Ce nouvel avion pourrait accueillir 900 passagers.*
- Une hypothèse : *Si je pouvais, je vous répondrais tout de suite.*

FORMATION :

il se forme comme le futur (à partir de l'infinitif) et avec les terminaisons : *-ais, -ais, -ait, -ions, -iez, -aient.*

b) Passé

Il est utilisé pour exprimer :

- un doute : *Ah ! bon ? Je t'aurais donné un mauvais numéro de téléphone ?*
- un regret : *Nous aurions beaucoup aimé revoir nos amis argentins.*
- un reproche : *Tu aurais pu me le dire !*
- un conseil : *À ta place, je n'aurais rien dit du tout.*
- une information incertaine : *Une somme de 125 000 euros aurait été dérobée.*
- un fait imaginaire : *Tu serais parti en voyage et moi, j'aurais été très triste.*
- une hypothèse : *Si on avait su, on ne serait pas venus...*

FORMATION :

être ou *avoir* au conditionnel présent + participe passé du verbe.

4. Le subjonctif

1. Le subjonctif décrit quelque chose qui n'est pas réalisé (souhait, volonté, doute, etc).

- *Je voudrais que tous mes amis soient là aujourd'hui.*
- *Je ne suis pas sûre que Marie et Francis puissent venir dimanche prochain.*

2. On le trouve le plus souvent après les expressions qui traduisent une opinion, un jugement ou un sentiment, une impression.

- *Agathe était contente qu'on aille la voir à l'hôpital.*
- *Je suis surprise que personne ne dise rien.*

Remarque : plus la subjectivité sera grande, plus on utilisera l'indicatif.

- *Je pense qu'on ira. ≠ Crois-tu qu'on puisse y aller ?*

3. On trouve le subjonctif après de nombreuses expressions :

Sans que, avant que, à condition que, jusqu'à ce que, à supposer que, pourvu que, bien que, encore que, etc.

FORMATION :

on supprime *-ent* au verbe conjugué au présent à la 3ᵉ personne du pluriel, puis, pour *je, tu, il, elle, ils, elles,* on ajoute les terminaisons du présent de l'indicatif. (ils prennent > prenn~~ent~~ > je prenne, etc.)
Pour *nous* et *vous* : nous pren~~ons~~ → nous prenions, vous preniez.

Le subjonctif passé est utilisé dans les mêmes cas mais il décrit une action ou un événement terminés.

FORMATION :

être ou *avoir* au subjonctif présent + participe passé du verbe

- *Je vais essayer de vous expliquer bien que je n'aie pas tout compris...*

5. Le gérondif

Il sert à exprimer des nuances :

- de temps : *Elle écoute la radio en travaillant.*
- de manière : *Il est parti en riant.*
- ou de condition : *En faisant moins la fête, vous seriez en meilleure forme.*

Il est invariable, se forme avec la préposition « en » suivi du participe présent.

Prendre → en prenant

EXCEPTIONS : être → en étant – avoir → en ayant – savoir → en sachant

Le gérondif a toujours le même sujet que le verbe principal.

- *L'entreprise pourra augmenter ses bénéfices en exportant sa production.* (**L'entreprise** exporte ; **l'entreprise** augmente ses bénéfices.)

6. L'accord des verbes pronominaux aux temps composés

Le participe passé s'accorde avec le sujet :
– avec les verbes toujours pronominaux :

- *Ils s'étaient envolés.*

– avec les verbes de sens passif :

- *Cette série s'est vendue à 500 000 exemplaires.*

– avec les verbes qui n'ont pas de complément direct :

- *Elle se serait levée vers 7 heures.*

Précis de grammaire

Le participe passé s'accorde avec le complément direct placé devant le verbe :
– *Se* est complément direct :
  • *Ils se sont vus.*
– Un pronom personnel est complément direct :
  • *Je me les suis lavées avant de manger.*

Le participe passé ne s'accorde pas :
– Le complément direct est placé derrière le verbe :
  • *Je me suis lavé les mains.*
– *Se* est complément indirect :
  • *Ils se sont souri.* (sourire **à** quelqu'un)

RELATIONS LOGIQUES

1. La cause
– parce que, comme, puisque, du fait de, du fait que, grâce à, à cause de...
  • *Du fait que la grève des enseignants se poursuit, mes enfants n'ont pas de cours de la semaine.*
– le participe présent : c'est une forme invariable qui sert à exprimer la cause.
  • *Ne pouvant assister à l'assemblée générale, j'ai envoyé un message au président de l'association.*
  (J'ai envoyé un message parce que...)
FORMATION : nous fais~~ons~~ → fais**ant**
EXCEPTIONS : être → étant – avoir → ayant – savoir → sachant
Remarque : il existe une forme composée si l'action est terminée.
  • *L'essence ayant encore augmenté, j'ai décidé d'aller au travail à vélo.*

2. La conséquence
donc, alors, par conséquent, en conséquence, d'où, si bien que, de ce fait, du coup (à l'oral)
  • *Elle n'a pas pu assister au dernier conseil d'administration si bien que maintenant elle ne comprend pas de quoi on parle.*

3. La concession
La concession permet de mettre en présence deux faits qui habituellement ne sont pas compatibles puisque l'un devrait empêcher l'existence de l'autre.
– mais, malgré, même si, pourtant (en milieu de phrase), quand même (après le verbe).
– encore que, sans que + subjonctif :
  • *Ne partez pas sans que je vous aie donné cette adresse.*
– cependant, toutefois, néanmoins, seulement :
  • *Je veux bien partir avec vous en voiture, seulement, je dois annuler mon billet de train.*

– en dépit de, au mépris de + nom :
  • *Ils sont partis dans la neige et le froid au mépris du danger.*
– avoir beau + infinitif (toujours en début de phrase) :
  • *J'ai beau chercher partout, je ne retrouve pas mes clés.*

4. L'opposition
Cette relation sert à opposer radicalement deux éléments.
– en revanche (soutenu), par contre (oral), au contraire, à l'opposé.
– alors que, tandis que, autant... autant :
  • *Autant Laurie est grande et brune, autant sa sœur jumelle est petite et blonde.*
  • *Les salariés sont en grève, alors que l'entreprise va déjà mal.*
– contrairement à, à l'opposé de, à l'inverse de :
  • *Contrairement à toi, j'adore la mer en été.*
– sans, au lieu de, quitte à :
  • *Au lieu de t'énerver essaie de comprendre ce qui n'a pas marché.*
  • *Je vais tout lui dire, quitte à lui faire un peu de peine.*

5. L'hypothèse et la condition

a) *Si* + présent →	présent impératif impératif futur *que* + subjonctif		L'hypothèse peut se réaliser.

b) *Si* + passé composé →	présent impératif impératif futur *que* + subjonctif		L'hypoth... peut se réalis...

- *Si tu n'as pas compris, tu peux demander qu'on te réexplique.*
- *Si elle est partie, tu la reverras certainement demain.*
- *Si tu n'as pas retenu, tu n'as pas vraiment écouté.*
- *Si tu as aimé notre région, reviens dès que tu peux !*

c) *Si* + imparfait → conditionnel présent = l'hypothèse a peu de chances de se réaliser.

- *Si je pouvais, je ferais un voyage par mois.*

d) *Si* + plus-que-parfait → conditionnel présent ou passé = l'hypothèse ne pourra pas se réaliser.

- *Si elles avaient lu le texte correctement, elles auraient mieux compris.*

On peut aussi exprimer la condition avec des expressions :

- **à condition que** : *Je viendrai à condition que je sois invitée.*

- **à condition de** : *Je veux bien faire ce travail difficile à condition d'être payé correctement.*
- **avec/sans** : *Sans votre aide, le résultat aurait été bien différent.*
- **en admettant que** : *En admettant que vous aimiez le soleil, vous viendriez avec nous ?*
- **à supposer que** : *À supposer que l'entreprise ferme ses portes en 2006, que ferons-nous ?*
- **à moins de** : *Nous serons à Paris le 24 mai à moins d'une nouvelle grève de la SNCF.*

La condition peut également être exprimée avec un gérondif :

- *En écoutant un peu plus ses adjoints et ses conseillers, notre maire n'aurait pas commis cette grave erreur.*

STRUCTURE DE LA PHRASE

Le discours rapporté

a) Transformations

Rapporter les paroles de quelqu'un entraîne quelques changements sur les éléments de la phrase :

- *« Je partirai avec mes amis »* → *Il dit qu'il partira avec ses amis.*
- *« Qu'est-ce que tu veux ? »* → *Il lui demande ce qu'il veut.*
- *« Où vas-tu ? »* → *Il lui demande où il va.*
- *« Ça va ? » ; « Est-ce que ça va ? »* → *Il lui demande si ça va.*

- *« Écoute bien mes conseils »* → *Il lui dit de bien écouter ses conseils.*

b) Concordance des temps

– Quand on passe du discours direct au discours rapporté, les temps ne changent pas si le verbe introducteur est au présent ou au futur :

- *Il dit : « Zoé ne comprend rien du tout. »*
→ *Il dit que Zoé ne comprend rien du tout.*
- *Elle répondra certainement : « Je ne suis pas d'accord. »* → *Elle répondra certainement qu'elle n'est pas d'accord.*

Quand le verbe introducteur est à un temps du passé, on modifie les temps des autres verbes de la phrase :

Présent	→	**Imparfait**
• *Il dit qu'il veut attendre un peu.*		• *Il a dit qu'il voulait attendre un peu.*
Passé composé	→	**Plus-que-parfait**
• *Elle répond qu'elle est d'accord.*		• *Elle a répondu qu'elle était d'accord.*
Futur simple	→	**Conditionnel présent**
• *Ils répètent qu'ils resteront là.*		• *Ils répétaient qu'ils resteraient là.*
Futur antérieur	→	**Conditionnel passé**
• *Elle affirme qu'elle partira quand elle aura fini.*		• *Elle affirma qu'elle partirait quand elle aurait fini.*

Remarques :

– L'imparfait et le plus-que-parfait ne changent pas :

- *Il m'affirme qu'il ne savait rien parce que personne ne l'avait informé.*

→ *Il m'a affirmé qu'il ne savait rien parce que personne ne l'avait informé.*

– Transformation avec l'impératif :

- *Il crie : « Médor, reviens ! »* → *Il crie à Médor de revenir.*

UNITÉ 1 - Souvenirs

▶ Compréhension globale et activité 1 : pages 10 et 11

– Il y a longtemps, partir en vacances était vraiment une expédition. Et quand il était jeune Henri Le Cam partait parfois à l'autre bout du monde, en Guyane par exemple, un fantastique voyage à travers l'Atlantique et, au retour en France, des histoires fabuleuses pour faire saliver les petits copains. Henri Le Cam.

– Alors, cette année-là, mon père travaillait pour une compagnie qui avait des mines en Guyane, et donc on était partis le rejoindre. De Strasbourg, où on habitait, on avait pris le train jusqu'au Havre. Vous imaginez, déjà, à l'époque ? Et puis on partait du Havre, parce qu'on y allait en bateau, il n'y avait pas d'avion bien sûr. Et, ma tante et ma cousine m'accompagnaient. Ma cousine était plutôt pas mal, alors on entendait... enfin moi j'étais bien content de me promener avec une jolie fille, même si c'était ma cousine... et puis donc, quand on passait sur les quais, on entendait les ouvriers, je me rappelle toujours, les ouvriers qui travaillaient sur les quais et qui sifflaient... pffuuu... pffuuu... Ma cousine, elle était quand même contente, elle aussi hein... dans ses yeux, je le voyais bien, c'est des choses qu'on remarque quand on est gamin. Bon alors on montait à bord du bateau, avec les bagages... c'était..., on se mettait sur le pont, le bateau faisait gueuler les sirènes, enfin des grands... beuuu... beuuu...

– Vous le faites bien Henri Le Cam.

– Et après la sortie du port... le grand large, la mer à n'en plus finir pendant des jours... c'était merveilleux pour moi, hein ! Bon alors après, on arrivait à Cayenne, parce que, à l'époque tout se faisait à Cayenne, Kourou n'existait pas. Il y avait la ville de Cayenne et puis la forêt, c'est tout, hein... On était bien, il faisait chaud ; en France il faisait froid, c'était l'hiver, mais là, on était bien... et puis un jour mon père nous dit, on va aller explorer la forêt vierge ! Il voulait nous faire connaître ça. La forêt vierge, c'était angoissant parce qu'il y avait des histoires, quand même terrifiantes. Il y avait des serpents, y' avait des insectes, des caïmans... des fourmis qui pouvaient vous bouffer tout cru !

– Alors Henri Le Cam quand vous êtes revenu en métropole, à l'école, vos petits copains n'ont jamais dû vous croire ?

– Ben, j'étais quand même une espèce de héros ! Je racontais les voyages sur les rivières, la nuit dans la forêt, les bruits, les animaux, et puis tous mes copains faisaient cercle autour de moi. Je devenais la vedette, c'est peut-être comme ça que j'ai pris goût à raconter des histoires et que, ensuite ben, j'ai eu envie de devenir comédien.

▶ Activité 9 : page 14

1. J'essaie de me rappeler, mais je ne me souviens pas de la date exacte de son départ.
2. Ah oui ! Ça me revient maintenant, c'était juste après notre mariage, n'est-ce pas ?
3. Mais si, j'ai pensé à prendre tes affaires.
4. Désolé pour notre rendez-vous, ça m'est complètement sorti de la tête.
5. Pourquoi tu me demandes ça ? Je ne sais plus moi !
6. J'avais déjà chanté la moitié de la chanson, et puis hop ! j'ai eu un trou de mémoire, je n'ai pu finir.

7. Par contre moi, je n'ai pas oublié qu'il devait nous aider à trouver une maison.

▶ Activité 10a : page 14
Dialogue 1
– Ah, au fait, je t'ai pas dit, hier j'ai rencontré Jacques Delaunay. Tu te souviens de lui ?
– Ben non, pourquoi ? je devrais ?
– Mais oui. Il était à l'école primaire avec nous !
– Attends un peu. Oui, je me rappelle de lui. On l'appelait Jacquot le coco et il détestait ça. Et est-ce que tu te souviens que nous nous cachions dans les toilettes pour qu'il nous cherche partout ?
– Ben, non. Je n'ai pas le moindre souvenir de ça. Par contre, je n'ai pas oublié la vieille institutrice, madame Delafontaine... Qu'est-ce que j'avais peur d'elle ! Et je pense souvent à nos copains d'école. J'aimerais bien les revoir.

Dialogue 2
– Allô, chéri ?
– Oui, qu'est-ce qu'il y a ?
– Tu te rappelles qu'on va dîner chez les Laffitte ce soir ?
– Ah, zut ! J'ai oublié d'annuler mon cours de tennis et en plus, je n'ai pas noté le numéro de téléphone du prof !
– On peut le chercher, tu te rappelles son nom au moins ?
– Bon écoute, j'ai du boulot là, je m'occuperai de ça plus tard. Je te laisse.
– D'accord, mais n'oublie pas que tu dois passer prendre Sophie avant de rentrer.
– Oui, oui ! Allez à ce soir !

▶ Activité A : page 15 *(voir cette page)*

▶ Activité B : page 15
1. C'est vrai, ils se sont mariés l'année dernière !
2. Ah ! bon ? Tu n'as jamais revu Katja ?
3. C'est plutôt dangereux comme quartier !
4. Agnès part au Pérou pour quatre ans.
5. Ils ont beaucoup grandi, pas vrai ?
6. C'est une ville étonnamment calme.
7. Vous partez avec nous, hein ?
8. Vingt kilos en moins... C'est fou, je n'en reviens pas !

▶ Activité C : page 15 *(voir cette page)*

▶ Activité 16 : page 17
– Publimod, bonjour !
– Bonjour Élodie, c'est Sylvain Bogarry ; passez-moi Philippe, s'il vous plaît.
Salut, Philippe. J'ai reçu pas mal de filles pour le nouveau rouge à lèvres Carmel. Tu sais, il faut qu'on lance notre pub en novembre. J'hésite entre deux... Elles n'ont pas du tout le même style mais je crois que les deux pourraient convenir.
– Décris-les-moi.
– Bon... La première, c'est Alice, est plutôt grande avec une belle allure. Elle a de frêles épaules, une peau claire, de belles lèvres très sensuelles...
– Et ses yeux ?
– Elle est très belle ; elle a de magnifiques yeux bleus avec de longs cils recourbés ; ça lui donne un regard vif et profond.
– Comment sont ses cheveux ?
– Elle est châtain, les cheveux légèrement frisés.

J'oubliais : elle a aussi de jolies tâches de rousseur sur le visage.
– Ouais, pas mal, non ?
– Oui, oui, mais j'aime bien Mathilde aussi. Elle est grande aussi mais un peu moins mince.
– Pas trop boulotte ?
– Non, non, elle est jolie ; c'est juste que la première est très très mince !
Elle a la peau mate, un visage plutôt rieur, des yeux pétillants et un sourire d'enfant.
– Elle est brune ?
– Euh... oui. Elle a les cheveux longs et raides et une jolie coiffure la raie au milieu et des petites mèches touffues et peu coiffées.
– C'est le style sportive, c'est ça ?
– Oui, plutôt. C'est vrai qu'elle a les épaules carrées et les muscles bien développés, mais juste ce qu'il faut, comme on dit...

▶ Activité 19 : page 17
– Alors, ce voyage en Équateur ?
– Génial ! C'est un magnifique pays avec des reliefs et un climat très contrastés. On est restés deux jours à Quito. On a visité le centre colonial. C'est le quartier historique habité par les Indiens. On y trouve des églises, des marchés, des petites places pavées et des ruelles très étroites qui sont bordées de belles maisons coloniales.
On a beaucoup aimé Quito mais on n'a pas eu chaud : c'est à 2 800 mètres d'altitude ! Après, on est allés à Cuenca qui se trouve plus au sud, dans la cordillère des Andes. C'est une petite ville vraiment charmante. Là aussi, on a flâné dans le centre colonial et ses petites rues pavées. Le long de la rivière, à côté d'un pont, on a vu il y avait des femmes qui lavaient encore le linge à la main... mais ce qui rend Cuenca unique, c'est les trésors d'art colonial qu'elle cache dans ses églises et ses couvents des XVIIᵉ et XVIIIᵉ siècles.
– Et après, vous êtes allés au Pérou ?
– Oui, mais avant on est allés à Guayaquil ; c'est la plus grande ville d'Équateur et c'est aussi sa capitale économique. C'est une drôle de ville. Elle est très animée et colorée, tout semble aller plus vite qu'ailleurs et on trouve des quartiers très différents : des tours d'un côté, de très anciens quartiers restaurés joliment, de vieux immeubles voisinant avec d'autres bâtiments très modernes. C'est marrant. Oh ! et puis j'ai adoré le climat tropical !
– Vous avez eu le temps d'en profiter ?
– Ah ! oui, on s'est beaucoup baladés, on est allés danser, on a fait du bateau sur le Guayas, c'est le grand fleuve qui traverse la ville... bref, on n'a pas eu le temps de s'ennuyer !

UNITÉ 2 - L'Amant

▶ Activité 11 : page 27
– Et alors vous vous sentez plus française ou plus américaine ?
– Ah, je m'attendais à cette question... Au fur et à mesure du temps, plus américaine que française, complètement. Oui, oui, ma fille est surprise mais c'est comme ça.
– Comment ça plus américaine, qu'est-ce qui fait que...
– Ben, je sais pas. Quand je suis arrivée, c'était facile, j'adorais l'idée de venir en France, il avait euh, je suis new-yorkaise, alors, j'ai été élevée, avec Cartier-

Bresson, Truffaut, tout ça. Alors moi la France, ça représentait tellement de choses et quand je suis arrivée dans les années soixante-dix, c'était en plus la guerre du Viêt-Nam. Je sais pas, c'était facile de quitter ma famille, de quitter mes racines, de quitter cette langue, euh, de tout quitter et je me suis plongée euh dans la culture et dans la langue française que j'aime toujours, même si je fais des fautes, mais j'adore cette langue, j'adore cette culture, j'adore ce pays, et je voulais... mon but en arrivant en France c'était d'être plus française que la Française, voilà.

— Je rencontre un homme, un Français, je l'épouse et pis là mon monde est devenu cent pour cent français. On habitait Strasbourg-Saint-Denis euh, mes filles sont allées dans des écoles publiques, euh donc y avait pas beaucoup de gens qui parlaient anglais. Euh, et puis j'étais très bien, je trouvais ça très très bien.

— Mais vous parliez en quelle langue à vos enfants ?

— Alors voilà, tant qu'elles étaient un peu à moi, c'est-à-dire qu'avant trois ans, où elles allaient dans des écoles en anglais parce que c'est quand même ma langue maternelle. Donc à la naissance, je me suis rendu compte que cette langue revenait malgré moi. Le coucher était que les histoires en anglais, les chansons en anglais [...]

Extrait de L'esprit de famille *de Mathias Deguelle, avec Elsa Boublil, Stéphanie Stolin, © France Inter, 5 août 2004.*

▶ Activités 12 et 13 : page 28

— Démarre ! Démarre !

— Monsieur, bonjour. C'est votre moto, ça.

— Non, tu vois bien que je suis en train de la piquer.

- Hou là ! Pas très efficace comme voleur, hé ! Vous avez les papiers du véhicule ?

— Pourquoi ? T'es keuf ?

— J'aurais préféré : « de la police », mais bon, ouais, c'est un peu ça, hein... Et voilà, les papiers mon gaillard.

— Vous êtes pas fermé le dimanche ?

— Ben, non, tu vois. Hein ? Alors, t'as les papiers ?

— Bien sûr que j'ai les papiers ?

— Allez, allez, allez.

— J'étais sûr de les avoir pris ce matin.

— Ah, ben, si tu le dis !

— Mais, écoutez, je vous jure que c'est ma bécane. Ça fait cinq ans que je l'ai, dix ans que je suis motard.

— Non, mais, je suis prêt à te croire, mais avec les papiers.

— Bah, je les ai pas, là. Écoutez faudrait être con pour piquer une bécane comme ça en plein jour devant tout le monde, non ?

— Oh, bah, y a pas grand monde, là, hein.

— Ouais d'accord. N'empêche que si j'étais un voleur, je m'y prendrais pas comme ça.

— Tu t'y prendrais comment, alors ?

— Je sais pas moi, hein, de nuit, dans une ruelle déserte, comme un voleur, quoi.

— Dis donc, t'as pas de sécu, là ?

— Non, j'en ai pas. Ça pose un problème ?

— Qu'est-ce qui me prouve que c'est ta moto ?

— Je peux vous dire ma plaque : 240 BMH 91, c'est une preuve ça.

— Moi, je suis pas convaincu que tu sois motard, figure-toi.

— Et vous vous avez pas vraiment la tronche d'un flic, et pourtant je vous crois !

— Là, je suis pas sûr que ce soit un compliment, hein ?

— Écoutez, monsieur, vous le prenez comme vous voulez, mais je vous dis que j'ai cette bécane depuis cinq ans, et depuis tout le temps, j'ai eu des problèmes de démarrage à froid.

— Je doute, sans les papiers, je doute. C'est matérialiste comme réaction, mais... hé, c'est le boulot de flic qui veut ça, j'y peux rien.

— On fait comment, là.

— Hé ben je vais voir si c'est vraiment ta moto.

— C'est pas comme pour les chevaux, c'est pas marqué sous la selle.

— Amusant. C'est con ton truc, mon grand.

— Moi, ce que je dis, c'est pour aider, hein.

— Oui, c'est ça, alors, aide, dégage.

— Mais qu'est-ce que vous faites, là ?

— Hé ben, je viens de te le dire.

— Je pige pas.

— Ha, tu piges pas ? Ben, c'est tout vu. Hein ? Si t'es vraiment motard, moi, je suis flic.

— Ben, qu'est-ce qu'il me fait, lui ?

— Ma moto, arrête, reviens, c'est pas vrai ça.

Extrait du court métrage Tricycle *(©) Alexandre Mehring.*

▶ Activités 16a et 16b : page 29

1. — Alors, qu'est-ce que tu penses de la proposition de Gabriel ?

— Pour être franc, ce gars ne m'inspire pas confiance. J'ai de sérieux doutes sur ses motivations. Il faudrait vérifier les prix avant de s'engager.

2. — Alors madame, vous la prenez cette petite voiture ?

— Vous savez je me méfie des voitures d'occasion et je me méfie encore plus des garagistes, alors...

— Mais je vous dis que c'est un petit bijou !

— Mouais...

3. — Comment ça va entre Mathilde et sa mère ?

— Oh, ben, elle a juré qu'elle ne recommencerait plus.

— Et elle la croit ?

— Tu sais au fond, elle a toujours eu confiance en elle, alors elle lui a donné une nouvelle chance.

4. — On va par où maintenant ?

— Si je me fie à mon sens de l'orientation, il faut aller vers la droite.

— Et il est fiable ton sens de l'orientation ?

— Oui, oui, vous pouvez me faire confiance.

— Bon, allez, tout le monde à droite !

5. — Pourquoi t'as cet air méfiant ?

— J'aime pas trop les rues désertes le soir tard.

— Mais regarde, on est à deux pas de la maison, il ne peut rien nous arriver !

— Ben, je préfère rester sur mes gardes, on ne sait jamais.

▶ Activité A : page 31

1. Vous êtes pas fermé le dimanche ?
2. Bah, je les ai pas
3. Oh, bah, y a pas grand monde, là, hein.
4. Je m'y prendrais pas comme ça.
5. Je sais pas moi, hein, de nuit, dans une ruelle déserte, comme un voleur, quoi.
6. Et pourtant, je vous crois.
7. J'étais sûr de les avoir pris ce matin.
8. Là, je suis pas sûr que ce soit un compliment, hein ?
9. J'y peux rien.

10. Je suis prêt à te croire, mais avec les papiers.

▶ Activité B : page 31 *(voir cette page)*

▶ Activité C : page 31

1. — Bon, on dîne où finalement ?

— Laisse-moi encore quelques minutes pour réfléchir.

— Allez laisse-moi faire, je m'occupe de faire les réservations chez Milano.

2. — Ben quoi ! J'viens d't'l'dire, faut pas passer à droite.

— Oh, ça va, j'suis pas sourd, pas la peine de s'énerver comme ça, crier comme ça !

3. — Nous pensons tous beaucoup à vous. Si, si, réellement.

— Oh, c'est gentil, mais vous savez ce n'est pas la peine de vous inquiéter, ça va plutôt bien.

4. — Pour ce que j'en dis, moi ! C'est comme vous voulez.

— Ouais, c'est ce qu'on dit toujours, mais moi, allez, je sais ce que pensent les gens !

UNITÉ **3** - Famille

▶ Compréhension globale et activité 3 : pages 41 et 42

— Ça va, Henri ?

— Ben... oui, ça va, pourquoi, qu'est-ce qu'il y a ?

— Il y a rien, je te demande si ça va, c'est tout...

— Tu me dis « ça va Henri ? » avec un air, là, on dirait un docteur ! !...

— Mais enfin c'est incroyable, je te demande gentiment si ça va, et je ne t'ai rien fait !

— Oui, Le Père Tranquille, j'écoute. Ah ! alors, t'es où ?... Mais tu sais quelle heure il est ?... Ah, bon ? Et pourquoi ?... Mouais... Ah bon... Mouais... Mmmmmh... Et tu as besoin de partir chez ta copine pour réfléchir, tu peux pas réfléchir à la maison ?... Mais à quoi ? À quoi tu veux réfléchir ?... Je comprends rien, je comprends pas ce que tu me dis... Qui c'est qui t'a foutu ces idées dans la tête, d'abord ?... Et tu choisis le vendredi soir, pour me faire ça ?... Bon. Écoute, Arlette, écoute, je vais te proposer quelque chose : tu viens ce soir... Et tu commences à réfléchir à partir de demain, par exemple... Bon, eh ben, prends-la ta semaine, prends quinze jours, prends toute la vie, si tu veux, j'en ai rien à foutre !... Je te parle comme je te parle ! « C'est pas la peine d'en faire un drame », il faudrait que je rigole, que je prenne ça calmement, tu vas voir si je vais prendre ça calmement, je vais aller là-bas, je vais lui foutre mon poing dans la gueule à celle-là !

— Ah oui, ça peut la toucher, ça...

— C'est nouveau, ça, d'aller réfléchir une semaine, réfléchir à quoi ?... Voilà ! Qu'est-ce que je vais leur raconter, maintenant, ils vont me dire « elle est où, Arlette ? », je vais leur répondre quoi, moi ? Elle est avec quelqu'un, c'est ça ?

— Nooooon...

— C'est quoi, alors ? J'ai pas de considération, moi ?

— ... c'est-à-dire... ?

— De la considération, je ne sais pas, je comprends même pas ce que ça veut dire, il paraît que j'ai pas de considération pour elle, qu'est-ce que tu comprends, toi ?

— Je ne sais pas, que vous la traitez mal, non ?...

— Moi ? Moi, je la traite mal ?

— C'est ce qu'elle dit...

— Je la traite très bien ! !... De toute façon, on se voit jamais, je voudrais la traiter mal que j'aurais pas le temps... Je travaille treize heures, je mange, je dors, et voilà... C'est tout ce que je fais !... Pffffff... Je suis dégoûté... dégoûté...

Extrait de la pièce de théâtre Un air de famille © Agnès Jaoui et Jean-Pierre Bacri, Avant-Scène théâtre n° 956, 1994.

▶ Activité 5 : page 42

– Ça va, Henri ?
– Ben... oui, ça va, pourquoi, qu'est-ce qu'il y a ?
– Il y a rien, je te demande si ça va, c'est tout...
– Tu me dis « ça va Henri ? » avec un air, là, on dirait un docteur !...
– Mais enfin c'est incroyable, je te demande gentiment si ça va, je ne t'ai rien fait !

▶ Activité 6 : page 42

1. – Tu comprends, Juliette, j'en ai plein le dos de tes petites histoires de maladie ! Tu n'avais pas appris ta leçon, c'est plutôt ça.
– Mais non, monsieur, c'est vrai, j'étais malade ! Personne ne me croit, j'en ai marre !
– Sois polie, s'il te plaît et calme-toi un peu...
2. – Tes chaussures dans l'entrée, ton manteau sur le canapé, ton sac au milieu du salon... et maintenant, je trouve un paquet de gâteaux sous ton lit. Alors là, tu dépasses les bornes, Gauthier !
– Mais maman, t'as pas besoin d'hurler comme ça. C'est pas un drame quand même !
3. – Madame, calmez-vous, ce n'est qu'une voiture. Vous n'êtes pas blessée.
– Comment ça, qu'une voiture. Ça me rend folle que vous puissiez dire ça. Vous savez combien elle a coûté ma « qu'une » voiture ?
– Non, mais ça ne sert à rien de crier comme ça !
4. – Qu'est-ce que vous pouvez être exigeant, à la fin ! Je vous sers un café, vous ne le trouvez pas bon, les pâtes, vous dites que ça fait cantine... et le vin n'est pas assez frais. Ça commence à bien faire !
– Ce n'est pas la peine de vous énerver ; je vous dis ce que je pense et puis, le client est roi, non ?

▶ Activité A, a) et b) : page 43

1. Pas question !
2. Excellent !
3. Rien à redire...
4. C'est insupportable !
5. Ça me rend triste.
6. Génial !
7. N'importe quoi !
8. Ouais, bof...

▶ Activité C : page 43

1. Eh ben, j'étais contente... hein !
2. J'ai revu Michel ; ah bah, j'étais contente !
3. Félicitations !
4. Super !
5. C'est terrible !
6. Bravo, t'as tout gagné !
7. C'est terrible !
8. Super !
9. Félicitations !
10. Bravo, t'as tout gagné !

Activités 15a et 15b : page 47

1. – Ça n'a pas l'air d'aller. Tu as des soucis ?

– Bah non, pas particulièrement, mais je me sens déprimée. C'est peut-être à cause du temps. Il pleut tout le temps dans ce pays !
2. – Tu as une drôle de tête. Ça ne va pas ?
– Si, au contraire ! Ça me fait même très plaisir de te voir !
– Ah bon. Pourtant tu n'es pas comme d'habitude.
– C'est juste que je reviens de la piscine, c'est pour ça...
3. – Tu pleures ? Bah, qu'est-ce qui t'arrive ?
– C'est le cauchemar au bureau, je n'en peux plus !
4. – Qu'est-ce qu'il y a, Émilie ?
– Petit frère, je suis émue. J'ai le grand plaisir de t'annoncer mon mariage avec Didier.
– Ouah ! C'est trop bien, on va faire la fête !
5. – Qu'est-ce qui se passe ?
– Mon père est toujours à l'hôpital, je n'ai pas le moral.

UNITÉ 4 - Peurs

▶ Activités 6a et 6b : page 54

– Question posée sur Internet par Marielle : je réalise mes objectifs, j'assure un bon développement clientèle et pourtant je vis sous la terreur de mon patron, écrit Marielle, la moindre de ses remarques me liquéfie. Avec la psychanalyste Isabelle De Labrière, consultante de notre radio, voyons d'où peut venir cette terreur.
– D'abord elle peut venir du patron, parce qu'il y a des patrons qui sont objectivement terrifiants, il y a notamment les patrons paranoïaques qui se prennent pour les maîtres du monde. Ces patrons-là peuvent très bien finir par terrifier leurs salariés même si les salariés n'avaient pas au départ de problèmes particuliers...
– Qu'est-ce que ça génère justement dans la tête du collaborateur, ce genre de situation ?
– Il y a deux choses, je crois, qui peuvent provoquer la terreur. La première c'est que les salariés se sentent souvent pris au piège et condamnés à subir. Et puis je crois que ces patrons-là sont terrifiants aussi parce qu'en fait ils sont fous ; leur folie, c'est de ne pouvoir reconnaître aucune limite, et ça, ça fait peur inconsciemment aux autres.
– Est-ce que cette terreur peut avoir d'autres raisons, d'autres origines ?
– Bien sûr, il y a des raisons personnelles, c'est-à-dire, ce que l'idée même du patron peut faire revivre inconsciemment à un salarié : l'employé qui toute son enfance a eu peur de son père ou de sa mère peut rejouer ça avec son patron, même si la situation ne s'y prête pas parce que, quand même, un patron, c'est quelqu'un qui est dans une position qu'on peut dire paternelle...

▶ Activités 17a et 17b : page 58
(voir cette page)

▶ Activité 21 : page 59

1. Tu as vu tous ces gros nuages gris ?
2. Chérie ! La banque a téléphoné ce matin. Il faudrait qu'on passe les voir demain après-midi.
3. Non, Julie n'est pas là aujourd'hui, elle est malade.
4. Vite, il est presque 10 heures.
5. Franck n'a pas encore trouvé d'appartement ?
6. Euh, tu peux venir voir l'ordinateur. L'écran est

devenu tout noir tout d'un coup.

▶ Activité 23 : page 60

1. – Tu ne vas pas être content : je ne vais pas pouvoir aller avec toi à Strasbourg.
– Tant pis, j'irai tout seul ! Ce sera moins gai, mais bon...
2. – Euh, j'ai comme un petit problème... Ton livre : j'ai renversé un peu de café dessus. Tu vois, là.
– Oh, peu importe, c'est un vieux livre, ce n'est que du papier après tout...
– Ah, bah, oui, mais, quand même... J'avoue que ça m'angoissait un peu...
3. – Bon, bah, on se voit samedi de toute façon !
– Non, non, samedi, je n'y vais pas.
– Ah, bon ? Oh, c'est dommage ! Je pensais que tu viendrais. J'étais tellement content...
– Oui, mais ça me dit rien.
– Du coup, je ne sais pas si je vais y aller, moi !
4. – Tu as lu le dernier livre de Jean-Paul Dubois ?
– Ouais, bof ?
– Comment ça ?
– Bah, c'est un peu gentillet. Ça commence bien, et puis... Non, ce n'est pas mal... Mais bon...
5. – Tu veux boire quelque chose ?
– Ouais, qu'est-ce que tu as ?
– Ce que tu veux : thé, café, jus de fruit...
– Un jus de fruit, c'est bon.
– Euh, orange, pomme, pamplemousse ?
– Je m'en fous. Ce que tu as d'ouvert ?
– Alors, ce sera pamplemousse !
– Excellent !
6. – Alors, tu as aimé le film ?
– Euh, franchement, là, non, je suis déçue...
– Ah, bon ! Moi, j'ai bien aimé.
7. – Bon, alors, qu'est-ce qu'on fait ce week-end ?
– Alors, là, ça m'est égal ! Tu as appelé Isabelle ? Ils font quoi ?
– Ils ne savent pas, justement.
8. – Alors, ces travaux, terminés ?
– Oui, mais alors, quelle déception !
– Comment ça ?
– C'est horrible ! Sur le papier, ç'avait l'air bien, mais le résultat est une horreur !

▶ Activité 26 : page 61

1. Oh, je suis désolé, j'ai oublié que c'était ton anniversaire aujourd'hui !
2. Tu n'es pas trop fâché que Valérie ait été choisie pour la présentation à Mexico.
3. Tu sais quoi ? On pourrait dîner ensemble samedi, non ? Ça te dirait ?
4. Oh ! là, là ! c'est la cata ! On n'a pas reçu les livres. Ils vont arriver demain seulement.
5. Euh, non, je n'irai pas avec toi. Léa m'a invité chez elle et...

▶ Activités A et B : page 61 *(voir cette page)*

▶ Activité 31 : page 63

– Je vous trouve bien essoufflée ce matin, Emmanuelle.
– Je suis peut-être arrivée un peu trop vite au studio. En fait, j'ai eu la frousse de ma vie !
– Non, mais qu'est-ce qui s'est passé ?
– J'avais une voiture en arrière de moi et, à 4 heures du matin, je n'aime pas beaucoup ça, surtout que je partais des Laurentides, du nord.

- Ouais.

- Et il y a quand même du monde un peu éméché sur les routes à 4 heures du matin et je n'aimais pas l'idée d'avoir une voiture qui soit vraiment serrée en arrière de moi, alors j'ai accéléré négligemment pour finalement m'apercevoir que c'était une voiture de police, en arrière de moi, qui m'a gentiment arrêtée et qui en fait s'inquiétait, lui, pendant ce temps-là, de me voir accélérer, mais il a suffi que je lui explique en fait l'erreur et le quiproquo.

- Non, mais il a été d'une grande gentillesse.

- Il a été d'une grande gentillesse...

- Non mais c'est toi qui as un charme fou.

- Et d'une grande compréhension, je dirais. Mais ça prouve aussi que l'honnêteté paie. C'est la moralité de l'histoire il faut toujours dire la vérité aux policiers quand on vous arrête.

Radio Canada, En attendant Le Bigot, 8 août 2004.

UNITÉ 5 - Conversations

➤ Compréhension globale et activité 1 : pages 70 et 71
Dialogue 1

- Sinon, à part ça, il y a quelque chose que vous avez prévu de faire ? Il y a un truc qui vous ferait envie, il y a un endroit où vous avez envie d'aller ? Ou...

- Non. Et toi, Françoise ?

- Non, pas spécialement. Bon éventuellement, j'aurais bien fait un petit tour aux Galeries Lafayette, comme ça on aurait pu faire un saut chez Marks & Spencer. Enfin, bon, tu sais comment est ton père.

- Mais je peux vous accompagner.

- Tu as horreur des magasins. Et puis moi, tu sais, moi, quand j'y vais, j'aime bien avoir le temps, regarder... alors si c'est pour te sentir derrière mon dos à râler tout le temps parce qu'il fait trop chaud, comme la dernière fois, c'est pas la peine.

- De toute façon, il faut qu'on déjeune. Alors, en fait, moi, ce que je vous propose, soit on fait les courses et puis on mange un petit truc ici, soit on peut aller en bas dans une brasserie que je connais qui est vraiment très, très bien. Et puis comme ça, moi, après j'accompagne maman dans les magasins, et puis toi, papa, soit tu restes ici pour te reposer un peu, soit tu viens avec nous. Hein ? Ça vous va comme programme ?

- Oui, oui, très bien.

- Et puis j'ai pris des billets de théâtre pour ce soir, comme on avait prévu.

- Bon, bah, pour ce midi, on n'a qu'à manger ici, c'est pas la peine d'aller au restaurant puisqu'on ira demain !

- Et demain, c'est moi qui vous invite !

D.R.

Dialogue 2

- NRP et fils, bonjour !

- Bonjour, Madame. Je suis le directeur de l'école Sup de Co de Brest. J'aimerais parler à monsieur Subileau, s'il vous plaît.

- Un instant, je vais voir s'il peut recevoir votre appel... Je vous passe monsieur Subileau.

- Allo ?

- Bonjour monsieur Subileau. François Lepetit, directeur de l'École de Commerce. J'avais pris contact avec vous il y a quelque temps au sujet d'une convention de stage pour nos étudiants.

- Oui.

- Ceux-ci doivent effectuer un stage de deux mois en entreprise lors de leur 2e année d'étude et un autre de 4 mois à la fin de leur troisième année.

- Hmm, hmm.

- Nous avons déjà des accords avec le Crédit agricole, Air liquide, France Télécom...

- Oui, mais ça, c'est d'énormes sociétés. Vous savez, nous, on est une petite entreprise familiale, et...

- D'accord mais votre secteur d'activité nous intéresse beaucoup ; il y a très peu de spécialistes en micro-électronique dans la région et la réputation de votre société n'est plus à faire.

- Hum... Votre demande mérite réflexion. Il faut que j'aie assez de personnel pour pouvoir s'occuper de vos étudiants et chacun est toujours très pris.

- Vous savez, les étudiants doivent surtout observer le travail, choisir un sujet et rédiger ensuite un mémoire. Ils sont assez autonomes et auront surtout des questions à adresser aux salariés. En échange je pourrais vous proposer qu'on fasse des choses ensemble.

- Il faut voir... Quelles choses, par exemple ?

- Nous pourrions monter de bons programmes de formation à la fois pour vos salariés et nos étudiants de dernière année.

- Je regrette mais ça, ce n'est pas une bonne idée. Je n'ai absolument pas le temps de m'occuper de ça.

- Justement, nous, on s'occuperait de trouver les intervenants, d'organiser un programme, on pourrait également recevoir le public dans notre école...

- Et nous alors, on ferait quoi ?

- On déciderait ensemble des sujets de formation, puis vous n'auriez qu'à proposer à vos salariés intéressés d'assister aux journées. Et puis, bien sûr... vous accepteriez de prendre quelques-uns de nos étudiants en stage dans votre entreprise...

- Vous alors, vous ne perdez pas le nord !

- Je trouve que ce serait intéressant de pouvoir réunir plus souvent des étudiants en commerce et des professionnels, autant pour les uns que pour les autres. Ça ne vous dirait pas ?

- Je vais y réfléchir tranquillement. Je peux vous rappeler la semaine prochaine ?

- Oui, bien sûr. Je vous donne mon numéro : 06 71 12 85 35.

- C'est noté. À bientôt, monsieur Lepetit.

- Merci et à bientôt.

➤ Activité 2 : page 70
Dialogue 1

- Sinon, à part ça, il y a quelque chose que vous avez prévu de faire ? Il y a un truc qui vous ferait envie, il y a un endroit où vous avez envie d'aller ? Ou...

- Non. Et toi, Françoise ?

- Non, pas spécialement. Bon éventuellement, j'aurais bien fait un petit tour aux Galeries Lafayette, comme ça on aurait pu faire un saut chez Marks & Spencer. Enfin, bon, tu sais comment est ton père.

- Mais je peux vous accompagner.

- Tu as horreur des magasins.

Dialogue 2

- D'accord mais votre secteur d'activité nous intéresse beaucoup ; il y a très peu de spécialistes en micro-électronique dans la région et la réputation de votre société n'est plus à faire.

- Hum... Votre demande mérite réflexion. Il faut que j'aie assez de personnel pour pouvoir s'occuper de vos étudiants et chacun est toujours très pris.

- Vous savez, les étudiants doivent surtout observer le travail, choisir un sujet et rédiger ensuite un mémoire. Ils sont assez autonomes et auront surtout des questions à adresser aux salariés. En échange je pourrais vous proposer qu'on fasse des choses ensemble.

- Il faut voir... Quelles choses, par exemple ?

- Nous pourrions monter de bons programmes de formation à la fois pour vos salariés et nos étudiants de dernière année.

➤ Activité 4 : page 72

1. - D'accord mais après le ciné, on va où ?

- Bah, on va d'abord retrouver Patricia et José qui sortiront au théâtre et on ira chez moi pour dîner. Ça vous va comme ça ?

2. - J'aurais besoin d'emprunter 2 000 € que j'aimerais rembourser sur une année. C'est possible ?

- Euh... Je ne peux pas vous répondre comme ça. Il faut voir...

3. - Si tu veux, je passe te prendre et on va ensemble au bureau.

- C'est gentil mais Édouard m'a proposé la même chose et j'ai accepté.

4. - Je serais très heureux que vous puissiez assister à notre réception du 18 février.

- Malheureusement, je ne peux pas vous le promettre, je ne sais pas si je serai rentré de Francfort.

5. - Il y a un endroit où vous auriez envie d'aller ?

- Oui. Moi, j'aimerais bien faire un tour à l'Institut du monde arabe et puis après on pourrait se balader à Saint-Germain des Près, c'est à côté.

6. - On n'a qu'à parler de ce problème à Annie ; elle saura nous conseiller.

- Non, ça ne me dit rien d'en parler à Annie. On va se débrouiller tout seuls.

➤ Activité 12 : page 74

1. En cas de doute vous pouvez toujours m'appeler au 06 13 25 52 25.

2. C'est sûr que, avec une voiture plus puissante, on serait déjà arrivés.

3. Imaginez qu'on ne puisse pas arriver à l'heure à la réunion, est-ce que ce serait très grave ?

4. J'irai avec toi en admettant que je puisse sortir tôt du bureau.

5. Oui, c'est très intéressant la chimie, à condition d'y comprendre quelque chose !

6. Nous pouvons y arriver, à supposer que tout le monde fasse un petit effort.

➤ Activité A : page 75 *(voir cette page)*

➤ Activité B : page 75
a)

1. Si tu ne viens pas, je dis tout à ton père !

2. Si tu continues, tu auras de vrais problèmes !

3. Est-ce qu'il pourrait me téléphoner ?

4. Vous devez attendre votre tour.

5. Si elle n'est pas contente, qu'elle écrive un courrier !

➤ Activité 19 : page 78

1. - Christophe, j'ai lu votre dossier, vous êtes sûr de ce

Transcriptions

que vous avez écrit ?

– Comment ça ?

– Bah, c'est-à-dire que je trouve un peu bizarres les résultats que vous donnez.

– Bizarres ?

– Oui, euh… un peu surprenants. Vous êtes sûr que vous n'avez pas fait une erreur ?

– Écoutez, si vous n'avez pas confiance, vous n'avez qu'à vérifier vous-même.

2. – Allo !

– Valérie ? C'est Adeline.

– Salut, ça va ?

– Salut, euh, dis, excuse-moi, je suis un peu pressée, j'ai une petite question. Tu connais Patrick Manetti, de la société Ribeiro ?

– Euh, Manetti ? Oui.

– Moi, je l'ai croisé juste une fois et j'aurais besoin de le contacter. Tu aurais ses coordonnées sous la main ?

– Oh, oui, mais il faudrait que je cherche dans mes dossiers. Tu n'as qu'à demander à Laurent, il te donnera ça tout de suite !

– Ah, oui, Laurent, pourquoi je n'y ai pas pensé ? Merci !

– Je t'en prie !

3. – Euh, dis donc, on ne s'amuse pas beaucoup ce soir !

– Je ne te le fais pas dire ! On s'en va ?

– Maintenant ? Mais, qu'est-ce que Julie va dire si on part maintenant ?

– Bah, on n'a qu'à lui dire que tu es malade, que tu as une migraine…

4. – Bon, tu dis à Julien qu'il passe à mon bureau vers 14 h 30 demain. Je devrais être là.

– Euh, et si tu n'es pas là, qu'est-ce qu'il fait ?

– Hé, bien, il n'aura qu'à laisser les documents au secrétariat, comme d'habitude !

5. – Oh ! là, là ! Tu as vu l'heure ? Moi, à cinq heures, il faut que je parte.

– Oui, mais, on n'a pas fini !

– Je sais, mais bon, on finira demain.

– Demain ? Puufff ! Bon, écoute, il n'y a qu'à ne pas s'occuper de la commande des livres. Je demanderai à Noura de faire ça demain.

UNITÉ 6 - Et si…

> **Activité 3 : page 83**

1. – Mélanie a bien su défendre son opinion pendant notre discussion ; c'est bien !

– Le problème, c'est que son opinion change souvent selon qui elle rencontre… Tu sais, elle est bien gentille mais très influençable.

2. – Alors, ton frère viendra pour tes 50 ans ?

– Je n'ai pas été assez persuasif et je crois qu'il n'est toujours pas décidé.

3. – Tu es fâché avec Sophie ?

– Fâché, non, mais je trouve qu'elle (n')est pas très maligne d'avoir dit ça. Par moment, elle m'énerve !

4. – Pourquoi Isabelle ne parle-t-elle plus à Sylvie ?

– Tu sais, elles se sont fâchées il y a longtemps mais Isabelle n'a pas pardonné. Elle est très rancunière.

5. – Qu'est-ce qu'il est mignon votre petit Samuel…

– Oui, beau comme sa mère mais têtu comme son père ! Il ne fait que ce qu'il a décidé et il n'écoute rien !

> **Activité 8 : page 84**

1. Les joueurs de l'équipe de France seraient arrivés ce

matin à l'aéroport de Roissy-Charles de Gaulle.

2. À ta place, je serais partie.

3. Tu aurais quand même pu nous envoyer un message !

4. Tu aurais été le mécanicien et tu aurais réparé le train.

5. Mais Philippe, tu aurais dû me le dire !

6. Ah ! bon ? J'aurais payé cette facture en retard ? Ça m'étonne de moi…

7. J'aurais voulu être un artiste.

8. C'est dommage parce que j'aurais pu faire la garde-barrière et un jour…

> **Activité 11 : page 85**

1. Ah ! Pardon, j'étais avant vous ! J'ai le numéro 26 !

2. Je suis stupide, j'aurais pu comprendre ça toute seule !

3. Il aurait fallu que tu connaisses mon grand-père.

4. Tu as trop parlé et maintenant Louise est fâchée avec Élodie et Ronan.

5. Si j'avais su, je ne serais pas allé courir ce matin.

6. Dis donc, tu sais quelle heure il est ?

7. C'est dommage qu'on ne chante pas dans la même chorale.

8. Il regrette de ne pas avoir invité Marc et David.

> **Activité 15 : page 86**

Ça aurait dû être moi

En voyant l'accident, j'ai eu froid dans le dos.

Sur le chemin que je prends pour aller à mon travail, un train venait de dérailler.

Si je n'avais pas été en retard, je me serais trouvé à cet endroit précis au moment de l'accident.

Ça aurait dû être moi qu'on aurait retrouvé écrasé sous le wagon.

Moi.

J'ai cherché ce qui m'avait sauvé.

Je me suis souvenu avoir mis longtemps à me coiffer, à cause d'une mèche. Une mèche. J'ai essayé avec un peigne, mais ça ne servait à rien. Avec de l'eau, avec de l'eau. Avec de l'eau, j'ai réussi à la plaquer dans le même sens que les autres cheveux.

Avec de l'eau.

Point par point, j'ai repensé à tout ce que j'avais fait ce matin-là.

Je m'étais coupé, je m'étais coupé en me rasant.

Ce qui m'a fait perdre le plus de temps c'est d'avoir cherché ma chaussette, ma chaussette, d'avoir cherché ma chaussette. Je n'en avais trouvé qu'une. Ma femme, ma femme, ma femme, comme à son habitude, avait rangé les affaires n'importe comment. J'ai cherché sous le lit, dans les tiroirs et même dans les autres pièces de la maison.

Je me suis souvenu avoir copieusement disputé ma femme au sujet de la chaussette. Je lui ai reproché de me faire perdre un temps fou, de me faire perdre un temps fou.

Un temps fou.

En me rappelant cette phrase, je me rends compte que c'est une chose que je lui reproche souvent. En fait, je dois lui dire ça plusieurs fois par semaine : « Tu me fais perdre un temps fou, mais tu me fais perdre un temps fou ! »

En général, je dis ça en regardant ma montre. C'est évident maintenant, je lui dis ça au moins une fois par jour, une fois par jour, je lui répète tellement que je suis sûr qu'elle ne l'entend plus maintenant. Pour elle,

ça doit être comme si j'éternuais ou si je toussais.

Il faudrait peut-être que je lui fasse des excuses. Ça doit être possible de lui montrer que j'ai eu tort. Il faut que je m'excuse.

Il faudrait faire une fête de cette chaussette mal rangée. J'avais dix minutes avant de la retrouver, dix minutes, dix minutes avant de la retrouver encore étendue sur le rebord de la fenêtre.

On devrait instituer un nouveau jour férié. Le jour de la chaussette égarée. Ce jour-là, chacun pourrait accrocher une chaussette à sa fenêtre.

Jamais, jamais, je ne laverai, ni ne rangerai aucun vêtement de ma vie. Si je l'avais fait, je serais mort.

J'ai repris ma route. Je me disais que je ne devrais peut-être pas arriver trop vite. Si j'avais couru dans la rue, jusqu'à ma voiture, je serais mort. Si je ne m'étais pas attardé en m'habillant, un énorme morceau de tôle aurait broyé mon visage.

En arrivant à mon bureau, j'ai cassé ma montre pour ne plus savoir si je suis à l'heure ou en retard.

Extrait du court-métrage Ça aurait dû être moi *d'Alain Gagnol et Jean-Loup Félicioli - Collection «Les tragédies minuscules».*
© Folimage/Arte 1999.

> **Activité 24 : page 89**

1. Mais comment est-ce que tu as pu croire des choses pareilles ?

2. Tu devrais retourner voir ton médecin.

3. Tu aurais dû parler de ce problème bien plus tôt.

4. Si tu continues, je ne te parlerai plus jamais !

5. Ce qui ne me va pas, c'est que tu contestes toujours mes critiques.

6. Il n'est pas question que je fasse tout ce que tu me demandes !

> **Activité A : page 91**

Excuse-moi, j'ai eu tort, je suis désolé.

> **Activité B : page 91**

Il a refusé.

UNITÉ 7 - Débat

> **Compréhension globale, activités 1 et 3 : pages 100 et 101**

– Je veux dire deux ou trois choses. La première, c'est, incontestablement, l'Europe telle qu'elle existe aujourd'hui est sans aucun doute une Europe libérale, construite autour d'une colonne vertébrale qui est la concurrence et nous, en tant que syndicalistes, nous nous y confrontons tous les jours.

– Depuis le traité de Rome.

– Depuis le traité de Rome. On a même, c'est vrai, pu obtenir quelques avancées sociales en s'appuyant sur des articles liés à la concurrence. Mais, dans les faits, c'est quand même la concurrence qui l'a emporté. La deuxième chose, c'est qu'on a pu aussi obtenir un certain nombre de contrepoids par rapport à cette Europe : dans le domaine social, il y a sur les conditions de travail…, il y a sur la non-discrimination, et puis il y a quelque chose, de nouveau d'ailleurs, qui apparaît, qui était un objectif revendicatif des syndicalistes, c'est l'inclusion de la charte des droits fondamentaux. Cependant, c'est très loin de ce que nous revendiquons comme rééquilibre. Alors, la position de la CGT, elle est,

à ce stade d'apporter une contribution au débat [...]
– Pas de consigne de vote ?
– Nous en discuterons ultérieurement, mais pour l'instant nous discutons du contenu de la constitution.

> **Activité 5a : page 102**
Je veux dire deux ou trois choses. La première, c'est, incontestablement, l'Europe telle qu'elle existe aujourd'hui est sans aucun doute une Europe libérale. La deuxième chose, c'est qu'on a pu aussi obtenir un certain nombre de contrepoids par rapport à cette Europe. Cependant, c'est très loin de ce que nous revendiquons comme rééquilibre. Alors, la position de la CGT, elle est, à ce stade d'apporter une contribution au débat.

> **Activité 5b : page 102**
– Et les services publics, c'est considéré, dans la constitution, comme... c'est fondateur de la cohésion sociale. Et c'est pas mal, quand même, cette histoire. C'est plutôt de gauche. C'est pour ça, c'est pour cette raison que...
– Ah, ah
– Qu'est-ce qui fait rire Jean-Michel Ménard ?
– Parce que... parce que simplement la santé, ça les fait rire, à droite, il faut voir l'état de l'hôpital aujourd'hui en France. Évidemment, l'université publique...
– Est-ce que je peux répondre sur ce point ?
– Et l'école publique... Il faut voir l'état de l'université et de la recherche française aujourd'hui. Évidemment que ça les fait rire.
– Est-ce que...
– Oui, oui, vous allez répondre.

> **Activités 7a et 7b : page 102**
Je veux dire deux ou trois choses. La première, c'est, incontestablement, l'Europe telle qu'elle existe aujourd'hui est sans aucun doute une Europe libérale, construite autour d'une colonne vertébrale qui est la concurrence [...] On a même, c'est vrai, pu obtenir quelques avancées sociales en s'appuyant sur des articles liés à la concurrence. [...] La deuxième chose, c'est [...] qu'on a pu aussi obtenir un certain nombre de contrepoids par rapport à cette Europe [...] cependant, c'est très loin de ce que nous revendiquons comme rééquilibre. Alors, la position de la CGT, elle est, à stade, d'apporter une contribution au débat.

> **Activité 8 : page 102**
1. Bon, alors, notre préoccupation actuelle, c'est d'abord de découvrir les plantes rares, les nommer, les caractériser et puis après éventuellement prendre des mesures pour les protéger.

Pierre Martineau, Radio Canada.

2. L'Agence intergouvernementale de la francophonie met en place un projet, le projet AMAF (accès au marché – de l'accès au financement) qui comporte trois grandes lignes pour simplifier les choses, premièrement la mise en ligne de toutes les informations concernant les procédures et les mécanismes de financement ; deuxième chose, la mise en place d'un système de veille électronique des offres financières ; troisièmement, la mise en ligne des projets d'affaires du secteur privé des pays membres.

3. L'Union européenne considère les mesures proposées comme particulièrement opportunes. En premier lieu, elles visent à mettre fin à de trop grandes différences dans le fonctionnement économique des pays membres de l'Union européenne. En second lieu, ces mesures marquent un souci de collaboration entre les acteurs économiques et politiques. En troisième et dernier lieu, ces mesures permettront de renforcer la place de l'UE au niveau mondial.

4. À partir des éléments que je viens de nommer, je voudrais soulever deux questions. Le premier point concerne l'équilibre économique entre les pays membres de l'Union européenne, entre les pays connaissant un fort produit intérieur brut et ceux encore peu industrialisés. Le second point porte sur les stratégies politiques mises en œuvre pour l'intégration rapide des pays ayant un faible PIB.

> **Activité 9 : page 102**
– Ce n'est pas nous qui avons inventé le système libéral.
– Le système libéral, ce n'est pas non plus nous qui l'avons inventé. D'ailleurs, ce système c'est quoi ?
– Sylvie Legal.
– C'est un système qui prône la libre entreprise.
– Je vous pose à vous aussi... Pardon.
– Voilà, c'est très simple. Il n'y a pas...
– S'il vous plaît...
– Il n'y a pas de système économique...
– Non, non, mais attendez, une seconde, soit vous présentez l'émission à ma place, soit vous acceptez d'en être l'un des invités, et vous avez largement pris la parole depuis le début de cette émission. Je vous demande de laisser parler d'autres personnes.

> **Activité 10 : page 103**
1. – Ah, tu as vu la tête de celui-là !
– Mortel !
– Il est ouf, ce film !
– Oh ! silence !
– Oh ! tu vois pas que tu gênes la dame ! Pardon, madame !
– Oh, la ferme, toi !
2. – Ce que vous avez fait là est inacceptable ! Ce n'est pas de cette manière que...
– Mais, ce n'est pas moi, c'est...
– Taisez-vous ! Je n'ai pas fini ! Et il n'y a aucune excuse qui tienne !
3. – Oh, maman, regarde ! Un écureuil !
– Où ça ?
– Là-bas ! Regarde !
– Chut ! Ne crie pas, tu vas lui faire peur !
– Là-bas, près de l'arbre...
– Oui, je le vois.
4. – La concurrence doit remplacer les monopoles d'État, c'est ce qui se dit partout en Europe, y compris chez les socialistes. Et je mets la concurrence...
– Il n'y a qu'à voir comment les chemins de fer britanniques ont progressé au cours...
– Vous n'avez pas la parole ! Laissez Philippe Leclerc terminer.
– Je mets la concurrence au bénéfice...
– Ils sont dans la concurrence !
– ... du service public.

> **Activité A : page 107** *(voir cette page)*

> **Activité B : page 107**
1. Ça, l'oie grise s'apprivoise comme il faut. Tiens, on en avait une, nous. Je l'avais trouvée au nord du lac, maigre comme un clou.
2. Et un jour, elle est remontée avec les autres canards dindes à la maison. C'est la faim qui l'a faite monter. Et elle a vécu dix ans ici. Et vous ne seriez pas rentré à la cour, hein ! Comme un chien de garde !
3. Et après, une fois qu'elle était... vous étiez avec nous, elle s'approchait de vous et... cac cac cac cac... Vous étiez amis, c'était fini !

> **Activité C : page 107**
1. Moi, je dis que, le corse, ça s'apprend naturellement à la maison, avec, avec les Corses. Parce que, maintenant, voyez, tout-petits, les tout-petits on leur parle français tout de suite, n'importe qui, même les parents qui sont illettrés complètement, ils parlent français à ses petits. Mes enfants, ils parlent le corse comme moi. C'est moi qui leur aie appris à parler corse.
2. Vous savez en Alsace on aime bien les bonnes choses hein. On aime bien la charcuterie, le baeckeoffe, le kougelhopf, surtout on a vraiment un excellent vin blanc, le gewürztraminer. En Alsace, on aime bien aussi la nature, hein aller se p..., se promener dans les Vosges, ou sur les bords du Rhin.

> **Activité 20 : page 108**
– Oui, voilà, vous pouvez passer chercher vos billets d'avion à l'agence quand vous voulez. Bonne journée. Merci. Au revoir. Au revoir...
– Alors, qu'est-ce que je peux faire pour vous ?
– Alors, on voudrait faire un voyage quelque part...
– Ah, vous avez besoin de changer d'air ?
– Oui, c'est cela, oui. Et comme on n'a pas de destination préférée, si vous pouviez nous donner des idées...
– Sauf que moi, attention, je veux pas de moustiques, pas de cafard, aucun animal, aucune maladie.
– Et puis, aucun frais supplémentaire, bien sûr, aucune construction en béton, aucune pollution, et puis aucun touriste français, hein.
– Alors, à votre avis, où est-ce qu'on pourrait aller ?
– Aucune idée !

UNITÉ 8 - Francophones

> **Compréhension globale et activité 1 :**
   pages 112 et 113
Arrivé en France à 15 ans, en 1980, Jean Odoutan a eu la chance d'aller à l'université à Nanterre et de faire de belles études de sociologie avant de rencontrer le monde du cinéma. Alors qu'il pensait devenir professeur ou diplomate, il est réalisateur de films. Autant Jean Odoutan a parfois manqué d'argent, autant il n'a jamais manqué d'imagination ou d'énergie. Il a même créé dans sa ville natale, au Bénin, un festival pour faire connaître le cinéma à ceux qui n'y ont pas accès.
– Depuis votre premier film, *Barbecue-Pejo*, Jean Odoutan, vous arrivez à exister au milieu du cinéma de manière totalement indépendante, à tourner beaucoup, avec très peu de moyens, comment vous vous débrouillez pour exister dans ce milieu ?
– Ben, j'ai la chance d'avoir ma propre distribution de films qui s'appelle 45 RDLC, qui n'est rien d'autre que 45 rue de la comète, qui était mon lieu d'habitation à

Asnières et que je suis mon propre distributeur, mon propre attaché de presse, mais en même temps je mets d'autres cordes à mon arc qui sont entre autres « Quintessence » qui est le festival international de film de Ouidah que j'organise au Bénin, qui est un festival annuel. [...]

Mais, c'est un travail de longue haleine, je peux pas vous dire que tout est gagné, mais... c'est mon job qui me tient le plus à cœur, mais je peux vous dire que c'est pas de la tarte quoi, c'est, mais il faut quand même le faire, parce que c'est, y a rien, rien, par rapport à ce que je fais pour beaucoup c'est monstrueux, donc là-bas on, dans la langue qu'on parle chez nous, qui s'appelle le *fon*, f.o.n, on m'appelle le surhomme.

– Quel rapport avez-vous avec la langue du Bénin, le fon ?

– Le fon, c'est une langue que j'ai apprise quand j'étais tout petit encore que voilà quand on était tout petit, papa ne voulait pas qu'on parle la langue maternelle, il voulait plutôt qu'on parle la langue du Blanc, le français, il nous fouettait pour qu'on puisse apprendre l'orthographe et que je l'ai perdue pendant longtemps puisque après quand j'étais venu en France je suis retourné pratiquement vingt ans après donc je parlais plus du tout parce que j'évoluais dans un milieu de Blancs maintenant je la parle mais pas aussi merveilleusement qu'un vrai Béninois qui y habite quoi.

Extrait de *Un jour la vie change*
de Sophie Joubert, avec Jean Odoutan,
(c) France Inter, 31 juillet 2004.

▶ Activité 6 : page 114

1. Va au cinéma au lieu de regarder la télévision !
2. Nous avons beau chercher, nous ne trouvons aucun musée dans cette ville.
3. Paul a choisi l'appartement que tu préfères même s'il n'était pas tout à fait d'accord au début.
4. Il a dit ce qu'il pensait à son employeur quitte à perdre son emploi.
5. Ils ont vendu la maison, déménagé tous les meubles sans que personne ne s'en aperçoive.
6. Les enfants sont sortis faire du ski, tandis que les parents sont restés à la maison pour jouer aux cartes.
7. Contrairement à ce que pense son mari, elle déteste les balades en bateau.
8. Quoique le marché de l'emploi ne soit pas favorable, il a trouvé le poste qu'il cherchait.

▶ Activité 17 : page 119

1. Tu devrais tenter ce concours. Écoute, ça ne mange pas de pain d'essayer. Si tu les rates, tu oublieras vite et si t'as... Eh bien on fait la fête !
2. Je suis en retard parce que Nathalie n'avait pas fini de préparer les cartons. J'ai dû mettre la main à la pâte pour que tout soit prêt ce soir.
3. Nous avons enfin compris comment fonctionnait cette machine. Ce n'était pas du gâteau, il a quand même fallu y passer une partie de la nuit !
4. Tiens, j'ai rencontré Arnaud hier. Il a bien changé, il est beaucoup plus calme, il ne parle plus de changer le monde et la société. J'ai l'impression qu'il a mis de l'eau dans son vin.
5. Quand elle a compris qu'il ne tiendrait pas sa promesse, la moutarde lui a monté au nez et elle lui a dit qu'elle ne voulait plus jamais travailler avec lui.

6. C'est incroyable, il intervient dans chaque conversation, il a toujours quelque chose à dire. Il faut toujours qu'il mette son grain de sel partout où il va.
7. Le mariage de Paul et Virginie n'a pas l'air d'aller bien fort. J'ai l'impression qu'entre eux, ça tourne au vinaigre.
8. La critique a fait un accueil mi-figue mi-raisin à cette pièce de théâtre. On ne sait pas si le spectacle va continuer après Noël.

▶ Activité A : page 121

1. L'Américain, quand je dis l'Américain, je parle des Canadiens, je parle des Québécois. L'Américain c'est une personne qui veut être aimée et donc il doit sourire constamment.

France Culture, *Les chemins oubliés de la Françamérique*,
10e épisode, 8 août 2003 © INA.

2. L'ancien calendrier du pays : les sept jours de la semaine. Parce qu'à l'époque nos parents ne savaient pas lire ni écrire. C'est pour cela ils ont créé ce calendrier, pour mieux savoir de quel jour on est. On le reconnaît à travers les coiffures différentes. Du lundi au dimanche. Et chaque jour on l'accroche sur l'arbre à palabre du village. Tous les villageois qui passent en dessous ils savent de quel jour on est. Lundi [...] c'est le jour que le cultivateur il tourne pas la terre. Le pauvre cultivateur. Mardi avec le [...] fermé, c'est le jour que les femmes fait les tresses et lessive une fois dans la semaine. Mercredi, c'est le jour que les vieux saints se rassemblent sous l'arbre à palabre du village pour régler les mariages divorcés et les histoires qui sont réunies la semaine dernière, au vieux sage. Le matin il se rasait la barbe une fois dans la semaine aussi, il rase que la barbe, une fois dans la semaine le mercredi, merci. Jeudi, c'est le jour où on fait le marché hebdomadaire, le marché de troc : huile, arachide, maïs, etc. Le soir, on fait le mariage. Mariage traditionnel à la mosquée. Les deux maris et les deux dames, ouais. [...] la lettre alphabétique M jour de marché et mariage. Vendredi c'est le jour que toutes les musulmans portaient le boubou africain pour aller célébrer la fête des [...] une fois dans la semaine avec le bonnet musulman. Samedi, avec [...], c'est le jour où on se baigne on se fait beau pour aller danser la java avec les belles gazelles en discothèque j'espère bien. Moi, j'aime, j'en ai besoin, mais toi non ... Ah ah ah !!!
3. Bienvenue les cousins de France. Il y a 200 années passées notre monde a venu ici dans la Louisiane. Je suis fier d'être acadien, Je suis fier d'être cajun.

France Culture, *Les chemins oubliés de la Françamérique*,
10e épisode, 8 août 2003 © INA.

▶ Activité B : page 121

1. *Voir ci-dessus Activité A-2.*
2. Bienvenue les cousins de France. Il y a 200 années passées notre monde a venu ici dans la Louisiane. Je suis fier d'être acadien, Je suis fier d'être cajun.

▶ Activité C : page 121

J'aime, j'aime la France. J'aime les Français. Mais je vois les défauts aussi. Je pense que ça fait partie de l'amour.

France Culture, *Les chemins oubliés de la Françamérique*,
10e épisode, 8 août 2003 © INA.

▶ Activité D : page 121

1. Un autre exemple qui m'a pris beaucoup de temps à comprendre en France quand on rentre dans un commerce, il faut dire bonjour, et puis il faut dire au revoir quand on sort, sinon on va être très, très mal servi, et puis on va être très mal servi la fois d'après si on n'a pas dit au revoir.
2. Alors mes amis, c'est tout ce temps-là pour ce jeudi. Merci beaucoup pour être, pour commencer la journée avec nous, ici à la radio publique ; à demain matin de 5 à 7. Maupit Bergeron qui vous souhaite à tous une belle et bonne journée. Dieu vous garde.
3. Quand on vit en France et qu'on a un accent étranger, c'est pas facile parce que les Français, ils aiment bien vous demander de répéter ou vous corriger. Ils vous font remarquer que vous ne parlez pas tout à fait comme il faut.

UNITÉ 9 - Le travail

▶ Activité 11 : page 133

Leur nombre a explosé ces 30 dernières années, ce sont les salariés pauvres. Salariés – pauvres, en France, pays du salaire minimum garanti, l'association des deux mots surprend encore. Mais le rapport annuel de l'Observatoire national de la pauvreté l'atteste, ils font désormais parti du paysage social, les ménages de salariés qui vivent avec moins que le SMIC sont beaucoup plus nombreux qu'avant. Il est difficile de les comptabiliser car la pauvreté d'un travailleur dépend à la fois de son revenu personnel et de sa situation de famille. Trois chiffres en revanche sont significatifs : depuis le début des années quatre-vingt les emplois payés en dessous du SMIC ont représenté plus de la moitié des créations de postes, aujourd'hui les sous-Smicards représentent un salarié sur six, et dans 80 % des cas il s'agit de femmes. Sur fond de chômage, c'est l'augmentation massive du travail précaire, des CDD, des temps partiels, de l'intérim et des contrats aidés qui explique cette dérive. Ainsi est née une nouvelle forme de sous-prolétariat qui s'exerce dans la grande distribution, les sociétés de services, les fast-foods ou les centres d'appels téléphoniques ainsi que la restauration. Pour Interception, Clothilde Dumetz est allée à la rencontre de quelques-uns de ces travailleurs. Voici son reportage : « salariés pauvres, mini salaires et maxi galère. »

France Inter, *Interception*, 8 août 2004
de Simon Tivolle et Angélique Bouin.

▶ Activité 13 : page 134

1. On lui reproche, à ce projet, de ne pas remettre en cause le collège unique, ou au contraire d'en prévoir le démantèlement par le biais des groupes de niveau en langues, du soutien personnalisé des élèves, de l'enseignement généralisé de découverte professionnelle. En résumé, certains lui reprochent sa prudence, tandis que les autres l'accusent de bouleverser les équilibres actuels.
2. Selon les derniers chiffres officiels, le taux de croissance du PIB en France est très satisfaisant sur le 4e trimestre 2004, alors qu'il a été pratiquement nul au 3e trimestre. En bref, on a enregistré une croissance de 0,8 % au 4e trimestre et de 2,3 % sur l'année 2004.
3. Écoutez, vous m'interrompez sans cesse et après me dites qu'il faut faire vite parce que l'émission se termine ! Bon, en un mot, la laïcité est une valeur

française que nous devons défendre tous ensemble...

4. Je résume en quelques mots : c'est une maladie pour laquelle on a encore peu d'explication, maladie qui fait l'objet de nombreuses recherches en France et dans d'autres pays partenaires et dont on devrait prochainement trouver l'origine sinon la cause.

Activités 19 et 20 : page 136

Courbevoie, en banlieue parisienne. Karine cherche du travail. Elle passe un entretien d'embauche pour obtenir un poste d'employée dans un centre Leclerc. Extrait.

– Je fais aussi bien de la manutention, j'ai fait un peu de secrétariat, en fait, euh, je suis vraiment polyvalente.

– Dans quelle société vous travaillez, par intérim ?

– Actuellement ?

– Oui.

– Ah, la société.

– La société, hein.

– Axa.

– Bien, d'accord. Donc, là vous avez bien entendu ce que je... ce que j'ai dit sur le poste... vous êtes bien au fait de... de ce qu'on vous propose ?

– Oui.

– Oui, c'est... ça vous semble comment ?

– Euh, vu que c'est tout ce que je... toujours ce que j'ai voulu faire... parce que, en fait, je voulais être chef de rayon, et puis, euh...

– Quand vous êtes entrée à Auchan, c'est ce que vous vouliez faire ? Et ils vous vont mis caissière ?

– Oui. En fait, j'ai bien commencé en tant qu'adjointe du chef de rayon...

– Ouais.

– Et puis, un moment, comme c'était la période des fêtes, je me suis retrouvée... comme j'avais déjà fait de la caisse... ils m'ont proposé de les dépanner et puis finalement, j'y étais tout le temps. Donc, ensuite, j'ai rompu mon contrat et puis, euh... j'ai abandonné.

– C'était quand, ça ?

– Ben, en fait, c'est pas mentionné, parce que...

– C'est pas mentionné, oui.

– C'est une année perdue pour moi. Donc, en fait, j'ai commencé un BTS mais je pouvais pas le concrétiser, parce que j'avais pas d'entreprise...

– Hum...

– Comme c'était par alternance. Bon, sinon, au niveau de... j'ai fait, euh, pendant mon stage... de BTS, je travaillais à Casino.

– Oui, c'est ce que je vois là, en libre service, pendant deux mois...

– Oui, j'ai fait, mise en rayon, j'étais aussi dans le rayon charcuterie-fromage où là j'ai eu un peu de responsabilité, si on veut d... si on peut dire... puis, ça s'est très bien passé.

– Hum... donc votre but, à vous, c'est... c'est de travailler dans la grande distribution, si je comprends bien.

– Oui, c'est ça.

– Et comme vous avez fait un BTS « action commerciale »... théoriquement « action commerciale », c'est plutôt pour faire de la vente, non ?

– Non, « action commerciale », en fait, j'ai choisi « action commerciale » parce que c'est plus général.

– Ouais.

– Parce que si on fait un BTS « force de vente », c'est vente. Si c'est « commerce international », c'est tout ce qui est export. Tandis que « action co », c'est généra-

lisé, donc, en fait, après, quand je verrai un peu de tout, je saurai où me diriger.

– Hum.

– Donc je préférais faire quelque chose de général.

– Hum... D'accord. Bon. Donc ça vous intéresse ?

– Moi, oui.

– Euh... ce magasin va démarrer vendredi.

– Oui.

– Cette semaine, là.

– Oui.

– Si on vous prend, vous êtes disponible ?

– Oui.

– Pour vendredi ?

– Oui.

– Hein, donc, euh... à ce moment-là on vous contacte et on vous dit vendredi matin, euh... cinq heures du matin, rendez-vous à Leclerc Dammarie, euh... pas de problème ?

– Pas de problème !

– D'accord. Ok. Bon, écoutez, ce qu'on va faire, comme là, y a... y a plusieurs candidats pour Dammarie, euh... je vais pas vous garder, ni les uns ni les autres, à ce moment-là, vous aurez... donc j'ai votre téléphone : 64.

– Oui, c'est ça.

– Et, on peut vous joindre ce soir ou demain matin, sans problème ?

– Oui, sans problème.

– D'accord.

La candidature de Karine n'a pas été retenue.

Activité A : page 139 *(voir cette page)*

Activité 30 : page 141

Cette « passion populaire », un hors-série de *L'Humanité* la retrace également, « Cent ans de Tour de France, un siècle d'*Humanité* » [...] Et c'est ici l'historienne Danielle Tartakowsky, spécialiste du Front Populaire, qui raconte comment « l'échappée belle des congés payés » a été permise aussi par le vélo, moyen de transport ouvrier par excellence, moyen d'appropriation active du temps, explique l'historienne. Le tandem, plus précisément, va s'imposer comme l'une des icônes du Front Populaire, à travers les photos de Seymour, de Willy Ronis ou de Capa.

La revue de presse européenne, 7 juillet 2003 - Anne Coudin. © INA.

UNITÉ **10** - Humour

Activité 2a : page 144

a)

1. – Dis donc, très drôle la blague sur les Suisses, non ?

– Oui, elle est marrante mais je préfère celle du ministère de la Culture. Je la trouve bien plus risible, pas toi ?

2. – Oh ! Désopilant le spectacle de Laurent Gerra ! On s'est marrés du début à la fin !

– On l'a vu en mai à Besançon et c'est vrai que nous aussi, on l'a trouvé hilarant, ce type !

3. – Tu écris des livres ! Oh ! là, là ! ce doit être fastidieux, non ?

– Ce n'est pas toujours facile mais c'est amusant de faire ça, c'est créatif, j'aime bien.

4. – Vous l'avez lue cette critique, vous aussi. Un peu insipide, non ?

– Euh... Je ne dirais pas insipide. Disons que les propos

sont sérieux, quoi...

5. – Regarde ça, papa, c'est bidonnant !

– Bidonnant ? Tu trouves ? Moi je trouve ça plutôt très ordinaire.

6. – Je veux bien aller à la fête avec vous mais je ne monte pas sur les grandes roues, je vous avertis, j'ai peur.

– Ah ! bon, mais c'est rigolo, au contraire...

– Ah ! oui, tordant même ! Moi je trouve plutôt que c'est toi qui es un peu farfelu par moment... Je te dis que j'ai peur, ça ne se contrôle pas !

Activité 9 : page 146

On vient... on vient de me remettre une lettre, alors... Merci, merci beaucoup. je pense que c'est mon fiancé, alors... Oui, je reconnais l'écriture et on vient de se séparer et j'aimerais bien la lire. Je suis un petit peu impatiente. Je vais la lire avec vous, hein, si vous le voulez bien... Merci. J'en ai pas pour longtemps. On y va... Ouf... Ma chérie... c'est moi... Ma chérie, je t'écris d'Amsterdam... ben oui... où je me sens si seul sans toi, je ne sais pas vivre sans toi, je t'en supplie, ne me quitte pas, il faut oublier, tout peut s'oublier... oui, oui, oui, tout... oh bah y a des trucs que je vais pas oublier moi, pas tout de suite, hein, pas tout de suite.

Qui s'enfuit déjà... Oui. Je comprends rien à ce qu'il dit. Alors déjà, ça... ça part mal, mais enfin... Attends, je recommence parce que je...il faut oublier, tout peut s'oublier, qui s'enfuit déjà... Oui... bien sûr ! Ça veut rien dire, non ? Je comprends pas. Ah ! pardon, c'est moi, c'est moi peut-être : il faut oublier, tout peut s'oublier. Qui s'enfuit, déjà ??? Hein ? Je sais pas qui s'enfuit, je sais pas, moi. Il me demande, je sais rien. Qui s'enfuit ? Quelqu'un qui est parti, voilà.

Ah... oublier le temps des malentendus et le temps perdu à savoir comment oublier ces heures... oui, qui tuaient, qui tuaient parfois à coups de pourquoi le cœur du bonheur... des heures, il est gentil, des heures, des heures, des après-midi, des week-ends entiers, ah oui, oui, oui ! le jour, la nuit aussi, ah oui, oui parce que c'est un garçon, ça ne le dérangeait pas du tout de me réveiller à 4 heures du matin pour savoir si je l'aimais. Voyez. Moi, moi, ah ! moi, à 4 heures du matin, moi, je n'aime personne, je dors ! Je dors, euh, j'écrase.

Ne me quitte pas, ne me quitte pas, ne me quitte pas, ne me quitte pas... ça me rappelle une chanson, ça ! Serge Lama : " Je suis malade "... Non, c'est du chantage affectif, quoi, ça me fait penser à ça. C'est du chantage affectif !

Moi, je t'offrirai... des perles. Oui, ben j'en veux pas de tes perles ! Non, non, non, c'est trop facile, il pense que c'est avec des cadeaux qu'il va rattraper le coup... parce que, qu'une fois, il m'avait offert une, une grenouille. Il m'avait... il m'avait, enfin, une grenouille, quoi...

De pluie, c'est pas clair, hein, quand même ! Qu'est-ce qu'il dit ? De pluie. De pluie... Je sais pas comment je le dire, hein ? Ah ! oui, oh ben, il pourrait mettre tout sur la même page parce que si y en a partout, évidemment...Moi, je t'offrirai des perles de pluie, d'accord... venues de pays où il ne pleut pas... oui, très fort, toujours plus malin que les autres !

Je creuserai la terre jusqu'après ma mort, pour couvrir ton corps d'or et de lumière... oui, quand même il faut que je vous dise une chose importante : il se droguait déjà avant de me connaître ! Tout n'est pas de ma faute,

Transcriptions

hein, quand même.

Je ferai un domaine, où l'amour… je ferai un domaine… quand je lis ça, ça me fait encore un petit pincement, c'est terrible, hein, parce que il… il voulait faire plein de choses, j'aimais beaucoup ça chez lui, je reconnais… et encore, la dernière fois qu'on s'est vus, il me dit " Oui, mais tu comprends pas, mais, mais, mais si j'avais un marteau, je cognerais le jour, je cognerais la nuit… " Je le connais, il y aurait mis tout son cœur, bien sûr ! Alors, il voulait faire une ferme, une grange avec une barrière, et on allait y mettre du monde là-dedans : son père, sa mère, ses frères et ses sœurs ! Oh, oh ! Le bonheur ! Ah, ah, ah ! Ah, là là, vraiment, hein… Ça, pour les projets, y avait du monde, hein !

Je ferai un domaine où l'amour sera roi, où l'amour sera loi, où tu seras… y a un pâté, je pense qu'il…où l'amour sera roi, où l'amour sera loi, où tu seras… ruine ? Non, ça doit pas être ça. Je pense que c'est ça. Je vais garder le pâté, oui, je préfère encore le pâté, oui, d'autant qu'il est tout petit, alors… oui. Voilà, je ferai un domaine où l'amour sera roi, où l'amour sera loi, où tu seras… un tout petit pâté.

Ah… Ne me quitte pas, ne me quitte pas, ne me quitte pas, ne me quitte pas, parce que c'est pas que je les compte, mais enfin, y'en a neuf depuis le début, mais enfin bon, hein… ! Ne me quitte pas. Dix ! Bonne pioche ! Je t'inventerai des mots… insensés !… que tu comprendras… ouh, que t'es gentil ! Oui, euh… je te parlerai de ces amants-là qui ont vu deux fois leurs cœurs s'embraser… Oui, eh ben, je suis bien contente pour eux. Je sais pas pourquoi il me met ça, je comprends rien, alors là, euh… Ah !… c'est des amis à nous, Madeleine et Émile ! Oui, non, c'est vrai parce que… ils étaient ensemble, ils ont cassé, ils se sont plus vus. Bon, le jour où ils se sont revus, tac ! c'est reparti, ils donc! Voyez, deux fois, hop ! belote… et re-belote ! Voyez ? Et, je sais très bien pourquoi il me parle d'eux parce que… parce qu'avec Madeleine, il sait qu'on est très amies, alors… oui parce que c'était… ?, hier, tiens… hier, je l'ai… je l'ai, je l'ai attendue, Madeleine. On devait aller au… non, au théâtre. Vous auriez dit théâtre, j'aurais dit cinéma, hein, de toute façon. J'avais gagné de toute façon, je préfère vous le dire. Hi, hi, hi, hi…

Je te raconterai l'histoire de ce roi, mort de n'avoir pas pu te rencontrer… eh ben, c'est pas ma faute ! C'est euh… C'est joliment écrit, hein, c'est joliment écrit, je vois bien, mais… je suis embêtée avec cette histoire.

Ne me quitte pas, ne me quitte pas, ne me quitte pas…mmm… Donc, là, on a notre petit paquet de quatre, bon ! On a l'habitude, maintenant.

On a vu souvent rejaillir le feu de l'ancien volcan qu'on croyait trop vieux… quand je suis énervée il saute tout seul. Là, là, il saute, hein. Je suis à deux doigts de le rattraper par là, dis donc.

Il est paraît-il des terres brûlées… oui, te gêne pas, vas-y, allez ! donnant plus de blé qu'un meilleur avril… Comment je dois le prendre, ça ? Oh ben, Je sais pas, il a l'air de…car… carrément dire que c'est dans les vieux pots qu'on fait les meilleures soupes… à ce moment-là, le vieux pot, c'est moi ! Hein, franchement, c'est pas le passage que je préfère, hein !

Il a quand même le chic pour m'en servir une juste avant la fin, hein ! C'est… Tiens, allez ça va, je vais même pas m'énerver, c'est pas la peine. Ça va bien. Voyez, ça, ça glisse. Allez !

Et quand vient le soir, pour qu'un ciel…Tu sais ce qu'il dit, le vieux pot ? Excusez-moi, ça m'a échappé, mais je suis énervée, un petit peu, pardon.

Et quand vient le soir, pour qu'un ciel flamboie, le rouge et le noir ne s'épousent-ils pas ? Hein ?

Ne me quitte pas, ne me quitte pas, ne me quitte pas, ne me quitte pas. T'avais qu'à y penser avant !

Voilà ! Je ne vais plus pleurer… mmm… m'étonnerait ! … Je ne vais plus prendre, je ne vais plus faire… mais si, " e-r ", c'est bon !

Je ne vais plus parler, je me cacherai là à te regarder danser et sourire et à t'écouter chanter et puis rire… oui, moi, je pense que… Je comprends que dalle, rien, rien.

Laisse-moi devenir l'ombre de ton ombre… Oui !… ça va faire du bazar, hein. Déjà moi, assez conséquente, quand même… bon, mon ombre… et l'ombre de mon ombre. Tout le monde suit bien ? Ah ! Il va falloir de la surface quand je vais me déplacer, hein. Ti la la la la… Alors on dira " attention, les voilà ! " Ti la la la la… Enfin, on va s'en rappeler, hein, bon.

Alors, l'ombre de ta main… oui… mais qui ça dérange ? Personne, alors. Et… l'ombre de ton chien… ah, ah ! Ah, ah, ah… Ah, ça tombe bien, j'ai plus de chien !

Ne me quitte pas, ne me quitte pas, ne me quitte pas, ne me quitte pas… si, c'est bien qu'on en parle. Je te quitte ! Voilà, justement, voilà. Je le quitte, je le quitte, je le quitte, je le quitte, c'est pas un garçon comme ça qu'il me faut. Non, non, non, non, non, c'est pas reposant, trop compliqué… moi, moi, je sais pas comment ça marche… je, je… je… je suis pas équipée pour, voilà ! Non, mais c'est tout bête, je vous jure, je suis pas équipée pour… alors, bien sûr, je reconnais qu'c'est joliment écrit, mais… mais je le sais, c'est comme ça qu'il m'a eue, bien sûr… parce qu'il sait, il sait que j'adore ça moi… quand, quand les mots sont dans le bon ordre. Ben oui, oui, c'est plus agréable que… y a un ordre qui est plus agréable qu'un autre, ça c'est sûr. Et ça, c'est les poètes qui savent faire ça… et il sait bien que j'aime bien. Oui, oui… Moi, j'adore les poètes, hein… Et, euh… Oh, tous… pas tous, mais y en a un, y en a un que j'aime… que j'aime un peu plus que les autres, je suis bien sûre que vous le connaissez tous… Il s'appelait…, Jacques… Prévert !

La Lettre. Interprète : Muriel Robin.
Auteurs : Muriel Robin et Pierre Palmade © Ptiloup.

> ➤ **Activité 10 page 146** *(voir cette page).*

> ➤ **Activité 11 : page 147**

1. – Ah ! non, là on travaille sur le troisième chapitre. Alors, vous y êtes ? Je peux continuer ?

2. – Excusez-moi, je n'ai pas bien suivi, là… Vous pourriez répéter, s'il vous plaît ?

3. – Ce n'est pas clair pour moi. Qu'est-ce que tu veux dire par là ?

4. – Si vous voulez, ça revient à dire que l'entreprise va devoir licencier une centaine de personnes.

5. – Ce que je veux dire, c'est que l'économie semble repartir sensiblement en Europe.

6. – Attendez, quand vous écrivez : « l'école utilisera cet argent pour les sorties des enfants, la bibliothèque, etc », vous voulez dire que ce paiement est obligatoire ? c'est ça ?

7. – Je voulais dire par là que je n'avais pas trop envie d'assister à cette réunion.

8. – Quel sens donnez-vous à la dernière phrase de la lettre ?

> ➤ **Activité 17 : page 149**

1. – C'est quoi le titre du dernier roman de Sylvie Germain, déjà ?
– Attends… Ça va me revenir… Non, j'ai oublié, en fait. Pour tout dire, je perds un peu la mémoire ces temps-ci…

2. – Comment s'appelait ce photographe polonais qui avait fait une magnifique exposition sur Paris en gris ?
– Ah ! oui… Je crois que c'était Konopka. Milosz Konopka. Pourquoi ?
– Parce que je vois sur le programme des photographes polonais mais il n'y a pas ce nom. Tu es sûr que c'est ça ? Moi je crois que c'était bien Konopka mais que son prénom n'est pas Milosz…
– C'est comment, alors ?
– Je l'ai sur le bout de la langue… Attends… Ce n'était pas Bogdan ?

3. – À Paris, j'ai acheté une carte… ah ! une carte pour le bus et le métro…
– Une carte orange ?
– Non… comment ça s'appelle déjà ? Ça finit par o, je crois.
– Une carte navigo ?
– Oui, c'est ça, une carte navigo, ça me revient maintenant !

4. – Alors, ce voyage, c'était bien ?
– Eh ben… disons que… nous avons eu beau temps mais les prestations n'étaient pas celles décrites dans le catalogue…

5. – Comment est-ce que tu trouves le bébé de Laurence ?
– Moi ? Je trouve que… ben disons que c'est un bébé plutôt mignon.

> ➤ **Activité A : page 151**

On vient d'me… remettre une lettre, je crois qu'c'est mon fiancé, j'vous demande deux p'tites minutes, hein, j'voudrais être fixée… j'vérifie quand même…
« Ma chérie, (c'est moi… j'vais lire alors, hein ? Deux secondes ! J'vais m'mettre là, ce sera pas plus mal, moi, tiens ! Allez ! Alors…)… Ma chérie, je t'écris d'Amsterdam où je me sens si seul sans toi, je ne sais pas vivre sans toi, je t'en supplie, ne me quitte pas, il faut oublier, tout peut s'oublier… (enfin y'a des trucs que j'ai bien en travers moi, quand même, hein, mais enfin bon !) Qui s'enfuit déjà ? (Quoi, qui s'enfuit déjà ? J'comprends pas c'que ça veut dire. Excusez-moi, j'suis un peu troublée, j'm'attendais pas à une lettre comme… je, je reprends, alors…) il faut oublier, tout peut s'oublier, qui s'enfuit déjà… (pour moi, ça n'veut rien dire, hein ! Aaah, d'accord !) il faut oublier, tout peut s'oublier. Qui s'enfuit, déjà ?…
(Bon, qui s'enfuit déjà, on l'saura pas, euh… je sais pas euh… y'a pas plus, y'a rien, alors euh… bon… alors !)

Extrait de *La Lettre.* Interprète : Muriel Robin.
Auteurs : Muriel Robin et Pierre Palmade © Ptiloup.

> ➤ **Activité B et C : page 151**

1. Ce serait mieux qu'on se retrouve au Café Jade et qu'on parte tous ensemble, hein.

2. Ne te trompe pas. C'est au 23 bis, rue des Arts, hein.

3. Je ne comprends pas trop… euh… non, je ne comprends pas.

4. Bon, tu passes me prendre à 21 heures, on appelle Sophie et on passe chez elle si elle est d'accord.

5. Vous venez du Panama, pas du Guatemala, hein ?

6. Je recommence ; bon, alors !

Achevé d'imprimé en Septembre 2009 par Rotolito Lombarda en Italie - Dépôt légal : 5622/06